中国高等教育学会2022年度高等教育科学研究规划课题资助项目（22CX0207）

陕西省社会科学界联合会2021年度陕西省学校共青团课题资助项目（2021HZ1072）

长安大学中央高校基本科研业务费专项资金资助项目（300102503602）

新时代高校共青团
实践育人探索与创新

张 永 著

陕西师范大学出版总社　西安

图书代号　SK23N1684

图书在版编目(CIP)数据

新时代高校共青团实践育人探索与创新／张永著． — 西安：陕西师范大学出版总社有限公司，2023.8
ISBN 978-7-5695-3751-2

Ⅰ.①新… Ⅱ.①张… Ⅲ.①中国共产主义青年团—高等学校—共青团员—思想政治教育—教育研究 Ⅳ.①D296.1

中国国家版本馆CIP数据核字(2023)第137111号

新时代高校共青团实践育人探索与创新
XIN SHIDAI GAOXIAO GONGQINGTUAN SHIJIAN YUREN TANSUO YU CHUANGXIN

张　永　著

出 版 人	刘东风
策划编辑	郑　萍
责任编辑	王淑燕
责任校对	彭　燕
装帧设计	张潇伊
出版发行	陕西师范大学出版总社
	（西安市长安南路199号　邮编710062）
网　　址	http://www.snupg.com
印　　刷	西安市建明工贸有限责任公司
开　　本	720 mm×1020 mm　1/16
印　　张	20.25
插　　页	2
字　　数	270千
版　　次	2023年8月第1版
印　　次	2023年8月第1次印刷
书　　号	ISBN 978-7-5695-3751-2
定　　价	68.00元

读者购书、书店添货或发现印刷装订问题，请与本公司营销部联系、调换。
电话：(029)85307864　85303629　传真：(029)85303879

前　言

马克思认为,实践是人的存在方式。实践是人类认识与改造世界的活动,高校实践育人作为"十大"育人体系的重要组成部分,是落实立德树人根本任务的关键环节,是高校思想政治工作体系的有机组成,是培养担当民族复兴大任时代新人的有效途径。实践育人是一项全员、全过程、全方位育人的系统工程,需要高校共青团主动、积极、深度参与。

2020 年,共青团中央、中共教育部党组联合印发《深化学校共青团改革的若干措施》指出,"深化学校共青团改革要以习近平总书记关于青年工作的重要思想为遵循,在'大思政'和'三全育人'格局中,推动学校团组织切实发挥政治功能"[1]。2022 年,共青团中央、中共教育部党组印发《关于改革创新高校共青团工作　切实增强思想政治引领实效的若干措施》进一步明确:"高校共青团工作是高校党的建设和思想政治工作的重要组成部分,事关落实教育立德树人根本任务,事关共青团履行为党育人政治职责。"要"健全完善高校党建带团建具体机制","高校党委应当拿出极大精力抓共青团工作",将"高校共青团工作纳入学校党的建设和思想政治

---

[1] 共青团中央、中共教育部党组:《深化学校共青团改革的若干措施》,来源:中华人民共和国教育部网站,2020 年 6 月 12 日,网址:http://www.moe.gov.cn/jyb_xxgk/moe_1777/moe_1779/202012/W020201216351156587801.pdf。

工作总体格局","明确团组织在学校思想政治工作中的具体职责"。①2023年,共青团中央、全国学联印发的《关于增强新时代大学生社会实践活动实效 深化共青团实践育人工作的意见》强调各级团组织要"立足共青团'三力一度两保障'工作格局","发挥共青团实践育人在高校'大思政'工作体系和'三全育人'工作格局中的重要作用","推动社会实践活动内涵化、规范化、常态化、长效化发展,引领大学生立志做有理想、敢担当、能吃苦、肯奋斗的时代好青年"。②

高校共青团组织作为高校党组织的有力助手,作为联系青年大学生的桥梁纽带,在引领凝聚青年、组织动员青年、联系服务青年方面有着有利条件,是大学生思想政治教育工作不可缺少的重要力量。在"全团抓学校"的背景下,广大高校共青团干部应当深刻认识到高校共青团实践育人的重要意义,深刻理解共青团实践育人的内涵和意义,把握共青团实践育人的目标和重点,掌握共青团实践育人的理论知识和工作技巧,提升大学生思想政治教育的针对性和实效性,团结引领广大青年在全面建设社会主义现代化国家进程中建功立业。

全书共分为十章,以党对共青团工作、高校工作的要求为逻辑起点,以高校共青团实践育人工作的理论探索与践行为主线,以高校共青团实践育人工作的主要内容为重点,结合相关要求和政策文件精神,面向高校共青团组织和广大高校共青团干部,研究高校共青团实践育人的理论内涵和科学指引,以求进一步探析实践育人的路径和方法。

---

① 共青团中央、中共教育部党组:《关于改革创新高校共青团工作 切实增强思想政治引领实效的若干措施》,来源:共青团中央,2022年6月24日,网址:https://baijiahao.baidu.com/s?id=17365782678440223 47&wfr=spider&for=pc。

② 共青团中央、全国学联:《关于增强新时代大学生社会实践活动实效 深化共青团实践育人工作的意见》,来源:中国共青团网,2023年2月23日,网址:https://www.gqt.org.cn/xxgk/tngz_gfxwj/gfxwj/202303/t20230301_791152.htm。

目　录

第一章　高校共青团实践育人概述 …………………………… 001
第一节　高校共青团实践育人的内涵 ………………………… 002
第二节　高校共青团实践育人的原则 ………………………… 020
第三节　高校共青团实践育人的内容 ………………………… 028

第二章　高校共青团实践育人的理论基础 …………………… 033
第一节　马克思主义实践观 …………………………………… 034
第二节　习近平总书记关于实践育人的重要论述 …………… 042
第三节　高校共青团实践育人的时代要求 …………………… 048

第三章　高校共青团实践育人的发展经验 …………………… 057
第一节　高校共青团实践育人的发展历程 …………………… 058
第二节　高校共青团实践育人的基本经验 …………………… 064
第三节　高校共青团实践育人的独特优势 …………………… 072

第四章　高校共青团实践育人面临的挑战 …………………… 077
第一节　当前高校共青团实践育人存在的问题 ……………… 078
第二节　当代社会思潮概述及特点 …………………………… 080
第三节　社会思潮影响下共青团实践育人的现状特征 ……… 088
第四节　社会思潮影响下共青团实践育人的路径策略 ……… 115

第五章　高校共青团"第二课堂成绩单"在实践育人中的运用 … 129
　　第一节　高校共青团"第二课堂成绩单"制度的探索现状 …… 130
　　第二节　高校共青团"第二课堂成绩单"制度的提升路径 …… 137
　　第三节　高校共青团"第二课堂成绩单"制度的案例分析 …… 151

第六章　高校共青团实践育人的思想引领路径 …………… 161
　　第一节　在实践育人中加强理想信念教育的价值意蕴 ……… 162
　　第二节　在实践育人中创新理想信念教育的方式载体 ……… 168
　　第三节　新时代思想引领工程中实践育人的路径探索 ……… 176

第七章　高校共青团实践育人的组织引领路径 …………… 189
　　第一节　高校共青团组织实践育人的机制构建 ……………… 190
　　第二节　高校共青团指导学生会实践育人的探索实践 ……… 196
　　第三节　高校共青团指导学生社团实践育人的探索实践 …… 205

第八章　高校共青团实践育人的实践引领路径 …………… 217
　　第一节　高校共青团推进社会实践的路径探索 ……………… 218
　　第二节　高校共青团推进志愿服务的路径探索 ……………… 223
　　第三节　高校共青团实践育人的实践案例分析 ……………… 228

第九章　高校共青团实践育人的创新引领路径 …………… 237
　　第一节　高校共青团深化创新创业教育的路径探索 ………… 238
　　第二节　高校共青团创新美育实践的路径探索 ……………… 246
　　第三节　高校共青团实践育人的创新案例分析 ……………… 251

第十章　高校共青团实践育人的评价构建 ………………… 259
　　第一节　高校共青团实践育人工作评价的情况概述 ………… 260
　　第二节　高校共青团实践育人工作评价的体系构建 ………… 275
　　第三节　高校共青团实践育人工作评价的案例分析 ………… 298

参考文献 ……………………………………………………………… 307

后记 …………………………………………………………………… 314

第一章 高校共青团实践育人概述

第一节　高校共青团实践育人的内涵

实践是促进大学生成长成才的必由之路。共青团是党的助手和后备军，是广大青年在实践中学习社会主义和共产主义的学校。而高校共青团作为共青团组织的重要组成部分，是高等院校先进青年学生的群众性组织，在实践育人方面发挥着重要作用。高校共青团是培养和塑造广大青年的前沿阵地，在思想政治教育方面发挥着重要的引领作用，肩负着为党育人、为国育才的光荣使命。立足新征程，高校共青团要始终坚持立德树人初心，贯彻落实党的教育方针，充分发挥政治功能和自身思想政治教育独特优势，深入挖掘共青团的实践育人资源，广泛开展实践育人活动，培养德智体美劳全面发展的社会主义建设者和接班人。

一、实践育人的科学内涵

实践育人是高校共青团的重要任务和特色优势。实践育人是指组织青年参与各种形式的社会实践活动，培养青年的思想品德、创新能力、组织协调能力、社会责任感，帮助青年形成国际视野和家国情怀，促进青年的全面发展。实践育人是高校共青团贯彻落实立德树人根本任务的有效途径，是高校共青团服务大局、服务学校、服务青年的重要内容，是高校共青团增强自身建设、提升自身影响力的重要手段。完整的育人活动离不开理论教育和实践教育的结合，而实践育人与知识教育相比有其自身的独特内涵。

1. 实践育人注重育人行为的实践性

要对人进行思想教育，只通过知识教育是很难实现的，因为单纯的知识教育并不能代替人的情感体验。实践育人所要传授的知识与推理获得的理论知识和经验总结明显不同。在某些情况下，知识教育可以指导并促进实践育人目标的实现。但人们不能随便否定实践知识，只有让它在事实上支配整个认识活动，对人的行为起定向作用，为人们的认识活动提供更多的导向，才能在经验、理论、实践等多个层面进行经验总结和理论反思。大学生只有在实践中去体验、去规划，才能有所感悟和反思。在大多数情况下，知行转化必须具备行动的意念、毅力和能力，这些都需要在实践中得到锻炼。正是在此意义上，马克思主义认为，人的思想道德既是人的一种心理素养，又是一种行为习惯和行为能力。实践是人类特有的活动。因此，实践育人就要求我们在实践中学习、在实践中教授，从而增强受教者的认识、感知能力。

2. 实践育人有利于加快人的社会化进程

人的社会化是生物意义的人成长为社会意义的人的过程，在社会化的过程中，人的思想行为更贴近生活、贴近实际、贴近个体的成长渴求。实践育人是一种教育理念，它强调通过参与社会实践活动，培养学生的知识、技能、品德和创新能力。实践育人有利于加快人的社会化进程，因为它可以让学生接触不同的人和事，拓宽视野，增强责任感和合作意识，提高解决问题的能力。在实践过程中，人的品德开始形成并逐步发展，人们不断地掌握生活技能，培养属于自己的社会角色，也学习如何在生活中以真诚和善意对待他人，从而建立良好的人际关系。实践育人也有助于培养学生的个性和兴趣，激发他们的学习热情和创造力，促进他们的全面发展。

3. 实践育人符合学生成长规律和教育规律

在教育过程中，教育者要起主导作用，同时要重视受教育者的主观能动性，使受教育者自觉养成自尊、自律、自强的优秀品格。大学生是受教育者，同时也是实践育人的主体。在实践育人过程中，要以人为本，通过实践育人实现人的全面发展。马克思在人类解放学说中指出，人类解放的最终目的就是要实现人的全面发展。实践育人作为促进人的全面发展的重要手段，必须将理论与实践结合起来，真正实现人的全面发展。在这方面，实践育人刚好可以弥补理论教育的不足。实践育人尊重人的主体作用，体现了对人的关注和重视。实践育人的人本性摒弃了过去以服从为目的的教育模式，真正将人的成长和发展放在思想教育的核心位置，使思想教育拥有了人文关怀之维。

实践育人对提高大学生的综合素质有重要作用。坚持知行合一，把实践活动纳入大学生的学习和生活之中已经成为一种趋势。大学生通过校内外各种实践活动使自身的素质得到全面提升，同时增强了生存能力和就业能力。

二、高校共青团实践育人的基本遵循

共青团自从诞生之日起，就始终遵循"党有号召、团有行动"，并将党的政治纲领作为自己的奋斗目标，以党的指导思想作为自身的行动指南。共青团始终把"做好青年思想政治工作作为重中之重"，坚持不懈以习近平新时代中国特色社会主义思想和习近平总书记关于青年工作的重要思想武装全团、教育青年，"把理想信念浸入全体团组织、团干部和团员青年的灵魂，解决好世界观、人生观、价值观这个'总开关'问题"。[1] 高校共青团应统筹各方要素，坚持在党的领导下团结带领青

---

[1] 共青团中央书记处：《新的历史起点上共青团事业发展的基本遵循》，载《中国共青团》2017年第6期，第4—6页。

年奋力投身于伟大事业的建设中，必须对新时代"大思政"育人格局下，共青团实践育人的根本任务、政治责任和工作主线做到精准理解和把握。

1.高校共青团实践育人的根本任务

"大思政"育人格局是思想政治教育升华为系统工程而形成的教育格局，根据主体的不同行为而生成了内部的矛盾关系与统一关系，"使教育实践在类的层面构成了自在、自为、他为多向交织的不同阵地"①。思想政治引领依然是新时代下高校共青团的根本任务，也是"大思政"育人格局中的关键要素。从根本来看，高校共青团实践育人与大学思想政治教育是相互关联的，高校共青团实践育人始终属于思想政治教育的一部分，二者在育人方式上存在区别，但达到了相互促进与互补的功效，高校共青团特有的育人方式在整个思想政治教育体系中也起到了重要的作用。

中国特色社会主义发展到今天，取得了重大成就，不仅标志着我国强起来了，也意味着中国特色社会主义具有显著的优越性。历史和实践充分证明，时代主题是制定各种方针政策的基础。响应时代要求优化创新教育方式，既催生了"大思政"育人格局的形成，也为新时代新格局下共青团实践育人指明了方向："培养中国特色社会主义事业建设者和接班人，引导广大青年自觉为共产主义远大理想和中国特色社会主义共同理想而奋斗。"② 这些工作作为党的青年工作的关键内容，是共青团组织生成、发展的根本原因，充分体现了共青团的价值和作用。

高校共青团在整个共青团系统中不仅包含学校共青团工作，也涉及

---

① 岳鹏、景耀强：《思想政治教育阵地体系廓建研究论纲》，载《学校党建与思想教育》2017年第3期，第47—49页。
② 邓希泉：《习近平关于青年工作的重要思想的基本要义》，载《科学社会主义》2019年第2期，第99—105页。

青工、青农等其他部分的工作，这样的特殊角色和地位决定了它的重要使命和任务，就是对大学生进行思想政治引领。这是推动青年思想从普通到先进的路径，凸显了高校共青团为党培养后备力量的重要作用，也是党的大学生思想政治教育工作的重要组成部分。高校共青团工作与大学生思想政治教育存在着深入且不可分割的关系，二者具有关联性，高校共青团工作是党的大学生思想政治教育工作不可或缺的重要组成部分。根据改革开放以来高校共青团的发展实践可以看出，其特殊地位立源于实事求是、解放思想、与时俱进、求真务实的精神。这一精神使高校共青团在对学校工作起作用时没有受到其他因素影响，而且实现了在新形势下的创新与发展。从党的"大思政"育人格局的高度审视新时代高校共青团工作，可见高校共青团在大学生思想政治工作中发挥着主力军作用，在大学生实践育人这一系统工程中具有不可替代的特色优势，也事关为党育人、为国育才的职责使命。

从实践层面分析高校共青团的根本任务，其中包含建设高校校园文化、成立与发展学生社团组织、拓展第二课堂教育形式等基本领域，此外与大学生相关的创新创业等领域也都在高校共青团负责和统领的范围内。高校共青团最为根本的思想引领的任务和职能也不仅仅局限于共青团员内，而是不断通过团学组织的建立、团干部的选拔来使其效用不断分层扩散，几乎覆盖了高校全体学生，且形式多种多样。当前，随着时代与格局的变化，高校共青团正处于用思想引领青年的改革攻坚、深化发展的关键阶段，作为党领导下的对大学生进行思想引领的重要抓手与组织，高校共青团需要更加明晰其在实践育人过程中的根本任务，即发挥思想引领大学生成长的组织职能，履行团结带领广大青年的时代使命，培养中国特色社会主义事业建设者和接班人，引导广大青年自觉为共产主义远大理想和中国特色社会主义共同理想而奋斗。

2. 高校共青团实践育人的政治责任

共青团的政治责任即共青团的政治任务，就是巩固和扩大党执政的青年群众基础，把最大多数青年紧紧凝聚在党的周围。① 也就是说，作为政治组织，共青团的政治任务就是引领凝聚青年、组织动员青年、联系服务青年，这是共青团作为联系党和群众的桥梁和纽带的必要抓手。

共青团作为党的助手和后备军，从本质上要求高校共青团要找准自身定位，在党中央周围主动发挥联系群众的作用，从而成为推进国家治理体系和治理能力现代化的重要力量。② 将共青团所体现的政治责任落到实处，必然要将其与共青团自身的工作体系与青年发展方向融为一体。《中长期青年发展规划（2016—2025年）》明确提出2020年中国特色青年政策体系初步形成和2025年中国特色青年政策体系更加完善的发展目标，赋予共青团推动规划落实的协调、督促职责，共同促进共青团体系化任务的实现、中国特色青年发展政策体系和共青团改革创新。③

共青团自身的使命与任务能够更充分地体现它的政治责任。党在执政过程中，各阶层中的青年群体发挥着重要作用，这也是党在执政过程中所需要的最为显著的群众基础。高校共青团就要以广大青少年为重点，将"红色基因渗进血液、浸入心扉，引导广大青少年树立正确的世界观、人生观、价值观"④。共青团要夯实党的执政基础，始终将为党

---

① 邓希泉：《习近平关于青年工作的重要思想的基本要义》，载《科学社会主义》2019年第2期，第99—105页。
② 邓希泉：《共青团任务：从单一化到体系化——学习习近平总书记关于共青团任务的新论断》，载《广东青年研究》2021年第3期，第52—62页。
③《中共中央 国务院印发〈中长期青年发展规划（2016—2025年）〉》，来源：新华社，2017年4月13日，网址：http：//www.gov.cn/zhengce/2017-04/13/content_5185555.htm#1。
④《求是网评论员：让红色基因代代相传》，来源：求是网，2020年9月21日，网址：http：//www.qstheory.cn/wp/2020-09/21/c_1126519213.htm。

育人作为自己的使命任务，通过对理想信念的充分理解来加强对大学生的思想政治引领，促使广大青年在面对实际时做出正确的政治抉择，引导青年大学生坚守自己的初心，听党话、跟党走，从而体现党的青年组织的政治价值。

新时代下的共青团所肩负的政治责任就是始终坚持践行为党育人的光荣使命。新的征程赋予了新时代青年以新的历史责任，共青团要以培养担当民族复兴大任的时代新人为目标，不断引导青年一代成为德智体美劳全面发展的社会主义建设者和接班人。服务大局是为党育人的本质要求，共青团要牢牢把握大局，正确认识培养什么青年、如何培养青年，在时代蓝图中如何引领青年、如何更好发挥青年生力军作用等关键问题。围绕中心、服务大局则充分说明共青团是始终围绕党和国家的中心任务和发展前途来确定自身所有工作的。而服务青年是共青团对青年群体的组织工作方式，为共青团践行为党育人的历史责任打下基础——服务青年不仅要以青年发展为根本目标，也要利于教育引导青年群体。

共青团实践育人的政治责任与其政治功能存在着不可分割的联系。政治功能始终是共青团功能中最为关键的一部分。首先，要坚持为党育人、巩固和扩大党执政的基础在青年群体中的占比。共青团最重要的政治责任，就是动员青年群体，自始至终都以团结引领团员青年为坚持和完善中国特色社会主义制度、推进国家治理体系和治理能力现代化做贡献为自身的责任与任务。其次，要加强对政治安全的维护与重视。这就需要共青团掌握青年群体价值观念、意识形态、思想动态的发展变化，做好对政治安全具有较大影响的群体及其他重点群体的相关思想工作。最后，要时刻注重向青年传递党和国家的理论动态并引导其形成政治认同。共青团要做到培养后进力量，不断丰富青年马克思主义者培养体系，始终按政治要求发展团员，持续为党输送人才、培养青年政治骨干。"'培养什么样的人、如何培养人以及为谁培养人'是高校'大思政'格局中至关重要的问题。高校共青团要始终坚持培育中国特色社会主义可靠接班人的根本任务……将正确的理想信念培育与学生的朋辈交际紧密结合，进而使其成为社会主义核心价值观的坚定信仰者、积极传播者、模范践行者。"①

3.高校共青团实践育人的工作主线

共青团的工作主线是"围绕中心、服务大局"，广泛组织动员广大青年在深化改革开放、促进经济社会发展中充分发挥生力军作用。② 这是共青团所肩负的职责使命最为根本的表现，使青年群体围绕在党的周围，并以党的任务为任务，党的使命为使命，是共青团发展任务最为生动的要求。党和国家的根本任务是共青团发挥能动作用、体现自身价值的依据，共青团要以"党有号召、团有行动"的历史要求为己任，坚持在时代要求大局下思考、在国家发展大局下行动，始终以党和国家事业发展需求为衡量自身站位的标杆，使青年群体的生力军作用得到有效发挥。习近平总书记在全国高校思想政治工作会议上发表的重要讲话立意深远，提出了高校思想政治工作的一系列重大理论与实践问题，无论新形势下的中国如何发展，它始终是引领高校思想政治工作的指导性文件。习近平总书记指出："高校思想政治工作关系高校培养什么样的人、如何培养人以及为谁培养人这个根本问题，要坚持把立德树人作为中心环节，把思想政治工作贯穿教育教学全过程，实现全程育人、全方位育人，努力开创我国高等教育事业发展新局面。"③

---

① 翁楚歆：《新形势下高校共青团在"大思政"格局中的职能定位及现状探析》，载《开封教育学院学报》2017年第10期，第189页。

② 邓希泉：《习近平关于青年工作重要论述探析》，载《党的文献》2019年第3期，第16—22页。

③ 张烁、鞠鹏：《把思想政治工作贯穿教育教学全过程 开创我国高等教育事业发展新局面》，载《人民日报》2016年12月9日，第1版。

习近平总书记指出，共青团组织必须"把围绕中心、服务大局作为工作主线"。而共青团最终需要完成的中心任务和使命具体作何理解，习近平总书记给出了多层次多方面的指示。他强调，共青团要组织动员广大青少年支持改革、促进发展、维护稳定；要将广大青年对应的历史使命感和艰苦奋斗精神带动起来，鼓舞广大青年在全面建成小康社会进程中、在实现民族复兴的主题背景下发光发热，实现自身价值；正确把握国家发展大局，引领青年群体走在发展前列，为我国现代化建设贡献力量。可以看出，习近平总书记以上所提到的中心和大局，既包括当下面对的改革发展过程中的稳定任务，也涵盖了和谐社会稳定发展局面、内政外交国防、治党治国治军的方方面面。当然，最终还是落脚在中华民族伟大复兴的中国梦上，这是新时代坚持和发展中国特色社会主义的总任务和总目标。2023年6月26日，习近平总书记在同团中央新一届领导班子成员集体谈话时强调："共青团要把牢新时代青年工作的主题，最广泛地把青年团结起来、组织起来、动员起来，激励广大青年增强历史责任感和使命感，激发强国有我的青春激情，在强国建设、民族复兴伟业中勇当先锋队、突击队。"共青团的使命任务始终离不开为党和国家的大局发展服务，这正是共青团最为根本和显著的工作主线和价值，也为新时代下共青团引导青年建功立业提供了广阔平台。

党和国家的前途需要共青团不断引领青年去奋斗，"围绕中心、服务大局"是党根据百年实践中产生的历史结论总结而成的工作主线，是共青团工作的根本定位和价值取向。"围绕中心"是出发点，"服务大局"是落脚点，做好这一工作需要聚焦共青团基本职能，深入落实好教育引导青年、组织青年参与、服务青年成长成才三大基本职能。在"围绕中心、服务大局"的工作主线下增强共青团的政治性，教育引导青年，就要带领青年听党话、跟党走，这既是为夯实党执政的青年群众基础做贡献,又有利于培养社会主义合格建设者和接班人。① 具体而言,共青团要注重青年群众的舆论引导工作,坚守青年聚集的舆论阵地,正向引导青年为国家的建设发展不断贡献力量;要调动广大青年的积极性,让他们团结起来,把他们组织起来,让他们坚定信心,建功新时代;要组织引导青年"不忘初心跟党走",发挥其生力军和突击队的作用;要依托基层团组织、青联组织、学联组织、各类青年协会构建严密的组织体系,广泛有效联系青年;要打造青年突击队、青年志愿者行动等"青"字号工作品牌,用品牌贴着中心工作,这是共青团重要的工作方法;要做到"青年有什么需求,团组织就要开展有针对性的工作",服务青年成长成才,这是共青团应尽的职责,也是党赋予共青团的重要使命;要注重青年资源的链接,面对有需求的青年,做好青年服务,重视对青年社会组织的服务、沟通。

三、高校共青团实践育人的特点

高校共青团实践育人工作以高校团员青年为参与主体,以实践活动为主要载体,形式多样、内容丰富。实践育人的本质特性也决定了它具有其他各种育人手段所不具备的特点。

1. 导向性

导向性是指能够使事物朝某个方向发展的特性。实践育人作为育人途径的一种,是一种目的性和针对性都很强的教育实践活动。实践育人的根本目的在于通过各种实践活动,提升大学生的综合素质,促进大学生的全面发展,努力使大学生成长为德智体美劳全面发展的社会主义建设者和接班人。实践育人的目标和针对性决定了实践育人活动必然具有

---

① 王晔:《代表广大青年赢得广大青年依靠广大青年 让广大青年敢于有梦勇于追梦勤于圆梦》,载《人民日报》2018年7月3日,第1版。

导向性的特征。实践育人的导向性是指实践育人工作有明确的目标和方向，工作内容和安排都是以提升大学生的思想政治素质、培养大学生的实践创新能力和促进大学生的全面发展等为导向，设计各项环节和内容，并以实践活动为载体，不断强化并实现育人目标。

从宏观层次来讲，作为以育人为主要目的的实践活动，它显然不同于一般性的实践活动。根据马克思主义关于人的全面发展的观点，教育与生产劳动相结合是实现人的全面发展的唯一途径。因此，实践也是大学生成长发展的基本途径之一。但是大学生社会实践活动与一般性的认识和改造世界的活动有明显区别。实践育人的本质应该是一种学习活动或学习过程，因为实践育人的首要目的不是认识和改造客观世界，而是改造大学生的主观世界。因此，实践育人是有目的的培养活动，必然具有导向性的特征。实践育人的导向性要求实践的内容和设计必须以强化大学生的理想信念、提升大学生的社会责任感、塑造大学生的良好道德品格、培养大学生勇于探索的创新精神和解决实际问题的实践能力为出发点和落脚点，服务于思想政治教育和育人工作的大局，最终实现实践育人的目标。

从微观层次来讲，实践育人工作的导向性还体现在高校共青团在开展实践育人的工作时，应围绕培养德智体美劳全面发展的社会主义建设者和接班人的目标，根据育人工作的整体要求，对实践育人的开展情况和整体安排进行顶层设计和整体谋划，对实践育人的时间、方式、效果等都有一定的预期和监控，保证活动开展的效果。各高校共青团开展的实践育人活动形式多样、内涵丰富，但无不落脚在育人这一点上。实践育人的导向性是其区别于一般性实践活动的主要特征之一。

2. 主体性

作为育人工作的一项重要形式和重要内容，实践育人工作的出发点和落脚点是育人。实践育人不同于理论知识学习等其他形式的教育工作，它不以课堂理论知识传授和经验传承为主要内容，它区别于其他育人活动的最大特征就是在其中高校团员青年具有主体参与性。人通过自身的实践活动来获得主体自身的发展。实践育人以提高大学生的实践创新能力等综合素质为导向和目的，以活动为载体，组织、引导大学生参与到形式多样、内容丰富的实践中去，通过生动活泼的实践体验，在认识、改造客观世界的同时，获得更为丰富深刻的认识，并在实践的过程中实现自身各种能力的提升，从而实现自我教育和自我成长。促进自我教育的教育才是真正的教育，实践育人的参与性决定了实践育人是大学生实现自我教育的最佳手段之一。

高校团员青年是实践育人的对象，也是开展实践教学、军事训练、社会实践活动的主体。高校实践育人是以学生为主体而开展的育人活动。高校实践育人的参与性可以从以下几个方面理解：第一，高校团员青年是实践活动的实际参与者。实践育人的所有内容都以高校团员青年作为主体，不管是主动参与还是被动接受，大学生们都要参与实践育人的全过程。高校团员青年通过实践活动，获得实践感悟和认识，改造自己的主观世界，提升自己的实践创新能力，优化自身的综合素质。第二，高校团员青年参与实践育人工作会对实践育人的工作安排产生积极的互动和影响。高校团员青年是实践活动的参与主体，学校共青团在对实践育人工作进行设计时，不能一手包办，应尊重高校团员青年的主体地位，根据学生的实际情况，有针对性地开展实践育人的相关工作，并根据其意见反馈做出及时调整。高校团员青年在实践育人中根据自身特点，积极参与实践育人的谋划设计和实践活动的全过程，能够提高团员青年在实践育人工作中的参与度，充分发挥自身的主观能动性，从而达到更好的育人效果。第三，高校团员青年可以自主地参与实践过程。高校团员青年可以根据自己的实际情况、兴趣爱好等，选择适合自己的实践内容、实践方式、实践课题，自行组织、自行设计实践育人活动，必要时可寻求教师的帮助和指导。在这种完全自主的实践活动中，高校团员青年既是实践活动的参与者，又是实践活动的组织者和倡导者。高校团员青年自行组织和参与实践育人活动，既能达到实践育人的主要目的，又能全面培养大学生的主体意识和大局意识。

3. 体验性

体验指的是体会经历，即在实践中认识事物。就体验的生成机制而言，体验是生理和心理、感性和理性、情感和思想、社会和历史等方面复合交织的整体矛盾运动。实践育人的体验性是指在大学生参与实践活动的过程中，围绕一定的育人工作目标，根据高校团员青年的实际情况和特点，为大学生提供、创造或还原各种实践机会及现实情境，使他们在参与实践的过程中深化对知识的理解和掌握，获得丰富的情感体验和感悟，提升综合素质，最终实现育人工作的目标。

实践育人的体验性切合教育规律。在校大学生的学习主要以课堂理论知识学习为主，但是理论知识学习存在形式单一、参与性和活动性较低等不足，在思想道德素质和意志品质等方面的教育作用有限，因为人永远只有自己才能真正体验所发生的事情，感受生活环境和变化，谁也不能代替，就像最有经验的教师也不可能代替自己的学生去理解所讲的内容一样。实践育人的体验性特征决定了实践育人工作能够达到其他育人工作所不能达到的效果。理论与实践的有效结合、不断获得并升华丰富的实践体验，能够强化高校团员青年在育人工作中的主体地位，调动他们参与育人工作的积极性和主动性。同时，实践育人能够更好地激发大学生的创新思维，磨炼他们的身心意志，强化他们的精神归属和价值认同。

4. 渗透性

高校共青团实践育人是对所有高校团员青年参与的共青团组织的

实践活动的概括。实践育人的内容非常丰富，实现的形式也多种多样，不仅包括红色景点现场教学、科技创新教学等学习型实践内容，还包括创业实践、志愿服务等探索体验型实践内容，更包括主题教育、社会调查等各种各样的实践活动。实践育人的渗透性主要体现在以下两个方面。

一方面，实践育人的内容涵盖其他育人工作的基本内容。实践育人是其他育人工作的组成部分和基本载体。各种育人工作和育人活动在开展的过程中都无形地渗透了实践育人的理念和做法。实践育人与其他各类育人工作相互融合、相互交织、相互补充、相互促进。另一方面，实践育人能促进其他育人目标的实现，强化其他育人工作的效果。实践是认识的来源，更是进一步深化和提升认识的基础。大学生学习理论知识，必须经过实践的检验方能更加深刻地理解其本质、领会其内涵，将其内化为自己的认识和思想。同时，实践育人工作更是德育、美育、体育等育人工作的基本实现载体，是实现素质教育的基本途径。能力需要以掌握一定的知识为基础并通过实践锻炼和强化才能获得，而素质则需要通过长时间持久的实践才可以内化形成，并通过能力外现出来。理论知识的学习、识记和掌握仅仅是能力提升的初级阶段，一个人综合素质的提高往往要经过实践的历练和升华。可以说，实践育人渗透在大学生综合素质全面培养这一过程的各个环节。

5. 综合性

实践育人内容的广泛性决定了实践育人是一个系统而复杂的过程。实践育人是一项系统工程，需要学校各部门的大力支持，需要各级团组织的积极努力。实践育人内容的丰富性也决定了实践育人效果的全面性和深刻性，因此对实践育人的综合性可以从工作开展的综合性和育人效果的综合性两个方面来理解。

一方面，实践育人涉及多个方面。实践育人是一项系统性、全面性工作，需要高校、社会、家庭等多方协同发力，需要高校共青团不断协调整合资源、完善制度，持续为实践育人搭建平台、提供支持。《关于进一步加强高校实践育人工作的若干意见》中对实践育人外部支撑环境提出了具体要求："推动地方各级政府整合社会各方面力量，大力支持高校实践育人工作。教育部门要加大对高校实践育人工作的指导和支持力度，进一步发挥好沟通联络作用，积极促进形成实践育人合作机制。财政部门要积极支持高校实践育人工作。宣传、文化等部门要为学生参观爱国主义教育基地、文化艺术场所提供优惠条件。部队要支持学校开展军事训练，积极加强军校合作。共青团要动员和组织学生参加社会实践活动。各高校要成立由主要领导牵头的实践育人工作领导小组，把实践育人工作纳入重要议事日程和年度工作计划，统筹安排，抓好落实；要加强与企事业单位的沟通协商，为学生参加实习实训和实践活动创造条件。"[①] 同时，实践育人更离不开专业化教师队伍的指导，以及作为实践主体的团员青年的积极参与。实践育人工作是一项综合性的复杂工程，需要调动各方面的积极性，形成合力，才能最终保证其顺利开展。

另一方面，实践育人效果和目的具有综合性。实践育人对大学生、高校和国家来说都具有十分重要的意义，是全面落实党的教育方针，将社会主义核心价值体系贯穿于教育全过程，大力提高高等教育质量的必然要求。同时，实践育人工作的育人效果有非常强的综合性，实践育人不仅能巩固提升大学生的专业素质和专业技能，还能锻炼大学生的实践能力和创新意识，改善大学生的身心健康素质，增强大学生的理想信念和社会责任感。

---

① 教育部、中宣部、财政部等七部门：《关于进一步加强高校实践育人工作的若干意见》，来源：中华人民共和国教育部，2012年1月10日，网址：http://www.moe.gov.cn/srcsite/A12/moe_1407/s6870/201201/t20120110_142870.html。

四、高校共青团实践育人的意义

1. 高校共青团实践育人是提高大学生思想政治教育实效的关键环节

实践育人是党和国家的教育方针，是提高思想政治教育实效的关键所在。高校共青团实践育人即在思想政治教育过程中突出实践性，其本质仍是以马克思主义作为指导思想，将大学生作为实践对象，具有鲜明的实践特性的教育活动。一方面，高校共青团实践育人强调学生坚定思想意识，实现全面发展，有利于提升思想政治教育对学生的吸引力和感召力。思想政治教育若单纯进行理论教育，将是抽象的、枯燥的，而高校共青团以实践活动为主要方式，将课程打造得丰富多彩、生动活泼，突出马克思主义理论在实践层面的主旨，使思想政治教育理论部分与生动直观的实践活动相协同，融入学生的学习和生活。高校共青团实践育人过程就是借助生动鲜活的实践案例以及丰富的活动场景与学生进行情感交流，使其产生思想共鸣，最终使思想政治教育更深入地打动学生，进入学生的内心世界。另一方面，高校共青团实践育人注重强调学生的自主教育与发展能力。大学生只有进行社会实践活动才能对社会有一定了解，从而自然地融入社会，增强自身社会责任感。高校共青团实践育人通过组织各种社会实践活动，使大学生积极运用所学理论知识，增强解决实际问题的能力。高校共青团实践育人的本质内涵就是在整个思想政治教育过程中突出实践特性，不仅强调将理论联系实际应用于课堂教学，而且注重引导学生在第二课堂中用实践体验教育，使学生面对思想政治教育时能主动参与、自觉融入，并将这种主动性运用于接受教育与参与实践的全过程。

2. 高校共青团实践育人是理论内化和实践外化相结合的育人途径

思想政治教育与其他学科与知识的教育存在区别，其主要目的是通过教育使学生形成正确的世界观、人生观、价值观。青年学生在提升思想政治理论素质的过程中有两次转化：一次是理论内化，是通过思想政治教育提高理论水平；一次是实践外化，是通过实践将理论知识转化为实践过程中应对问题的能力。新时代高校共青团实践育人从形式上看是通过实践环节进行人才培育，但从本质上分析则是理论与实践相结合的育人途径。首先，高校共青团组织的"三下乡"社会实践、大学生素质拓展计划等活动是实践过程的载体，目的是让学生们在实践过程中形成其世界观、人生观和价值观，并激发学生们的主观能动性，提升他们的思想政治觉悟，使大学生将实践与理论相结合，使其相互补充，相互促进。其次，在高校共青团创新实践育人路径的过程中，对教育资源进行整合并带领学生们投身实践，这些举动不仅能使学生的个体主观能动性得到提升，还有助于提升学生的体验式实践能力，如在思想政治教育中学生的社会责任感增强，或在实践活动中学生的协调沟通能力提升等，都充分展示了理论与实践相结合的育人路径的成效。最后，高校共青团实践育人的最终指向是为社会输送全面发展的人才。共青团实践育人能够使学生的理性辩证思维增强，培养学生发现、分析并解决问题的能力，在高校共青团员对社会生活的适应与融入过程中扮演着重要角色，能够促进在理论与实际相结合的条件下其他育人路径效能的充分发挥，并产生连锁效应。

3. 高校共青团实践育人是以学生为主体的育人过程

高校共青团实践育人不同于过去的育人体系的一个很重要的内容就是以学生为主体。在传统的育人体系中，学生总是扮演受教育者的角色，因而学生的主观能动性与参与性不强，现如今高校共青团的实践育人则是以学生的参与率为指标,强调学生主动参与实践活动。高校共青团实践育人强调在社会实践的广阔平台上丰富教育活动,从而为发挥学生主体性做出极大的创新。高校共青团实践育人过程中扮演重要育人角色的主体不仅包括高校,还需要政府、企业、社会各界组织等参与其中。高校共青团在实践育人过程中促进各主体形成合力,共同推动实践育人工作。一方面,从各主体内部来看,各主体在实践育人过程中要发挥协同性作用,主动沟通协调,形成共同的培育意识,并主动为推进高校共青团实践育人工作提供资源与力量;另一方面,从各主体外部条件出发,高校共青团要在环境与资源方面为各主体提供条件,通过一些行之有效的措施来加强各主体间的沟通与合作。基于此,高校也需要以政策、资金等的倾斜来支持高校实践育人工作,在最基础的层面给高校共青团实践育人提供支持与保障,从而使高校共青团实践育人工作顺利落地,提升育人成效。除此之外,高校作为开展实践育人工作的主要阵地,校内各组成部分及人员都是高校共青团实践育人过程中的影响因素,都会间接影响育人成效。因此,高校内部要不断强调实践的重要性,使师生形成正确的认识,从而积极配合共青团实践育人工作。高校共青团需要不断使各主体间相互联系、相互作用,才能达到实践育人的预期目的,从而形成良好的合作共赢机制,最终实现实践育人的创新与发展,建立起学校、家庭和社会的沟通网。由此,各主体也能够根据自身需求,找准共识,在高校共青团实践育人过程中搭建互利共赢的平台,在协同合作的条件下深化合作基础。

第二节　高校共青团实践育人的原则

在科学分析高校实践育人科学内涵，准确把握当前高校共青团实践育人工作遵循的基础上，高校共青团实践育人工作要坚持共青团干部主导与学生主体相结合、第一课堂与第二课堂相结合、品德锤炼与能力培养相结合、校内主动与校外联动相结合、积极扶持与严格考核相结合的原则，构建起最大限度调动各方参与、最高效率保障育人效果的育人工作体系。

一、共青团干部主导与学生主体相结合

教师和学生是实践育人工作体系中的两类不同角色。从高校共青团实践育人工作角色划分的角度来看，必须发挥共青团干部的主导作用、坚持学生的主体地位，共同作用于学生成长成才这一实践育人目标。

实践育人是高校人才培养工作的有机组成部分，共青团干部作为高校共青团服务人才培养工作大局的主力军，在实践育人中起着主导作用。团干部的主导作用主要体现在以下三个方面：一是团干部保障实践育人工作的方向。受认识局限性和个人主观性的影响，大学生在自我规划发展方向、自我检视发展需求等方面不可避免地存在一定的缺陷和不足。这就需要团干部来协助引导大学生找准发展方向、纠正发展偏差，

发挥定向纠偏的作用。二是团干部协调实践育人资源。学校作为办学主体，团干部作为共青团教育主体，能拥有和支配教学资源、联系和协调社会资源支持学生开展实践活动。在高校共青团实践育人工作体系中，要坚持团干部主导，积极协调各方资源支持学生在实践中成才。三是团干部提供实践活动指导。实践活动离不开理论与实践的结合、离不开书本知识的应用。共青团干部掌握着更丰富的专业知识、更全面的理论基础，能有效指导学生开展实践活动，特别是在专业实习、社会调查等教学实践活动中，团干部的指导更是保障实践活动效果不可或缺的因素。

学生主体是高校共青团实践育人的核心。在高校共青团实践育人的过程中应坚持以青年学生为主体，充分调动和发挥学生的主观能动性。实践育人归根到底是要促进学生的健康成长和全面发展，其出发点和落脚点都是学生的成长和发展。坚持学生主体原则，必须把握以下三个方面：一是坚持以学生的需求为实践育人的出发点。在策划实践活动、安排实践内容时，以学生是否实际需要、学生有哪些需要为工作的第一信号和首要考量，做到决不开展不符合学生成长需要的活动，决不开展不利于学生全面成长的活动。二是坚持在实践活动过程中尊重学生自主选择的权利，鼓励学生发挥主观能动性。实践活动在本质上属于教育活动，必须充分调动学生的参与积极性，赋予学生一定的自主选择权，尊重学生独立完成、主动完成的主体地位。三是坚持以推动学生健康成才、全面发展为实践育人的最终目的和本质要求。在评判实践活动效果、检验实践活动效益时，要以是否有效推动学生成长成才为最基本的评判因素，根据其在学生成长成才中的贡献度来评价实践活动效果，积极探寻实践活动改进措施。

高校共青团实践育人要实现团干部主导和学生主体的协调统一。团干部是引导者、组织者、服务者，学生是参与者、学习者、评价者。团干部的职责重在引导，为实践育人工作起到定向纠偏作用；重在组织，积极协调各方资源支持学生投身实践；重在服务，及时响应学生需求，为学生提供必要的指导协助。学生的作用重在参与，深刻认识实践活动的重要性和必要性，积极投身实践活动中；重在学习，认真总结、思考实践活动的收获，从实践活动中学习知识、增长才干；重在评价，科学评价实践活动的效益，协助学校加强和改进实践育人工作。通过团干部主导与学生主体相结合的方式，高校共青团能更好地发挥实践活动的育人功能。

二、第一课堂与第二课堂相结合

第一课堂与第二课堂是实践育人体系中两个不同的阵地。从高校人才培养大体系来看，高校第一课堂、第二课堂在人才培养上各有分工、各有侧重，共同承担着培养德智体美劳全面发展的大学生的使命。具体到高校实践育人工作，也应坚持第一课堂与第二课堂相结合，有机协作，协同育人。第一课堂是依照学校既定的人才培养方案，在较为固定的空间环境内按照一定的教学大纲开展教学活动，是传统意义上的课堂教学。第一课堂是高校人才培养的主阵地，讲授内容、师生互动形式都较为规范。第一课堂在实践育人工作中发挥着重要作用，主要体现在两个方面：一方面，第一课堂开展教学实践、科技创新等学生实践活动具有先天优势。教学实践、科技创新等活动的知识基础来源于课堂教学，活动开展依赖任课教师的指导。活动目的之一是促进大学生更好地学习和掌握第一课堂所学的知识。如果离开第一课堂的支撑开展实践活动，将直接影响活动效果，甚至无法开展起来。另一方面，第一课堂拥有最为丰富的能支持实践活动开展的资源禀赋。第一课堂是大学生人才培养的主课堂，国家和高校在课时设计、经费投入、师资配备、教学基础设施投入等资源分配方面都向第一课堂倾斜。开展好实践育人工作，要科学借助和高效利用第一课堂所拥有的丰富资源。

第二课堂是课堂教学以外的育人活动，是在第一课堂学习的基础上进行的有效延伸、补充和发展。在高校人才培养工作中，第二课堂的育人功能越来越被教育主客体双方所认知，同时发挥着越来越重要的作用。实践育人应与第二课堂紧密结合。首先，第二课堂所拥有的生动性、主动性等特性是实现实践育人功能所需的核心资源。相比第一课堂，第二课堂形式更加生动丰富，学生主观能动性更容易被激发，这些特性与实践育人功能实现的本质诉求和关键资源紧密相关，学生主动参与的积极性直接影响和决定着实践育人的效果。实践育人离不开生动活泼、丰富多彩的第二课堂教育。其次，部分第二课堂活动具有实践育人功能。以志愿服务活动为例，它是高校思想政治教育工作的重要载体，是第二课堂的主要育人形式之一，在引导大学生服务社会、奉献他人的同时又能锻炼大学生，使其增长才干，实现育人效果。2018 年，共青团中央、教育部联合印发《关于在高校实施共青团"第二课堂成绩单"制度的意见》，在全国高校推动实施"第二课堂成绩单"制度，实现高校学生参与共青团第二课堂可记录、可评价、可测量、可呈现，这正是共青团高度重视第二课堂作用发挥，积极推进共青团为党育人根本任务的表现。

第一课堂与第二课堂相结合是做好高校实践育人工作的关键。第一课堂能规范实践育人形式，开展教学实践活动，提升学生的实践技能；第二课堂能激发学生参与实践活动的兴趣，组织开展形式多样、内容丰富的实践活动，直接为学生提供实践平台。只有坚持第一课堂与第二课堂相结合，开展实践育人工作，才能提升学生的实践技能与实践热情，并为开展实践活动提供实践平台。

三、品德锤炼与能力培养相结合

品德锤炼与能力培养是高校共青团实践育人工作体系中两个不同的目标。品德锤炼侧重"德"，指的是培养学生积极向上、乐观进取的思想品德和公民道德。能力培养侧重"能",指的是培养学生认识社会、改造社会的专业技能和个人素质。品德锤炼与能力培养必须成为高校共青团实践育人工作中既有差别又相统一的目标。

品德锤炼是高校共青团实践育人题中应有之义。实践育人,一是强化理想信念教育和社会责任感教育。要在组织大学生认识社会和服务社会的过程中,在团员教育管理、"青马工程"培养、团日活动等主题教育和仪式教育期间,着力引导他们正确认识自身在社会发展中所承担的角色,培养他们的集体荣誉感、社会责任感和自身使命感,重点促进团员青年提升政治素养和思想境界,引导他们增强"四个意识"、坚定"四个自信"、做到"两个维护"。二是培养大学生坚强卓越的意志品质。在大学生走向社会、走进实践的过程中,不可避免地会遇到新问题、碰到新困难。大学生要在克服困难和解决问题的过程中能培养自身不怕挫折的意志、顽强奋斗的品质和坚守胜利的信心,做到"敢于斗争、善于斗争"。三是培养大学生对劳动和劳动人民的感情。亲身从事生产劳动实践,是引导大学生认识劳动艰辛、珍惜劳动成果、培养对劳动和劳动人民感情最直接的形式,引导学生"肯吃苦、能奋斗",能发挥书本知识学习和理论说教所无法发挥的作用。

高校共青团实践育人还着眼提升学生专业能力和个人素质。人的全面发展离不开人的能力的全面发展。实践育人应着眼三种能力的培养。一是认识社会的能力。实践活动作为大学生了解社会、认识社会的窗口,通过开展社会调查、假期社会实践等形式,帮助学生搭建从学校走向社会的桥梁,使其更加明确自身成长需要,将社会发展与个人进步紧密结合起来,成长为国家和社会所需要的栋梁之材。二是创新实践的能力。习近平总书记强调:"创新是社会进步的灵魂,创业是推动经济社会发展、改善民生的重要途径。青年学生富有想象力和创造力,是创新创业的有生力量。"① 实践是创新能力培养的重要载体，实践活动是大学生运用专业知识、实现理论与实践相结合的有效形式，在实践过程中可以培养学生的实践能力，激发他们的创新思维，培养他们的创新精神。三是从事基本劳动的能力。针对当代大学生成长环境普遍较为优越、缺少社会实践的事实，高校共青团实践育人应组织学生开展劳动教育、志愿服务、公益活动等实践活动，引导他们从事一定量的基本劳动，以培养他们从事基本劳动的能力和身体素质。

高校共青团实践育人既要注重品德锤炼，也要做好能力培养。脱离了品德锤炼的实践育人，培养出来的只能是"有能无德"的废才，脱离了能力培养的实践育人，培养出来的只能是"有德无能"的庸才。只有坚持品德锻炼与能力培养相结合的实践育人，才符合马克思主义实践育人的全面发展的要求，才能培养出德智体美劳全面发展的社会主义事业的合格建设者和接班人。

四、校内主动与校外联动相结合

校内与校外是高校共青团实践育人体系中的两个不同的阵地。高校共青团实践育人需要校内主动与校外联动相结合。校内主动就是要在实践育人中注重挖掘校内资源，积极开展实践育人活动。校外联动就是要积极联系校外资源，通过校企联合、校地联合等形式为学生的实践活动提供平台、政策、资金等，最终实现校内外协同育人。

校内主动是做好实践育人工作的前提。学校作为一个独立主体，承担着实践活动组织管理的职能，共青团干部是实践活动的主导，学生是实践活动的主体，这些要素都从属于校内子系统。要素的主动合作是维

---

① 邓海建：《让一技之长的青年享有更出彩的人生》，来源：中国青年网，2019年3月5日，网址：http://pinglun.youth.cn/ttst/201903/t20190305_11887682.htm。

持系统良性运转、保障实践活动效果的基本前提。校内主动一方面是思想上的主动。高校和共青团应充分认识到实践育人的重要性，加强组织领导，投入必要的人力、物力、财力和政策倾斜来大力支持学生开展实践活动。另一方面是行动上的主动。高校共青团要主动收集学生实践成长的发展需求，全面梳理自身能用于支持学生开展实践活动的资源，积极协调校外资源支持学生开展实践活动，通过评先评优等形式激励学生积极开展实践活动。

校外联动是高校共青团实践育人的有力支撑。青年学生成长成才所需的平台、政策等资源单靠高校无法完全满足。因此，首先，应当在政策上实现校内外联动，主动对接属地政府部门，协调推进一揽子政策保障支持青年学生实践活动，创造良好的育人环境，形成全社会协同支持青年学生实践的政策环境。其次，要广泛利用社会资源，精准搭建青年学生实践成长平台，以校企合作的形式为学生创造更多更好的实践岗位和平台。最后，要统筹实现资源联动，加大与地方、企业的协作沟通，设立专项项目、专项资金用于保障实践活动，加大企业、社会指导教师进课堂、进学校力度，为实践育人提供优质保障。

高校共青团实践育人应坚持校内主动与校外联动相结合。校内主动是校外联动的基础，校外联动是校内主动的支撑。只有实现了校内主动，才能为校外联动提供明确的联动方向，才能调动校外联动的积极性。校外联动可以弥补校内主动的若干不足，为实践育人提供更丰富的政策和资源支持。校内主动与校外联动相结合，能最大限度地开发高校共青团实践育人资源，实现实践育人的资源协同。

五、积极扶持与严格考核相结合

扶持和考核是高校共青团实践育人体系中两个不同的方法。扶持侧重"拉"，是通过舆论宣传、政策保障、载体建设、资金投入等形式支持开展实践育人活动，为实践育人活动提供资源保障。考核侧重"推"，是通过学生体验性评价、教师指导性评价、高校综合性评价等形式，加强对实践育人中主客体育人成效的考核，确保实践育人的效果。

积极扶持是高校共青团实践育人的前提。实践育人应注意做好三个方面的扶持投入：一是强化舆论引导。对于高校共青团实践育人，舆论宣传起着统一思想、凝聚力量、宣传发动、激励推动的作用。二是加强载体建设。要在校内外建设一批思想政治教育基地、教学实训基地、就业实习基地、创新创业基地、社会实践基地、军训基地、志愿服务基地，并规范基地运作模式，提升基地育人功能，为大学生开展实践活动提供平台和岗位。三是加大资金投入。高校共青团要设立实践育人专项经费，新增拨款和教学经费要优先用于实践育人工作，形成实践育人经费常态化增长机制。此外还可以通过发动校友捐资、企业合作投资等方式，多渠道吸引实践育人的资金投入。

严格考核是高校共青团实践育人效果的保障。科学合理的考核评价机制能发挥导向、选拔、激励和预测功能，保障高校共青团实践育人工作的效果。要把实践育人工作效果评价与学生体验性评价、教师指导性评价、高校综合性评价结合起来。一是加强实践育人课程建设。如实训基地、实践基地和实验室等教学基本设施建设；将实践育人的实效纳入高校办学水平考核评价指标，在办学水平评估中体现实践育人的目标导向；等等。二是建立以学生综合素质和实践能力为评价标准的素质评价体系。要把创新精神和实践创新能力作为学生综合素质评价的一级指标，把参与教学实训、创新创业、志愿服务、勤工助学等实践活动情况作为二级指标，并赋予相应的权重来进行评价。三是将实践育人的考核成绩纳入教师业绩考核，将教师指导学生开展实践教学、实习实训和社会实践活动的情况作为教师工作业绩考核的重要组成部分。

高校共青团实践育人应坚持积极扶持与严格考核相结合的原则。其中，积极扶持是前提，严格考核是保障。只有从政策、资金、载体、舆论等方面加大扶持力度，才能为实践育人工作提供强有力的保障。只有建立科学合理的考核评价机制，才能更好地引导实践育人工作的方向，保障实践育人工作的效果。脱离了扶持的考核是无根之木，脱离了考核的扶持是放任自流，只有坚持扶持与考核并重，才能促进高校实践育人工作水平的提升。

第三节　高校共青团实践育人的内容

长期以来，高校共青团在加强实践育人基地建设、深入开展社会实践活动、积极开展志愿服务活动、创新创业教育实践、就业实习见习工作等实践育人方面做了大量工作，打造了多项高校青年学子参与度高、影响力强的高校共青团实践育人品牌项目，取得了较为丰硕的成果。

一、加强实践育人基地建设

盘活优化存量，按照提质增效的理念，充分发挥已有基地的育人功能。拓展扩大增量，通过校所合作、校企合作、学校引进等方式，依托高新技术产业开发区、大学科技园、大学资产经营公司、城市社区、乡村乡镇、工矿企业、爱国主义教育场所、国防教育基地、博物馆、社会服务机构等,重点建设一批思想政治理论课实习基地、创新创业实践基地、社会实践基地等实践育人平台。实现每个专业至少有相对固定的教学实习基地,每个院系在社会实践、志愿服务、创新创业、就业实习等方面至少有几个相对固定的实践基地。制定科学考核标准,加强对基地使用情况的考核检查,确保充分发挥育人作用。着力培育建设一批国家级实践育人与创新创业示范基地。

二、深入开展社会实践活动

积极开展社会实践活动,为青年学生实践能力提升提供有力支撑。落实共青团中央"第二课堂成绩单"制度的有关规定,确保学生大一至大三期间修满有关社会实践活动的学分,探索开设大学生社会实践指导通识课。严格落实每个学生在学期间参加社会实践活动的时间,使其达标,组织学生积极参与社会调查,撰写调查报告。深入开展好大学生暑期"三下乡"、寒假"优秀学子回母校"等传统品牌项目,组织实施好"追寻红色足迹 助力圣地发展""走进千村观察,助力乡村振兴"等一系列新时代社会实践专项精品项目,引导和帮助广大青年学生上好与现实相结合的"大思政课",在社会课堂中受教育、长才干、做贡献,坚定信念听党话、跟党走。将社会实践活动与思想引领、专业学习、就业创业、科学研究等结合起来,统筹推进、资源共享,确保实效、提升水平,集中培育一批专业程度高、示范作用强、社会影响大的品牌实践项目。

三、积极开展志愿服务活动

以助力青年学生成长和解决社会公共需求为使命,以"立足校园、辐射周边、面向社会"为原则,努力营造我参与、我奉献、我快乐的志愿服务氛围。落实学生志愿服务的相关管理办法,加强学校志愿服务制度化规范化建设和志愿服务类学生社团与志愿者骨干队伍建设。实施师生志愿服务评价认证、星级评价、项目化管理等制度。深入挖掘志愿服务项目内涵,推广微公益理念,拓展育人功能。广泛开展"学雷锋""三下乡""四进社区""支农支教""扶困助残"等志愿服务活动,引导青年学生每年参加志愿服务,时间不少于 20 小时。深化开展"研究生支教团""西部计划""生命之光计划"等品牌项目。

四、组织创新创业教育实践

落实《深化创新创业教育改革的实施方案》,把创新创业教育融入人才培养全过程,构建创新创业教育课程体系并不断优化,加快创新创业教育优质课程信息化建设。严格落实"第二课堂成绩单"制度中有关学生创新创业实践活动的规定。运营好创客空间并不断拓展,孵化支持一批创业项目。建立全方位资源匹配、全过程累进支持的服务体系,实施好大学生创新创业训练计划项目,组织大学生参加中国"互联网+""挑战杯"等各类创新创业竞赛并鼓励其不断取得新突破。组建以专业教师、优秀企业家、杰出校友为主体的创新创业导师团队,为学生提供阶梯式、全过程的服务与帮扶。加大对创新创业社团的支持力度,实现社团活动、专业实践、创新创业竞赛相结合,激发学生创新创业活力。

五、做好就业实习见习工作

深化实施"创新创业与就业能力提升计划",积极整合、大力拓展、充分利用教师校友、校办产业、实践基地、合作办学等校内外资源,为提升学生就业核心竞争力搭建平台;鼓励学生将就业实习与社会实践、专业实习有机结合,通过实践锻炼增长知识、提高本领、适应社会;关注学生需求,做好服务保障和跟踪指导工作,提升学生综合素质和就业能力；重点做好建档立卡贫困户学生的就业能力提升工作；坚持做好来自就业弱势家庭或农村边远地区、零就业家庭或其他原因造成的家庭经济困难的未就业毕业生的就业见习工作；坚持设置校内岗位与开拓校外资源并举，打通学生就业见习与正式签约的通道。

六、高校共青团实践育人行动计划

1. 大学生志愿服务西部计划

2003年，团中央、教育部等部门为落实中央指示精神，开始实施大学生志愿服务西部计划，从我国高等学校招募一定数量的应届毕业生或研究生，到我国广大西部乡村进行为期1—3年不等的服务工作，并在服务期满后，鼓励其继续驻留。

西部计划是国家重大人才工程"高校毕业生基层培养计划"的子项目，是引导和鼓励高校毕业生到基层工作的五个专项之一。党中央、国务院高度关心西部计划志愿者，高度重视西部计划和研究生支教团工作。习近平总书记曾多次作出批示或给志愿者回信，肯定志愿者们在西部地区辛勤耕耘、默默奉献，为当地经济社会发展、民族团结进步做出的贡献，勉励越来越多的青年人以志愿者为榜样，"到基层和人民中去建功立业，让青春之花绽放在祖国最需要的地方，在实现中国梦的伟大实践中书写别样精彩的人生"。

2. "挑战杯"系列科创竞赛

"挑战杯"是由共青团中央、中国科协、教育部、全国学联和地方省级政府共同主办，国内著名大学承办、新闻媒体联合发起的一项具有导向性、示范性和群众性的全国竞赛活动。

"挑战杯"系列竞赛被誉为中国大学生科技创新创业的"奥林匹克"盛会，是目前国内大学生最关注最热门的全国性竞赛，也是全国最具代表性、权威性、示范性、导向性的大学生竞赛活动。

自1989年举办以来,"挑战杯"竞赛坚持"崇尚科学、追求真知、勤奋学习、锐意创新、迎接挑战"的宗旨,在促进人才成长、教育发展、社会进步方面取得了重大成就,在广大高校乃至社会上产生了广泛而良好的影响,广受赞誉。

3. 大学生"三下乡"社会实践

20世纪80年代初,团中央首次号召全国大学生在暑期开展"三下乡"社会实践活动,随后逐步在各高校展开,时至今日已成为各大高校锻炼学生社会实践能力的一种重要的常规性活动,也是考核学生综合素质的重要指标。2004年,中共中央、国务院《关于进一步加强和改进大学生思想政治教育的意见》(中发〔2004〕16号)发布后,2005年,中宣部、中央文明办等部门联合发布了《关于进一步加强和改进大学生社会实践的意见》(中青联发〔2005〕3号),文件第四条提出:"文化、科技、卫生'三下乡'和科教、文体、法律、卫生'四进社区'活动,是新形势下大学生参加社会实践的有效载体。"

大学生是我国科学技术发展的后备军,应该发挥知识技能的优势,为乡村建设和乡村振兴服务,为农民群众服务。广大的乡村需要大学生去发挥聪明才智,大学生也需要到乡村去,在服务农民群众的实践中接触社会,了解国情,增强社会责任感和历史使命感。通过"三下乡",大学生可以改造世界观、价值观,把乡村振兴的需要和青年学生的成长很好地结合起来,走正确的成长成才道路。

第二章 高校共青团实践育人的理论基础

第一节　马克思主义实践观

马克思主义认为，全部社会生活在本质上是实践的。实践是作为主体的人能动地改造客观世界即客体的对象性活动，表现为人与自然之间的物质交换；又由于人与自然的物质交换过程中必然与其他人发生社会关系，进而表现为人与人之间的交换活动；上述社会活动所形成的结果在人的头脑中以观念的形式客观存在，作为规律支配着人的后续活动，并通过支配后续社会活动实现了现实存在，表现为实践基础上的人与自然的观念交换。

一、马克思主义实践观的确立过程

实践育人于当下中国高等教育来说是一个至关重要的环节，作为理论基石的马克思主义实践观则为其注入源源不断的发展动力。

从马克思主义实践观的角度来解读实践活动，大致分为四个方面，分别是感性、对象性、环境的改变性与人的活动性。综合四方面来看，马克思主义实践观认为，实践是主客体相互作用的运动过程，是人与外部世界之间搭建起来的桥梁，可以反映主客体相互作用的关系。实践是一个历史性范畴。古代思想家早已发现人的活动与动物的活动之间的显著区别，强调人活动的意志性。近代以来欧洲思想家康德、费希特等人从能动性、创造性角度发展了实践的内涵。黑格尔把目的性引入实践观，突破性地把实践当作认识的必然环节，认为实践活动是对客体的改造，但他没认识到实践是认识的基础、源泉，归根结底带有唯心主义的色彩。

德国哲学家费尔巴哈坚持唯物主义世界观，并在此基础上理解实践。他认为实践并非纯粹的理性活动，并指出"理论所不能解决的那些疑难，实践会给你解决的"的正确命题。但值得注意的是，他所强调的人是生物人，而不是社会人。可以说，从亚里士多德、康德、费希特到黑格尔再到费尔巴哈，他们在西方哲学史的发展中分别展开了关于实践观的讨论：实践活动在亚里士多德的角度上，是一个至关重要、对人类行为进行反思的概念，亚里士多德判断实践、理论、技术是人类活动的三种形式；实践与认知在康德看来是可以相互脱离的，他脱离实践论断人的认知，用唯心主义的视角以伦理道德对实践进行"框圈"；立足费希特的观点，唯心主义与实践是紧密结合的；黑格尔对实践的基本构成中各要素的含义没有作出科学的规定；到了最后的费尔巴哈，他的实践观便开始以唯物主义为前提。这些观点逐步发展，为马克思主义实践观奠定了基础。

马克思对以上实践观采取"扬弃"的态度，既不全盘肯定，又不全盘否定，而是吸收合理的方面，摒弃不合理的方面。马克思重点辩证地看待黑格尔与费尔巴哈的实践观，并以此为基础建立起了马克思主义实践观。

在《关于费尔巴哈的提纲》中，马克思开创性地将自然思维方式转变为实践思维方式，将认知论灵活贯穿其中，而认知论又以实践唯物论为基础，摒弃了抽象认知论，以历史认识论作为依托。马克思主义认为，实践是认识的基础与目的，是检验真理的标准，对于社会历史领域来说，实践观点的引入与贯彻，从多层次为唯物史观的确立奠定了坚实的基础。

二、马克思主义实践观的科学内涵

马克思、恩格斯在改造了旧哲学实践观的基础上，确立了科学实践观。主体活动在马克思主义实践观中扮演着极为重要的角色，其主体性和能动性即在马克思实践观中体现。马克思主义哲学从实践理解人，将自然人化，社会人化，而马克思主义哲学的出发点和归宿点就在于此。如何评判、检验认知是一个比较重要的问题，马克思认为认知的来源以及认知发展的动力都以实践为基础，或者说就是实践本身，而人类的社会生活以及人的本质也都是实践的。马克思主义实践观与科学的实践观相互联系，评判科学的实践观不妨从认知论与历史观两个角度进行，从马克思主义实践观中明白马克思主义的基本的、首要的观点便是科学的实践观。要想准确深刻地把握马克思主义实践观，必须理解马克思主义关于实践的本质、特征、形式的论述。纵观现代实践观，在现代马克思主义理论话语体系当中，在我国改革开放和现代化建设的进程中，对马克思主义实践观的理解也在不断深化。理解马克思主义实践观需要理解其实践性，因为实践性是它的本质特征和理论核心，理解实践性是理解整个马克思主义体系的基础。在中国社会主义建设的伟大历程中，研究马克思主义的理论界意识到，过去研究马克思的著作，在"实践"的概念与界定上从未进行全面明确的划分，马克思主义对当代中国建设发展的不同历史时期产生了不同影响，主要在于马克思主义被理论界多样化解读。正确理解整个马克思主义理论体系，需要对实践观的内涵进行合理把握，只有这样才能进一步指导中国社会主义建设事业健康快速发展。

1. 实践的本质：人所特有的主观见之于客观的对象性活动

马克思在《关于费尔巴哈的提纲》中将实践概括为感性的、对象性的物质活动。实践是以改造客观世界为目的，主体与客体之间通过中介相互作用的客观过程，主体、客体、中介是实践的三个基本要素。人的实践活动，一方面受到明显的物质能量和外部环境的客观制约，另一方面又体现着作为主体的人的主观意志和具体表达，是一种高度自主性的活动。这种主观与客观、精神与物质构成相互矛盾的运动系统。人与外部世界的物质形态的对立表现为主观与客观、精神与物质的对立，而实践的过程，正是这一矛盾系统的解决过程及由对立走向内在统一的过程。在这一过程中，观念的东西转化为现实的东西，现实的东西也可能转换为观念的东西。这在一定程度上也消除了自在物质的客观性，"由此形成了一种人化的自然物和一种新的主观精神。……物质运动过程的矛盾在实践这种更高的层次的物质运动过程中获得了新的解决方式"[①]。

2. 实践的特征：客观物质性、自觉能动性和社会历史性

一是实践具有客观物质性。实践作为人为满足自然需要，并在此过程中实现自身需要，而与外界发生的必然活动，其对象手段及结果都具有客观物质性。实践的主体虽然是人，实践本身虽然是人的主观意志支配下的、有目的的活动，但不是单纯的意志活动。实践需要通过物质手段来使物质世界发生直接改变，人的思想精神意识不能直接改变什么。二是实践具有自觉能动性。人的活动与动物的活动区别在于人的实践活动有思想指导，而动物的活动出于本能。人在动物的意识基础上发展出了人的思维，人们能够通过制造工具、使用工具来改造客观世界，并借助语言、文字等形式构筑观念世界。三是实践具有社会历史性。

---

① 高清海：《哲学体系改革》，吉林人民出版社，2002年，第367页。

后人总是在前人实践基础上进行新的实践创造，通过积累前人的实践成果来壮大自己的实践能力，这也充分体现了实践是人与人相联系的基础和纽带。

3. 实践的形式：生产实践、阶级斗争和科学实验

实践形式多种多样，其中生产实践是人类最基本的实践活动。人为满足自然界需要而进行的物质资料生产活动，是决定其他一切活动的基础性、始源性的活动，是人类社会的物质基础；社会关系实践是在物质生产实践基础上产生的协调人们之间关系、解决社会矛盾的实践活动。在阶级社会里，社会基本矛盾表现在阶级关系上，就是阶级矛盾和阶级斗争，阶级斗争是推动阶级社会发展的直接动力。科学实验是人们探索和认识自然规律，获取关于实践对象的知识的实践活动，它作为一项独立的实践活动，在现代社会日益显出其重要作用。

三、马克思主义实践观的指导作用

1. 马克思主义世界观基础

马克思认为，实践的本质是人能动地改造客观世界的对象性活动。实践活动的主体是人，实践活动的客体是自然世界。在实践过程中，主体的活动一方面要受到客体在环境、资源等各方面的制约，另一方面又可以通过自身自觉的活动来突破客体的制约，自主能动地超越和改造客体。实践这一过程产生了主体对象化和客体非对象化这一双向运动，搭建起了人与自然相互作用的桥梁。

主体对象化是指人通过实践活动将自身的目的、思想、技能等转化为对象物，创造出一个自然世界中原本并不具有或者按照自然规律无法产生出来的事物。它实现了主体的体力和智力物化，积淀到客体对象中，转化为现实存在。主体对象化是人类所独有的活动。客体非对象化

是实践中的另一类作用形式，是客体由原本的现实存在的物质形态转变为主体结构的一部分或者主体本质力量的因素，是人类理解、消化和利用实践成果的一种形式。主体对象化实现了人类实践成果的外在积累，将实践成果固化为现实存在的物质形态；而客体非对象化实现了人类实践成果的交换、传递、继承和发展，通过社会遗传方式不断丰富和发展人类文明成果，提高主体认识和改造客体的能力。实践活动中主体的对象化和客体的非对象化这一双重过程，构成了马克思主义实践观的基础，赋予了实践在世界观层面的意义。人类世界只能是实践中的存在，全部社会活动在本质上都是实践的。其原因如下：第一，实践创造了人。物质生产的劳动实践创造了人，这是人类得以从猿进化为人的根本因素。第二，实践构成了人类世界的存在方式。实践为人类提供了生活必需的外在环境和基本条件，从而使人类维持了自身的生存发展。第三，实践推动了人类世界的发展。实践培育了人类社会的文明成果，提供了人类世界的动态因素，并不断重新塑造着人类世界。

2. 马克思主义方法论基础

第一，实践是教育主体与客体交互作用的基础。就教育活动而言，人作为教育活动的对象，是教育的客体。但与此同时，人也是教育的主体。人是教育和环境的产物，马克思指出："环境是由人来改变的，而教育者本人一定是受教育的。"[①] 人和环境在实践的过程中相互作用、相互影响的这一能动的实践活动，实现了教育主客体的辩证统一，使人不仅作为教育的客体实现了自身的成长和发展，还作为教育的主体在更广阔的范围内教育和影响包括自身在内的他人。

第二，实践是德育与智育相互促进的基础。实践作为人类认识的来

---

① 中共中央马克思恩格斯列宁斯大林著作编译局编译：《马克思恩格斯文集》第1卷，人民出版社，2009年，第500页。

源和认识发展的动力，推动了人类认识成果的极大丰富，帮助人们不断掌握改造自然的新技能，是"育智"的过程。同时，实践还是"育德"的过程，并实现了德育与智育的紧密结合与相互促进。再生产的实践过程，不仅改造了物质财富等客观条件，还锻炼出生产者新的品质、新的观念、新的需要，推动人们以新的交往方式进行互动，实现了改造自然与改造自我、改造智力因素与改造非智力因素的统一。基于这一认识，马克思鲜明地提出："体力劳动是防止一切社会病毒的最伟大的消毒剂。"将德育和智育紧密结合在一起的实践活动是实现人的全面发展的根本途径。

通过研究马克思主义实践观与育人之间的联系可以发现，马克思主义对实践在世界观和方法论层面的解读回答了实践为什么能育人、实践如何育人的问题。主体对象化揭示了育人的过程，客体非对象化提供了育人的材料，主体的对象化和客体的非对象化一起不断地丰富和发展了人类的文明成果，提高了主体认识和改造客体的能力，继而通过实践活动，将人的主观世界与客观世界联系起来。教育活动的主体与客体交互作用，德育与智育相互结合相互促进，将实现人的思想道德进步乃至人的全面发展。

四、中国共产党关于实践育人的思想理论

在马克思主义实践观和以知行合一为核心的我国传统文化"知行观"两大理论基石上，党和国家历代领导人对实践观都有论述，知名教育家也提出了各有特色的育人观点。共青团作为党的助手和后备军，作为培养青年共产主义者的学校，始终坚持贯彻党的教育方针，落实"立德树人"根本任务，借鉴融合知名教育家教育理念，在实践中培育和引领青年学生。

毛泽东思想中的实践观是中国化的马克思主义实践观。毛泽东在

《实践论》中谈道:"通过实践而发现真理,又通过实践而证实真理和发展真理。从感性认识而能动地发展到理性认识,又从理性认识而能动地指导革命实践,改造主观世界和客观世界。实践、认识、再实践、再认识,这种形式,循环往复以至无穷,而实践和认识之每一循环的内容,都比较地进到了高一级的程度。这就是辩证唯物论的全部认识论,这就是辩证唯物论的知行统一观。"① 这句话阐明了实践对社会、认识、认识过程以及一切正确行为的意义,划分了实践的类型,强调实践是检验真理的唯一标准。毛泽东思想对于高校的实践育人工作产生了积极的指导作用,教育必须与育人实践相结合,在育人实践中学,要不断总结育人经验并将其提升为理论,再把育人理论应用于教育实践,推动教育事业的发展。

邓小平用新的实践写下了一部建设有中国特色的社会主义的"实践论",在毛泽东思想的基础上,再次丰富和发展了马克思主义实践观,并倡导"实事求是"。他从中国社会主义实际出发,提出了"三个有利于",开拓了马克思主义的新境界。他提出的"科学技术是第一生产力"的观点充分肯定了在知识经济时代,科技在社会发展中的核心作用,为我国转换原有的实践框架提供了一个崭新的视角。邓小平对于实践育人也有深刻论述,在1978年4月22日召开的全国教育工作会议上,他要求教育要与生产劳动相结合,并在内容和方法上不断有新的发展。

"三个代表"重要思想的实践观是在科教兴国等战略中得到体现的。在1995年的全国科技大会上,中共中央正式提出实施科教兴国战略,提倡教育应当与经济社会发展相结合,为现代化提供人才支撑;对青年提出了坚持学习科学文化与加强思想修养的统一、坚持学习书本知识与投身社会实践的统一、坚持实现自身价值与服务祖国人民的统一、

---

① 毛泽东:《毛泽东选集》第1卷,人民出版社,1991年,第296—297页。

坚持树立远大理想与进行艰苦奋斗的统一的"四个统一"的要求和希望；鼓励青年成为理想远大、热爱祖国，追求真理、勇于创新，德才兼备、全面发展，视野开阔、胸怀宽广，知行统一、脚踏实地的人；强调必须贯彻党的教育方针，坚持教育与社会实践相结合，切实提高国民素质，重点培养学生的创新思维和能力。

科学发展观把实践放在非常重要的位置，强调第一要义是发展，主要阐述了发展实践的三大问题，即"为谁发展""靠谁发展""怎样发展"的问题，也就是发展实践的目的性、主体性、科学性的问题。科学发展观是对马克思主义实践观的又一次发展，其核心是以人为本，强调实践的主体性。

第二节　习近平总书记关于实践育人的重要论述

党的十八大以来，习近平总书记站在国家繁荣、民族振兴、教育发展的战略高度，多次就高校落实立德树人根本任务作出重要指示。习近平总书记关于教育的重要论述和党中央的决策部署为进一步开创新时代高校思想政治工作新局面、进一步深化高校实践育人工作指明了方向。

一、重要论述的战略视野

　　教育是国之大计、党之大计。聚焦"培养什么人、怎样培养人、为谁培养人",习近平总书记以其马克思主义政治家、思想家、战略家的深邃历史眼光、宏阔战略格局和远见卓识,提出了一系列重要论述。实践育人是高校"大思政"育人格局的重要一环,习近平总书记曾在多个场合强调高校实践育人工作的重要性。2016 年,习近平总书记在知识分子、劳动模范、青年代表座谈会上的讲话中提到,"'纸上得来终觉浅,绝知此事要躬行。'所有知识要转化为能力,都必须躬身实践。要坚持知行合一,注重在实践中学真知、悟真谛,加强磨炼、增长本领"①。2018 年,习近平总书记在北京大学师生座谈会上的讲话中指出,"人的潜力是无限的,只有在不断学习、不断实践中才能充分发掘出来""不论学习还是工作,都要面向实际、深入实践,实践出真知"②。习近平总书记关于教育的重要论述,立意高远、内涵丰富且思想深刻,高校共青团要根据不同培养对象的特点与能力素养,科学合理搭建行之有效的实践体系,推出丰富多彩的实践课堂,形成育人矩阵大格局。

1. 突出成长成才的培养目标

　　因势而新,育人于行。高等教育的发展方向归根到底要与时代发展同向同行,要与国家、社会发展同频共振,要为改革开放和社会主义现代化建设服务。习近平总书记在全国教育大会上的重要讲话,系统总结

---

　　① 习近平:《在知识分子、劳动模范、青年代表座谈会上的讲话》,来源:中华人民共和国教育部网站,2016 年 4 月 26 日,网址:http://www.moe.gov.cn/jyb_xwfb/moe_176/201605/t20160503_241694.html。
　　② 习近平:《在北京大学师生座谈会上的讲话》,来源:习近平系列重要讲话数据库,2018 年 5 月 2 日,网址:http://219.244.185.26:970/detail?record=3&ChannelID=95051&randno=17797&resultid=1445&presearchword=%5b%b1%ea%cc%e2%2c%d5%fd%ce%c4%5d%2b%3d%d2%d4%d6%aa%b4%d9%d0%d0。

了推进我国教育改革发展的"九个坚持",其中第一条就是"坚持党对教育事业的全面领导",充分体现了党的领导在教育事业发展中、在实践育人工作中所起的"方向盘"和"定海神针"的特殊而重要的作用。

实践育人,始终要明确"培养什么人、怎样培养人、为谁培养人",这是教育事业发展中必须要解决好的根本问题。面对立德为根本,树人为核心的理论思路,不同时期也有着不同的宗旨与理念、方法与方式。习近平总书记主政福州市期间,兼任闽江职业大学(现为闽江学院)校长,他提出的"不求最大,但求最优,但求适应社会需要"的办学理念和"立足福州、面向市场、注重质量、突出应用"的办学宗旨影响深远。不同地区不同时期,实践育人是弹性灵活的。而德智体美劳育人体系中的劳动教育这一成分日益重要,正是对"培养什么人"的回答。

2.强调"时代新人"的独特品质

实践育人重视理想信念、爱国情怀和奋斗精神的培育,要求在坚定理想信念上下功夫、在增强综合素质上下功夫。"怎样培养人"的问题,在新的历史条件下,面临许多新情况、新问题,实践育人既有有利条件,也有严峻挑战。大学生是极具活力的一个群体,实践育人在高校中有着极为重要的意义。抓好马克思主义理论教育,要久抓社会主义核心价值观培育,引导广大师生做正能量的积极传播者、模范践行者。而实践育人,不能只有实践,更要有对人的辅助与指导。教师在实践育人中发挥着不可替代的作用,要认识到教师工作的重要性,将其当作战略工作来抓,做好、讲好青年的思政课。

二、重要论述的科学内涵

1.坚持学习知识与投身实践相统一

党的十八大以来,在领导和推进青年工作与青年事业的实践中,习近平总书记以马克思主义理论家的深刻洞察力、敏锐判断力和战略定力,准确把握新时代青年和青年工作的新特点,围绕青年和青年工作的重大理论和实践问题进行了全面系统的战略思考、战略谋划、战略决策和战略部署,形成了科学系统的习近平新时代青年思想。习近平新时代青年思想,集中体现在党的十八大以来习近平总书记系列重要讲话中有关青年和青年工作的重要论述上,集中体现在党治国理政新理念、新思想、新战略中关于青年和青年发展的深刻分析上,集中体现在我国青年工作的伟大实践中,并形成了一个系统完整、具有一定逻辑结构的思想体系。

青年要成长为国家的栋梁之材,既要读万卷书,又要行万里路,既要多读有字之书,又要多读无字之书,注重学习人生经验和社会知识。要坚持知行合一,在实践中学真知、悟真谛,不断磨炼、增长本领。要重视实践育人,坚持教育同生产劳动和社会实践相结合,广泛开展各类社会实践,不断拓展学生社会实践的平台和路径,让学生在亲身参与中认识国情、了解社会,受教育、长才干。

2. 将创新思维与社会实践相结合

党的十八大以来,以习近平同志为核心的党中央坚持创新思维,立足新时代,寻找新思路,解决新矛盾,打开新局面,开创新境界,提升新水平,不断推进理论创新、实践创新和制度创新。习近平总书记指出:"问题是创新的起点,也是创新的动力源。"强调创新思维要以问题为导向,彰显强烈的"问题意识"。因此推动创新必须坚持问题导向,通过发现问题、筛选问题、研究问题、解决问题,不断推动社会发展进步。创新思维的实践性体现为它所具有的重要价值意蕴。坚持创新思维,有利于推进马克思主义中国化。马克思主义只有和中国实际相结合,实现马克思主义中国化,才能发挥其改造实践的伟力,才能"创造些新的东西",这就要求马克思主义必须随着实践的变化而不断创新。

进入新时代以来，青年的成长环境、行为特点都发生了重大变化。党中央领导集体敏锐把握这一变化，提出青年学生必须将创新思维和社会实践紧密结合起来，将社会实践作为创新思维的源头活水——创新思维和社会实践的紧密结合是青年成才的科学途径和青年成长的正确道路，其中社会实践是创新思维的源头活水，创新的需求来源于实践探索，创新的动力来源于实践需要，创新的成果必须应用于实践检验。同时，在社会实践的过程中，必须坚持勇于探索、敢于求新，积极运用新思维、新办法来指导青年学生开展实践活动。青年学生坚持将创新思想和社会实践紧密结合起来，有助于在解决实际问题的过程中增长见识和提升本领，有助于培养创新精神和实践能力，为成长成才打下坚实基础。

三、重要论述的价值意蕴

党的二十大报告指出，青年强，则国家强。当代中国青年生逢其时，施展才干的舞台无比广阔，实现梦想的前景无比光明。踏上新征程，广大青年学生更应该立足实践锻炼提升，让青春在全面建设社会主义现代化国家的火热实践中绽放绚丽之花。习近平总书记关于实践育人的重要论述，为新时代高校更好地落实立德树人根本任务，努力构建"大思政"育人格局提供了科学指引。

1. 科学阐明了高校实践育人的重要意义

一方面，实践育人符合教育发展的客观规律，是时代发展的内在需要。实践育人有利于引导大学生树立正确的政治方向。过硬的综合素质有助于个体的健康成长，更关系到国家、社会的长久发展。综合素质养成与教师的理论教学水平相关联，教师要懂得如何主动去关注和思考时政热点问题，结合自己的专业特长对当前所亟待解决的问题提出有效的应对方案。对大学生而言,知识的获得除了第一课堂理论教学之外,更需要实践来检验,只有通过社会实践走进基层感悟与体验,实践育人成效才能体现和彰显。正如古人所说,"读万卷书,行万里路",大学生要通过实践提高自身综合素质。

另一方面,实践育人符合学生成长的客观规律,是学生全面发展的必然要求。课程中学习到的理论是"知",而"行"就是实践。荀子说:"见之不若知之,知之不若行之。"这里的"行"即意味着实践,说明从古至今,实践育人都在潜移默化地引导着学生的成长成才。马克思主义提出,实践是人的存在方式,人离不开实践活动,在实践过程中,受教育者能够通过自身原先所具有的技能习得强化各种新的能力。实践育人的宗旨回归到教育的宗旨,通过社会实践提升大学生思想道德素质和科技创新素质。实践提供了一个契机,即通过校园与社会的衔接,搭建大学生"校园人"向"社会人"转换的纽带和桥梁,不断引导实现大学生由知到行的转变。实践育人这一环节是实现这一目的的必要途径,它对大学生提高自我管理能力具有很强的正向激励作用,能奠定学生走向社会的重要基础,同时,能使受教育者将前期所获得的理论教学内化为个人内在动能,从而转化为实际行为。

2.科学指明高校实践育人的工作方向

习近平总书记在哲学社会科学工作座谈会上的重要讲话中指出:"当代中国正经历着我国历史上最为广泛而深刻的社会变革,也正在进行着人类历史上最为宏大而独特的实践创新。这种前无古人的伟大实践,必将给理论创造、学术繁荣提供强大动力和广阔空间。"[1] 当下高校做好实践育人,要做好"把脉"工作,紧扣时代脉搏。实践育人在

---

[1]《学习好发展好传播好马克思主义》,来源:中国共产党新闻网,2018年8月3日,网址:http://theory.people.com.cn/nl/2018/0803/c40531-30204690.html。

时代的变革之下，受到传统观念的影响，无疑会面临多种多样的问题，但也有了新的变化。很多第一课堂教学在逐步转变固有的面对面教学形式，线上教学越来越成为必不可少的一种育人载体，实践教学也提倡云端新形式。这要求高校必须转变育人模式，教育工作者们在开展育人工作的过程中要创新思路、方法，以取得教学相长的成效。要充分开展各种"云端+线下"第二课堂实践活动，注重培养大学生的独立自主性和创新创造性。要重视学生与导师、辅导员、任课教师的互动，提高大学生的适应力。高校教育工作者在育人工作方面要积极引导学生开展自我管理教育，将理论学习和实践教育充分结合，深入实际生活，使学生在丰富的实践中磨砺锻炼，在社会实践中不断提升综合素质和学术能力。

第三节　高校共青团实践育人的时代要求

2012年，教育部等七部门联合发布《关于进一步加强高校实践育人工作的若干意见》指出，要广泛开展社会调查、生产劳动、志愿服务、公益活动、科技发明、勤工助学和挂职锻炼等社会实践活动。党的十八大以来，以习近平同志为核心的党中央站在党和国家事业发展薪火相传、后继有人的战略高度，关心青年的成长进步，为新时代党的青年工作指明前进方向。高校"大思政"育人格局的加快构建和高校共青团改革的不断深化，也为高校共青团实践育人工作提出了更深层次的要求。

一、习近平总书记关于青年工作的要求

习近平总书记多次出席青年活动，与青年谈心，给青年回信，为青年鼓劲……在广大青年心目中，总书记就是人生道路上学习的榜样、人生的导师。习近平总书记关于青年工作的重要思想作为习近平新时代中国特色社会主义思想的重要组成部分，具有重要的理论价值与时代贡献。

1. 坚持党管青年原则

在习近平总书记的直接关心和指导下，党和国家制定出台了《中长期青年发展规划（2016—2025年）》，提出了我国青年发展的政策体系和工作机制，这是新中国历史上第一个青年发展规划，是我国青年事业的重要顶层设计。这一发展规划明确提出"坚持党管青年原则"，这是党的青年工作的重大原则。坚持党管青年原则，是解决青年发展中的问题和挑战的关键。坚持党管青年原则，要以实现中华民族伟大复兴的中国梦来激励青年、团结青年。坚持党管青年原则，还要落实好青年政策，做好关心服务青年的工作，促进青年发展，提高青年的获得感，赢得青年人心。坚持党管青年原则，是马克思主义青年理论学科建设的根本遵循和方向。

2. 增强共青团组织凝聚青年的能力

共青团要发扬"党有号召、团有行动"的光荣传统，提高组织的吸引力和凝聚力，加强组织的向心力。团组织要不断增强政治意识、大局意识、核心意识、看齐意识，始终保持先进性，做好青年思想政治工作，帮助青年树立正确理想信念，带领广大青年坚定信念跟党走。要加强团组织自身建设，积极发挥党联系青年的桥梁和纽带作用，成为青年

愿意依靠的自己的组织。要扩大共青团工作的有效覆盖面，引导服务青年的利益诉求，影响青年的行为模式，更好地凝聚青年，增强青年对党的政治认同和情感认同。

3.用社会主义核心价值观引领青年成长

青年是社会主义建设的生力军，是社会主义事业的接班人，青年的价值取向影响着未来整个社会的价值取向。在新的历史条件下，引领青年成长成才必须突出价值观的重要作用，积极培育和践行社会主义核心价值观，帮助青年"扣好人生第一粒扣子"，把青春正能量凝聚到实现中华民族伟大复兴的中国梦中。

青年是推动社会历史进步的现实力量，积极投身社会实践，脚踏实地、艰苦奋斗，其肩负的历史使命才能够彰显，社会价值才能够实现。青年工作要充分激励青年立足岗位，顽强拼搏，在基层锻炼，在实践中成长，为实现中国梦做出积极贡献，为中华民族凝聚起砥砺前行的磅礴力量。

二、高校"大思政"育人格局的要求

"中国共产主义青年团是中国共产党领导的先进青年的群众组织，是广大青年在实践中学习中国特色社会主义和共产主义的学校，是中国共产党的助手和后备军。"这是《中国共产党章程》和《中国共产主义青年团章程》对共青团根本性质和党团关系的明确界定。基于共青团的根本性质和党团的特殊政治关系，"听党话，跟党走""党有号召、团有行动"一直以来都是共青团的根本遵循和优良传统。党的十八大以来，以习近平同志为核心的党中央对共青团提出了新任务新要求，总书记指出，"团的工作要把握住根本性问题，把培养中国特色社会主义事业建设者和接班人作为根本任务，把巩固和扩大党执政的青年群众基础作为政治责任,把围绕中心、服务大局作为工作主线"①。

2017年2月,中共中央、国务院《关于加强和改进新形势下高校思想政治工作的意见》强调:"坚持全员全过程全方位育人。把思想价值引领贯穿教育教学全过程和各环节,形成教书育人、科研育人、实践育人、管理育人、服务育人、文化育人、组织育人长效机制。"② 2017年12月,中共教育部党组印发《高校思想政治工作质量提升工程实施纲要》指出:"充分发挥课程、科研、实践、文化、网络、心理、管理、服务、资助、组织等方面工作的育人功能,挖掘育人要素,完善育人机制,优化评价激励,强化实施保障,切实构建'十大'育人体系。"③ 2020年4月,教育部等八部门发布《关于加快构建高校思想政治工作体系的意见》,明确要求健全立德树人的教育体制机制,加快构建高校思想政治工作体系,详细规划了理论武装体系、学科教学体系、日常教育体系、管理服务体系、安全稳定体系、队伍建设体系、评估督导体系七个子体系。④ 思政教育是落实立德树人根本任务的关键环节,也是高校育人的重点工作。教育部《关于全面提高高等教育质量的若干

---

① 习近平:《紧跟党走在时代前列走在青年前列 在实现中华民族伟大复兴的征途中续写新光荣》,来源:习近平系列重要讲话数据库,2013年6月20日,网址:http://219.244.185.26:970/detail? record = 1&ChannelID = 95051&randno = 16827&resultid = 563&presearchword = %5b%b1%ea%cc%e2%2c%d5%fd%ce%c4%5d%2b%3d%cd%c5%b5%c4%b9%a4%d7%f7%d2%aa%b0%d1%ce%d5%d7%a1%b8%f9%b1%be%d0%d4%ce%ca%cc%e2。

②《中共中央国务院印发〈关于加强和改进新形势下高校思想政治工作的意见〉》,来源:人民数据,2017年2月28日,网址:http://data.people.com.cn/sc/detail? articleId = 3c324d5d5af3440cbd2cab3d915bd000。

③《中共教育部党组关于印发〈高校思想政治工作质量提升工程实施纲要〉的通知》,来源:中华人民共和国教育部网站,2017年12月5日,网址:http://www.moe.gov.cn/srcsite/A12/s7060/201712/t20171206_320698.html。

④《教育部等八部门关于加快构建高校思想政治工作体系的意见》,来源:中华人民共和国教育部网站,2020年4月28日,网址:http://www.moe.gov.cn/srcsite/A12/moe_1407/s253/202005/t20200511_452697.html。

意见》指出,要完善人才培养质量标准体系,全面实施素质教育,把促进人的全面发展和适应社会需要作为衡量人才培养水平的根本标准。党的二十大报告指出,要"用社会主义核心价值观铸魂育人,完善思想政治工作体系,推进大中小学思想政治教育一体化建设"[1],对加强思想引领工作提出了最新要求。实践育人作为"十大"育人体系之一,是思想政治教育的应有之义。实践育人借助多样化的思政教育活动,能引导学生形成正确的思想价值观,为学生走向社会打下坚实基础。

所谓"大思政"育人格局,就是要把思想政治教育融入高校的各个方面,形成全员、全程、全方位的育人体系,其中,把思想政治教育融入实践活动也是一个重要的方面。实践是检验真理的唯一标准,也是培养学生综合素质和实践能力的重要途径。高校要把思想政治教育融入科研创新、社会实践、志愿服务、社团活动等各类实践活动中,使之成为思想政治教育的重要平台。要坚持问题导向,紧扣国家战略和社会需求,开展有意义和有价值的实践活动,培养学生解决实际问题的能力和意愿。要注重实践活动的组织和指导,结合学生的兴趣和特长,提供多样化和个性化的实践机会和支持,促使学生在实践中学习和成长。

党的二十大报告指出:"全党要把青年工作作为战略性工作来抓,用党的科学理论武装青年,用党的初心使命感召青年,做青年朋友的知心人、青年工作的热心人、青年群众的引路人。"[2] 当今世界面临百年

---

[1] 习近平:《高举中国特色社会主义伟大旗帜 为全面建设社会主义现代化国家而团结奋斗——在中国共产党第二十次全国代表大会上的报告》,来源:中国共产党新闻网,2022年10月26日,网址:http://cpc.people.com.cn/n1/2022/1026/c64094-32551700.html。

[2] 习近平:《高举中国特色社会主义伟大旗帜 为全面建设社会主义现代化国家而团结奋斗——在中国共产党第二十次全国代表大会上的报告》,来源:中国共产党新闻网,2022年10月26日,网址:http://cpc.people.com.cn/n1/2022/1026/c64094-32551700.html。

未有之大变局，国内外环境日益复杂，新媒体技术日渐发展，许多社会思潮和价值取向都会对大学生产生影响，对高校思想政治工作针对性、实效性和有效覆盖面等多方面的挑战凸显，加强对高校学生的思想政治引领意义重大。作为党的助手和后备军，共青团承担着巩固和扩大党执政的青年群众基础的政治责任，必须将培养社会主义建设者、接班人作为根本政治任务。

"大思政"格局需要统筹思想政治教育所有相关工作者的主体性力量，将党政管理干部、思政课教师、共青团干部、学生辅导员、后勤服务人员、思政班主任、学生等人员纳入整体工作中来，打造"全员育人"崭新格局。共青团作为高校重要的育人主体，需要围绕着思想政治教育工作的教学、管理、组织、服务，积极组织策划相关活动。共青团还要遵守全过程育人理念，尊重不同阶段学生的成长规律，把握每一阶段学生的认知特点和接受习惯，统筹不同学段育人内容的梯度衔接、目标的有效一致，等等。另外，实践育人作为一项复杂的教育工作、社会工程，需要学校教育、家庭教育、社会教育等全部在场，才能实现"全方位"育人。

三、深化高校共青团改革的要求

共青团中央书记处前第一书记贺军科同志指出，学校是共青团工作的关键领域，学校共青团是全团的命脉，在共青团组织体系中处于基础性、战略性、源头性地位，其中，高校共青团处于学校共青团系统的"高位"，思想觉悟高、知识储备宽、综合素质强、群集力量大、创新活力突出、响应行动迅速，具有其他团组织无法比拟的独特优势和鲜明特征。凭借这些优势，高校共青团在党的领导下，在社会发展进程中发挥着不可替代的重要作用。尤其是近些年来，高校共青团锐意改革，坚持创新，取得了显著进步。我们看到，如今的团组织"站起来""动起来"了，团活动"活起来""亮起来"了，团制度"新起来""落下去"了，团研究"多起来""火起来"了。然而，我们不能满足和止步于当前的成绩，要立足新时代，把握共青团发展规律，研究高校青年团员新特点，对准关键问题，探寻破解对策，从而更好地发挥高校共青团的引领示范作用。

共青团是广大青年在实践中学习中国特色社会主义和共产主义的学校，共青团实践育人具有深厚的历史传统、重要的现实需要和独特的组织优势。近年来印发的《高校共青团改革实施方案》《深化学校共青团改革的若干措施》《关于加强和改进新形势下高校共青团思想政治工作的意见》中明确指出，要立足保持和增强政治性、先进性、群众性，尤其是增强政治性的根本要求，在"大思政"和"三全育人"格局中，推动高校团组织发挥政治功能。高校共青团改革要聚焦主责主业，全面理解和落实"全团抓学校"要求，巩固高校共青团在全团的基础性、战略性、源头性地位和作用。2022年，共青团中央印发《新时代加强和改进共青团思想政治引领工作实施纲要》，共青团中央、中共教育部党组联合印发《关于改革创新高校共青团工作 切实增强思想政治引领实效的若干措施》等重要文件，对高校共青团加强和改进思想政治引领工作提出更新的、更高的要求。党的二十大报告对广大青年提出了"立志做有理想、敢担当、能吃苦、肯奋斗的新时代好青年"的重要要求，共青团中央、全国学联还在2023年2月印发了《关于增强新时代大学生社会实践活动实效 深化共青团实践育人工作的意见》，推动社会实践活动内涵化、规范化、常态化、长效化发展。

当前，部分高校共青团组织的思想引领功能发挥不充分。一些高校共青团组织过于强调活动的数量,忽视活动的质量,存在"重形式,轻内容"的现象,活动形式化、娱乐化倾向明显,只注重量化指标、程序化形式等硬性任务的完成,不注重在育人内容上契合时代需求和把握大学生的思想动态,同时还存在育人方法僵化、老化、固化的问题。共青团需要发挥好实践育人中便于开展思想引领的特色优势,开展经常性、有组织的社会实践,努力把社会实践工作成果转化成政治成果、组织成果,引领广大青年在全面建设社会主义现代化国家的火热实践中绽放青春的绚丽之花。

"第二课堂成绩单"制度是高校培养学生综合素质的重要载体。高校共青团"第二课堂成绩单"制度,作为延伸第一课堂教育链条、发挥第二课堂育人优势、全面推进素质教育的一项面向全国高校的制度设计,自 2016 年推行以来,在很大程度上推动着第二课堂的组织管理方式由低效能粗放化向科学化精细化转变。2021 年 5 月团中央发布的《深化高校共青团"第二课堂成绩单"制度工作指引》要求,以习近平总书记关于青年工作的重要思想和关于教育的重要论述为根本遵循,进一步提升"第二课堂成绩单"制度在学校立德树人任务中的贡献度。高校共青团需把握契机,提升第二课堂管理的系统化、规范化、科学化水平,使其深度融入学生素质教育,服务高校人才培养大局,充分发挥育人功能。

共青团及其指导的学生会、学生社团等群团组织是高校实践育人的重要依托,具有鲜明的育人特征。在思想政治课教学的"主渠道"外,高校学生组织可以把思想政治教育、社会主义核心价值观等渗透到课外活动、校外活动、社会实践、创新创业、实习见习等活动中,延伸到学生生活的各个领域,达到"润物细无声"的良好效果。这样可以很好地弥补课堂教学时间短、教学方式方法单一等不足。另外,高校学生组织在自身专业化建设上存在"短板"，自治力不强、覆盖面不广、专业化育人效果不突出。要破解这些突出问题，必须在全面加强党的领导、促进高校内涵式发展、满足学生多样化需求中突出组织的育人功能，完善组织的育人职责，创新组织的育人形式。要加强各类团学组织建设，推动各类团学组织创新发展，丰富组织活动，充分发挥这类组织团结服务师生的育人纽带功能。

第三章 高校共青团实践育人的发展经验

第一节　高校共青团实践育人的发展历程

中国共产党是马克思主义政党，实践论作为马克思主义哲学的基础理论之一，是中国共产党的重要理论来源。马克思认为："生产劳动同智育和体育相结合，它不仅是提高社会生产的一种方法，而且是造就全面发展的人的唯一方法。"[1] 实践作为人的一种存在方式，是一种只有人才具有的生存方式和生活方式，是人能动地改造客观世界的一种物质性活动，也是促进人全面发展的根本途径。中国共产党不仅将这一理论作为中国革命和建设的指导，同时也将其作为培养社会主义青年的重要指导思想。共青团是由党缔造、受党领导的先进青年群团组织，是联系青年、凝聚青年、服务青年的组织。高校是青年最集中的地方，高校共青团除了具有联系青年、凝聚青年、服务青年的功能外，还要承担立德树人的育人任务。在"三全育人"综合改革深入推进的背景下，高校共青团育人功能不断凸显。在育人功能与实践功能的耦合下，实践育人的重要性也不断凸显。基于此，本节将深入分析高校共青团实践育人的发展历程，厘清实践育人历史发展的内在逻辑和改革动因，为加强与改

---

[1] 中共中央马克思恩格斯列宁斯大林著作编译局编译：《马克思恩格斯文集》第5卷，人民出版社，2009年，第557页。

进共青团实践育人工作提供镜鉴。

一、新民主主义革命时期

　　1919 年的五四运动，不仅是新民主主义革命的标志，同时也标志着中国青年团体正式登上社会历史舞台。1920 年，中国社会主义青年团在上海成立，1921 年 7 月，中国共产党召开了第一次全国代表大会，宣告正式成立。党的一大研究了在各地建立和发展社会主义青年团作为党的预备学校问题，决定了吸收优秀团员入党的办法。1922 年 5 月，中国社会主义青年团召开第一次全国代表大会，标志着中国青年团组织正式成立。中国青年团组织成立之初，便承担着党的预备学校的功能，是党的助手和后备军。1923 年，中国共产党第三次全国代表大会强调实行义务教育，教育民众，在党的领导下进行民族解放斗争。1934 年，第二次全国苏维埃代表大会提出苏维埃文化的教育方针是用共产主义教育大众，为革命战争和阶级斗争服务。红军长征到达陕北后，为适应革命需要创建陕北公学，培养抗战紧缺人才，采用政治育人、实战育人的教育方针。其中，实战育人即是通过实践锻炼的方式培养抗战人才，与现在实践育人的概念与内涵具有重合之处，不过由于当时特殊的历史环境，更多地强调与军事相关的实践内容。

　　综上所述，新民主主义革命期间，中国青年群体登上社会历史舞台，并成立中国青年团组织，承担着党的预备学校的职能，在育人方面发挥重要作用。随着中国共产党的成熟与壮大，党的教育理念和教育方针逐渐成熟，创立陕北公学后提出实践育人方针，这与实践育人的概念与内涵是基本一致的，可以视为实践育人的雏形。同时，由于实践育人理念提出不久，配套政策、制度和机制尚不完善，共青团实践育人功能与作用并不凸显，处于自为阶段。

二、社会主义革命和建设时期

新中国成立之初,社会处于百废待兴的状态。1949年12月,全国教育工作会议召开,毛泽东主席在会上强调进行思想政治教育必须进行理论学习,理论学习要与参加劳动生产、参加群众斗争等活动结合起来。1953年9月到1954年11月,高教部组织不同性质的大学召开专门工作会议,尽管会议具体内容不同,但总体的原则是一致的,即理论教育和社会实践相结合。新中国成立后,确立了新的教育方针,对促进中国教育事业发展起到了重要作用。这一阶段,高等教育将思想政治教育与社会发展紧密结合,引导学生积极参加各种政治运动和社会生产实践,加深学生对社会主义的认识,充分发挥高等教育在社会主义革命和社会主义建设中的作用。

1956年到1966年,社会实践活动处于艰苦探索阶段。1957年,全国上下拉开反右序幕,改造思想成为高校思想政治教育的主要目的,参加生产劳动和阶级斗争成为开展工作的主要途径。1958年,国务院作出《中共中央、国务院关于教育工作的指示》,要求高等院校必须把生产劳动列为正式课程。1959年,中共中央召开教育工作会议,强调"对于学生,要号召他们不但做到身体好、工作好,而且还要学习好"。1963年10月和1964年1月,教育部分别发出通知,组织高等学校学生参加农村社会主义教育运动。1956年到1966年这个阶段,高等教育思想政治教育还是强调要与社会发展相结合,强调通过社会实践进行思想政治教育,尤其强调要通过生产劳动实践教育人。

1966年到1976年,中国经历了十年"文化大革命"。从教育领域开始,毛泽东主席号召"知识青年到农村去,接受贫下中农再教育",掀起了"上山下乡"热潮,大批学生、知识青年下到乡村。1966年,

"红卫兵"运动在全国兴起,在此背景下,大学生停课进行"批斗改"和"教育革命"。为实现"劳动化""工农化"目标,大批知识青年被下放到农村和基层地区进行体力劳动。"文化大革命"期间,高等教育逐渐偏离了政治学习与社会实践相结合的原则,片面强调实践教育,忽视了文化学习的重要性。

1949年到1976年,从新中国成立到"文化大革命"结束,高校实践育人理念、原则和政策进行了艰难曲折的探索。总体来看,它促进了社会主义革命和建设的发展,有一定积极意义,但在特定历史时期,受错误思潮影响,片面强调劳动生产实践的重要性,忽视了理论对实践的指导作用,对国家与社会发展产生了一定的不良影响。

三、改革开放和社会主义现代化建设新时期

十一届三中全会以后,全国开始拨乱反正,教育领域也逐渐恢复正常秩序,高校社会实践活动步入正轨。1977年10月,国务院批准教育部《关于一九七七年高等学校招生工作意见》,恢复高考招生,大学生社会实践活动焕发新的生机和活力。20世纪80年代初期,大学生们喊出"团结起来,振兴中华,从我做起,从现在做起"的口号,并积极投身社会实践活动,各个高校也先后开展了"学雷锋,送温暖""五讲四美三热爱"等实践活动。1982年2月,中宣部下发《关于深入开展"五讲四美"活动的报告》,同年3月,在党中央、国务院的领导下,全国开展了"全民文明礼貌月活动",并积极组织了其他社会实践活动,大学生成为活动的主要力量。1983年,团中央、全国学联发出《关于纪念"一二·九"运动48周年开展"社会实践活动周"的通知》,首次提出了"大学生社会实践"的概念,并对实践活动的原则、要求和意义进行了充分阐释。1984年,时任团中央书记处书记的胡锦涛正式提出"受教育,长才干,做贡献"的大学生社会实践指导方针。

同时，在各级党组织的支持下，一些地方先后通过"社会实践周""社会实践基地""社会实践建设营"等形式开展有组织的大学生社会实践活动。大学生社会实践活动由自发进行转变为有组织进行，规模也由部分高校向全国扩展，取得了良好的实践成效和教育成效。

1986年，中共中央、国务院批转《国家教委关于加强高等学校的思想政治工作的决定》，其中明确指出应将加强高等学校思想政治工作与大学生社会实践结合起来。此后，中宣部、国家教委、团中央等部门联合发文，对大学生参加社会实践活动提出明确要求，并将其作为高等教育的重要一环纳入大学生培养计划中。1987年6月，国家教委、共青团中央提出《关于广泛组织高等学校学生参加社会实践活动的意见》，对大学生参与社会实践活动的目的、意义、形式、组织和领导等问题进行了充分阐释。在此意见指导下，各级党委、政府、宣传部门、教育部门和各级团组织被纳入大学生社会实践活动的组织体系中，成为大学生社会实践的重要组织力量。此后，大学生参与社会实践的动员机制、管理机制和奖励机制不断健全，活动形式、活动内容不断丰富和充实。1999年，我国深化高等教育改革，大学生社会实践作为培养人才的重要手段和重要途径受到高度重视，实践内容与实践形式得到了全面加强和改进，无论是在理念层面还是在政策实施方面均有很大提升。

2004年，中共中央、国务院联合颁布《关于进一步加强和改进大学生思想政治教育的意见》，强调了大学生社会实践对加强和改进大学生思想政治教育的重要作用，对大学生社会实践的目的、功能、组织和管理进行了详细的阐释和安排。2005年，为贯彻落实16号文件精神，中宣部、中央文明办等部门联合发布《关于进一步加强和改进大学生社会实践的意见》，对大学生社会实践工作的总体要求、工作原则、实践内容、组织领导、保障机制等进行了全面阐释和部署。在此意见指导下，2005年到2012年，大学生实践活动持续深入发展，先后开展了"红色之旅""三下乡""共建家园迎奥运，改革开放伴成长"等重大实践活动，社会实践育人作用和育人成效不断凸显。

四、中国特色社会主义新时代

党的十八大的召开，标志着中国特色社会主义进入新时代。习近平总书记先后就教育工作发表一系列重要讲话、作出重要指示，为中国教育发展指明了方向、提供了遵循。在此背景下，大学生社会实践被提升到一个新的高度，育人目标和育人导向进一步凸显，实践育人理念也被提出来，并形成培育和践行社会主义核心价值观的有效途径，体制机制不断完善。

2013年，中共中央办公厅印发《关于培育和践行社会主义核心价值观的意见》，指出社会实践是培育和践行社会主义核心价值观的有效途径和重要抓手，要充分发挥社会实践的育人作用，完善社会实践育人机制，加强社会实践基地建设。2014年，中共教育部党组、团中央联合印发《关于在各级各类学校推动培育和践行社会主义核心价值观长效机制建设的意见》，指出要建立实践育人共同体，促进实践育人规范化管理、常态化服务、品牌化培育、项目化配置、信息化支撑、社会化运作，加快建立培育和践行社会主义核心价值观的长效机制。党的十八大以来，高校围绕"我的中国梦""爱学习、爱劳动、爱祖国"教育等主题开展了系列实践育人专题教育活动。

2017年，中共中央、国务院联合印发《关于加强和改进新形势下高校思想政治工作的意见》，实践育人作为加强和改进新形势下高校思想政治工作的重要途径得到进一步强化，同时，文件就如何加强实践育人提出了一系列重要举措和安排，包括提高实践教学比重、强化实践基地建设、健全志愿服务长效机制建设等等。同年，《高校思想政治工作质量提升工程实施纲要》明确提出，要深入推进实践育人质量提升，整合各类实践资源，拓展实践平台，构建实践协同体系，教育引导师生在亲身参与中增强实践能力、树立家国情怀。

2018年7月，团中央联合教育部向全国高校推广实施"第二课堂成绩单"制度，使得大学生素质拓展活动教育培养过程更加科学化、合理化、具体化、明确化，能够更加直观地体现大学生的综合素质拓展能力。

第二节 高校共青团实践育人的基本经验

高校共青团是高校党的建设和思想政治工作的重要组成部分，也是培养社会主义建设者和接班人的重要阵地。高校共青团要发挥自身优势，积极开展实践育人活动，其开展实践育人的基本经验包括坚持党的领导是实践育人的政治之基、坚守理想信念是实践育人的思想之舵、投身民族复兴是实践育人的奋进之力和扎根广大青年是实践育人的活力之源四部分。

一、坚持党的领导是实践育人的政治之基

习近平总书记在庆祝中国共产主义青年团成立100周年大会上指出，"百年征程，塑造了共青团坚守理想信念的政治之魂"。高校共青

团是共青团组织的重要组成部分，是高等院校先进青年学生的群众性组织，在实践育人方面发挥着重要的政治作用。《中国共产党章程》规定："中国共产主义青年团是中国共产党领导的先进青年的群团组织，是广大青年在实践中学习中国特色社会主义和共产主义的学校，是党的助手和后备军。"① 政治性、先进性、群众性是共青团与生俱来的本质属性，共青团和党的天然关系注定了政治性是共青团的灵魂，共青团要始终与党同心同向，按照党的要求做好青年群众工作。党和国家制定出台了新中国历史上第一个青年发展规划，鲜明提出党管青年的重要原则，充分体现出以习近平同志为核心的党中央对青年一代的高度重视与亲切关怀。共青团必须坚持党的领导，在思想上、政治上、行动上同以习近平同志为核心的党中央保持高度一致，坚定不移走中国特色社会主义群团发展道路。高校共青团要把坚持为党和人民的事业培养合格建设者和可靠接班人作为根本任务，把政治引领作为实践育人最重要的本质职能。大学时代是青年学生的政治思想从稚嫩逐渐走向成熟的关键时期，高校共青团要从研究和把握青年学生身心发展规律和思想政治教育规律入手，真正担负起不断巩固和扩大党执政的青年群众基础的政治责任，切实引领广大青年学生进一步听党话、跟党走，坚定实现中国梦的理想信念。

回顾共青团的百年奋斗历程，"党旗所指、团旗所向""听党指挥、跟党奋斗""党有号召、团有行动"一直是共青团的响亮口号，在广大青年中广泛传播马克思主义和党的创新理论一直是共青团的重要使命。新民主主义革命时期，共青团在党的领导下通过文字宣传和口头宣传相结合的方式在青年中传播马克思主义，促使青年思想觉醒；社会主义革

---

①《中国共产党章程》，来源：共产党员网，2022年10月22日，网址：https://www.12371.cn/special/zggcdzc/zggcdzcqw/#dishizhang。

命和建设时期，共青团在党的领导下广泛传播马克思列宁主义、毛泽东思想，积极动员广大青年投身社会主义建设；改革开放和社会主义现代化建设新时期，共青团在党的领导下坚持用中国特色社会主义理论教育青年，鼓舞广大青年投身改革开放大潮；中国特色社会主义新时代，共青团在党的领导下坚持不懈用习近平新时代中国特色社会主义思想教育青年，着力培养堪当民族复兴重任的时代新人。

历史和实践证明，只有坚持党的领导，紧紧围绕党的中心任务，坚持用马克思主义及其中国化创新理论教育青年，才能确保共青团思想引领方向正确。高校共青团只有坚持"党旗所指就是团旗所向"，确保思想引领方向正确，才能引领广大青年坚定不移跟党走，为党和人民奋斗。

二、坚守理想信念是实践育人的思想之舵

理想信念是人们在一定的认识基础上，对某种思想、理论和事业所抱的坚定不移的观念以及身体力行为之实践的一种态度，这也是端正学生世界观、人生观、价值观在育人目标上的集中体现。2017年底，教育部推出《高校思想政治工作质量提升工程实施纲要》，提出要系统提高高校实践育人质量和水平，提升思想政治教育的实效性和针对性。实践育人作为一种教育理念，是基于马克思主义实践观，并在尊重教育发展规律、人才培养规律的基础上形成的科学的教育理念，渗透于育人工作的各个环节。做好实践育人教育理念下的大学生理想信念教育有利于践行和培育社会主义核心价值观，有利于创新和改进大学生思想政治教育工作。

理想信念教育是党的思想建设的首要任务，也是共青团对青年进行思想引领的核心和关键。习近平总书记指出："我们党用'共产主义'为团命名，就是希望党的青年组织永远站在理想信念的高地上，用党的

科学理论武装青年，用党的初心使命感召青年，用党的光辉旗帜指引青年，用党的优良作风塑造青年。"① 回顾共青团的百年奋斗历程，理想信念教育始终贯穿其思想引领的全过程，是凝聚青年的最持久力量。新中国成立后，在党的领导下，共青团将理想信念教育作为对青年进行思想引领的重要抓手，团结凝聚广大青年为社会主义建设贡献力量。改革开放以来，共青团在党的领导下积极适应市场经济发展，有效应对外部环境考验，通过开展系列青年理想信念教育活动，教育引导广大青年在"团结起来 振兴中华"的时代强音中实现人生价值。中国特色社会主义进入新时代，共青团聚焦党和国家发生的历史性变革、取得的历史性成就开展青年理想信念教育，引导广大青年深刻领悟"两个确立"的决定性意义，不断坚定信仰信念信心。

坚守理想信念的思想之舵，贯穿共青团百年征程。团的一大明确提出了建设共产主义社会的远大理想，亮出了社会主义的鲜明旗帜，在一代又一代青年心中点亮理想之灯、发出信念之光，这是共青团最根本、最持久的凝聚力。一百多年来，无论是在新民主主义革命时期、社会主义革命和建设时期、改革开放和社会主义现代化建设新时期，还是在中国特色社会主义新时代，共青团始终与党同心、跟党奋斗，团结带领广大团员青年把忠诚书写在党和人民事业中，把青春播撒在民族复兴的征程上，把光荣镌刻在历史行进的史册里，为中国革命胜利，祖国建设，改革开放和社会主义现代化建设，党和国家事业取得历史性成就、发生历史性变革贡献了青春，建立了重要功勋。

历史和实践证明，只有将理想信念教育寓于共青团思想引领的中心环节，才能确保共青团思想引领重点突出。在习近平总书记对广大共青

---

① 习近平：《在庆祝中国共产主义青年团成立 100 周年大会上的讲话》，来源：中华人民共和国教育部网站，2022 年 5 月 10 日，网址：http://www.moe.gov.cn/jyb_xwfb/moe_176/202205/t20220511_626507.html。

团员的"五个模范"要求中，排在首位的便是"要做理想远大、信念坚定的模范"。这说明，高校共青团只有坚持把理想信念教育放在首位，突出思想引领重点，才能引领广大青年成长为德智体美劳全面发展的社会主义建设者和接班人。

三、投身民族复兴是实践育人的奋进之力

目前，我国正处在中华民族伟大复兴的关键时期，高校作为人才培养的重要教育机构，在民族复兴大任中起着至关重要的作用，而高校共青团在高校中肩负着大学生思想政治引领的重要责任，这就对高校共青团提出了更高的要求。

青年学生只有树立为祖国为人民永久奋斗、赤诚奉献的坚定理想，投身民族复兴，才能跳出自我封闭的狭小天地。实现中华民族伟大复兴是党百年奋斗的全部主题，是全党全国各族人民的美好夙愿，更是激励新时代青年永久奋斗的动力源泉。共青团在百年奋斗历程中，始终坚持将时代主题作为青年运动的方向，紧密结合党在各个历史时期的中心任务，激励广大青年奋发向上。1922年，团的一大在风雨如晦的革命年代，在党的领导下为广大青年照亮了革命之路。1957年，中国新民主主义青年团第三次全国代表大会强调，要为尽可能迅速地建设一个伟大的社会主义国家而奋斗。1982年，团的十一大提出中国青年的主要任务是为"四化"建设英勇劳动、勤奋学习、开创新风。2018年，团的十八大鼓舞亿万中国青年奋进新时代、建功新时代。历史和实践证明，只有牢牢把握实现中华民族伟大复兴的时代主题，坚持用中华民族伟大复兴历史使命激励青年，才能确保共青团思想引领目标明确。当代青年生逢盛世，使命在肩，是实现中华民族伟大复兴的先锋力量，高校共青团是广大青年的精神家园，只有坚持用中华民族伟大复兴历史使命不断

激励青年，明确思想引领目标，才能引领广大青年在实现中华民族伟大复兴的中国梦中奋勇争先。

四、扎根广大青年是实践育人的活力之源

高校共青团育人价值体系的基本内容包括思想政治工作，这从根本上说是做人的工作，因此高校共青团必须扎根青年、围绕青年、关照青年、服务青年，不断提高青年思想水平、政治觉悟、道德品质、文化素养，让青年成为德才兼备、全面发展的人才。

服务青年需求是共青团工作的出发点和落脚点，更是共青团引领青年思想进步的活力所在。回顾共青团的百年奋斗历程，在各个历史时期，共青团始终坚持在党的领导下做"青年人自己的组织"，牢牢把握青年特点，急青年之所急、想青年之所想、解青年之所困，注重与时俱进分析青年特点变化，全力以赴解决青年"急难愁盼"，始终扎根青年、服务青年、做青年群体的贴心人。从团的一大明确提出为改良青年工人、农人的生活状况而奋斗，到出台《中长期青年发展规划（2016—2025年）》；从改革开放后共青团加强对青年适应社会主义市场经济的观念引导和素质培养，到推出"西部计划""博士服务团""挑战杯"等品牌项目，服务青年就业创业、引导青年在火热的实践中建功立业；从常态化开展"人大代表、政协委员面对面"活动，到建设"青年发展型城市"，都不断夯实了共青团密切联系青年的显著优势，让青年感到了"家"的温暖。历史和实践证明，只有深深扎根青年，坚持在党的领导下关心青年、依靠青年、支持青年，把准青年成长的"晴雨表"，才能为共青团引领青年思想激发活力之源。

习近平总书记高度重视实践育人工作，他曾强调，"学到的东西，不能停留在书本上，不能只装在脑袋里，而应该落实到行动上，做到知

行合一、以知促行、以行求知"①,"要重视和加强第二课堂建设,重视实践育人"。广大青年学生只有在社会实践中才能够将课堂上学习的知识、理论转化为行动自觉,更好地坚定理想信念、塑造优良品格,从而内化于心、外化于行。新时代高校共青团实践育人创新发展要探索多种模式,不断总结成效与经验,提炼实践育人的新内涵和新路径。要准确把握实践育人与实践教学的一般性和特殊性,把握实践教学的功能和定位,尤其要围绕习近平新时代中国特色社会主义思想"三进"开展实践教学,顺应信息化、数字化发展趋势推进实践教学。

高校是意识形态的前沿阵地,新时代的青年思想活跃、观念超前,高校共青团只有坚持从广大青年发展实际出发,才能激发青年一代投身我国社会主义现代化建设的热情和活力,成为组织青年赓续奋斗的先锋力量。"思想引领是建立在共同思想认识、共同目标追求上自觉自愿的内在向心趋向",青年思想引领是引导青年从思想认知到情感认同,直至转化为行动自觉的过程。从引领主体来看,高校共青团融入"大思政课"格局的功能更加彰显,主责主业更加聚焦,但是开展青年思想引领的系统性和精准性还不够。从引领对象来看,"95后""00后"已经成为高校学生的主体,呈现出精神需求更加多样、价值实现更加多元、思想行为更加多变的趋势,容易受到错误观点、错误思潮、错误价值观念以及消极负面情绪的影响,因此对开展青年思想引领的针对性和实效性提出了更高要求。从引领方式来看,互联网迅猛发展,新技术新应用更新迭代,传统的思想政治教育模式受到

---

① 习近平:《在北京大学师生座谈会上的讲话》,来源:习近平系列重要讲话数据库,2018年5月2日,网址:http://219.244.185.26:970/detail?record=3&ChannelID=95051&randno=17797&resultid=1445&presearchword=%5b%b1%ea%cc%e2%2c%d5%fd%ce%c4%5d%2b%3d%d2%d4%d6%aa%b4%d9%d0%d0。

巨大挑战，高校共青团既要充分借助互联网手段有效开展青年思想引领，又要努力克服新媒体传播"碎片化""浅表化"带来的弊端。可以说，高校共青团思想引领与党的要求和青年的期盼相比还有一定差距，亟须在守正创新中加强改进。

首先，创新实践育人思想引领方法。要用新时代中国特色社会主义思想铸魂育人，引导学生增强中国特色社会主义道路自信、理论自信、制度自信、文化自信，厚植爱国主义情怀。在新的历史时期，经济社会迅速发展，多样化社会思潮和各种社会自媒体冲击着广大青年熟悉的活动领域，高校共青团需要更新理念和方法，更好地发挥思想引领作用。

其次，优化"第二课堂成绩单"制度。高校要统筹设计共青团第二课堂课程项目体系，实现第二课堂与第一课堂的互动互融、互补互促。第二课堂要在充分借鉴第一课堂教学育人体系的基础上，依托丰富的校园文化活动，围绕实践育人目标，将思想引领类、学术科技类、实践实习类、志愿服务类、创新创业类、文体活动类、工作履历类共青团实践活动等纳入课程项目体系，并鼓励青年学生按照个人发展需求在课程体系中进行选择，打通服务青年的"最后一百米"，实现育人效果最大化。

再者，建设校园文化育人体系。习近平总书记指出："没有先进文化的积极引领，没有人民精神世界的极大丰富，没有民族精神力量的不断增强，一个国家、一个民族不可能屹立于世界民族之林。"[1] 高校共青团要以立德树人为根本遵循，依据高等教育特点和青年学生的成长成

---

[1] 习近平：《在文艺工作座谈会上的讲话》，来源：习近平系列重要讲话数据库，2014 年 10 月 15 日，网址：http://219.244.185.26:970/detail?record=1&ChannelID=95051&randno=19699&resultid=819&presearchword=%5b%b1%ea%cc%e2%2c%d5%fd%ce%c4%5d%2b%3d%c3%bb%d3%d0%cf%c8%bd%f8%ce%c4%20%bb%af%b5%c4%bb%fd%bc%ab%d2%fd%c1%ec。

才规律，积极打造校园文化实践育人平台，使文化育人效能在实践育人中充分发挥，真正实现全员育人、全过程育人、全方位育人的"三全育人"目标。

第三节　高校共青团实践育人的独特优势

走过百年历程的中国共青团始终坚持政治学校本色，自觉将为党培养社会主义的建设者和接班人作为根本任务，并有机融入党领导的革命、建设和改革的各项事业中。实践育人，是高校共青团组织的优势和特色所在，也是在创新创业、志愿服务和社会实践等领域为青年学生提供方向、搭建平台的重要法宝。近年来，高校共青团不断强化自身政治优势、组织优势、队伍优势、实践优势，在引领、服务、凝聚青年等方面成绩突出、成效显著。

一、高校共青团具有引领青年的政治优势

共青团区别于其他青年组织的根本特质和鲜明优势在于，以党的旗帜为旗帜，以党的意志为意志，以党的使命为使命，把坚持党的领导深深融入血脉之中。共青团组织彰显了青年工作的显著优势，着力强"三性"、去"四化"，围绕根本任务、政治责任、工作主线，其各项工作和建设取得了新发展。党的青年工作取得的历史性成就，再次展现出习

近平总书记关于青年工作的重要思想的前瞻性、正确性、有效性。青年工作以其强大的引领力、组织力、服务力，成为推动党和国家事业发展的重要力量，并将继续彰显强大的优越性与生命力。

共青团的本质属性是政治性，坚持党的领导是共青团安身立命之本。一直以来，共青团始终保持和彰显党的青年组织的政治本色，坚持党有号召、团有行动，全面加强政治建设，增强思想政治引领实效，积极引领凝聚青年，引领力不断提升。近年来，高校共青团坚持为党育人的主责主业，坚持不懈以习近平新时代中国特色社会主义思想武装青年，引导青年学生深学而笃行、至信而深厚，加强理想信念教育、社会主义核心价值观涵育、精神素养培育，有效利用五四运动100周年、建党100周年、党的二十大召开等重要时间节点，精心打造"青年大学习"网上主题团课品牌，创新网络思想政治引领，举办主题鲜明、形式多样、内涵丰富、学生喜闻乐见的校园文化活动和实践创新活动，引导学生筑牢坚定不移听党话、跟党走的信仰之基。

青年工作既是高校育人的重要抓手，也是"大思政"格局中不可或缺的组成力量，更是服务学生成长成才的关键阵地。要始终把思想政治工作贯穿到青年工作全过程，把价值引领和素质培养结合起来，把解决思想问题和解决实际困难结合起来，更好地打动青年学生、感染青年学生、凝聚青年学生、赢得青年学生，引导青年学生始终在思想上、政治上、行动上同以习近平同志为核心的党中央保持高度一致，听党话、跟党走。

高校共青团通过强化青年群体的理论武装，全力纵深推进青年思想政治引领工作，用青年的方式强化青年的政治意识和责任担当，有效提升了青年学生的思想政治素质，促进了青年学生由单一学习向推进自身全面发展转变，切实推进了青年学生将理论武装转化为自觉的现实行动，夯实了共青团引领青年的政治优势。

二、高校共青团具有凝聚青年的组织优势

完整的组织体系和广泛的民众基础能够为政策实施和活动开展提供基础保障。共青团拥有从中央到地方直至基层的完整组织系统，其中，学校共青团组织最健全、覆盖最广泛、活动最经常、离学生最近，且从中学到大学，其覆盖比例不断提高，班团建设不断加强。团中央统计数据显示，截至 2021 年 12 月 31 日，全国共有共青团员 7371.5 万名，其中，学生团员 4381 万名；全国共有共青团组织 367.7 万个，其中，学生团组织 183.8 万个。如此庞大而完整的共青团组织架构为开展青年学生的思想政治教育提供了稳定的组织保障。

共青团组织在构建德智体美劳全面培养的教育体系中发挥着独一无二的重要作用。团学组织制度设计本身就是中国特色现代大学制度的重要内容。高校共青团长期以来在组织动员、话语传播等方面具有独特优势，在思想成长、社会实践、志愿服务、素质拓展、文化建设等领域发挥了重要作用，广大团学干部一直以来都是学校思想政治工作队伍的重要力量。因此，高校共青团要围绕育人大局，发挥自身优势，在构建德智体美劳全面培养的教育体系中找准工作的着力点和切入点，主动融入"三全育人"大格局，不断创新内涵，拓展共青团工作的外延，使团学活动成为第一课堂的有效补充和有力支撑，在服务青年学生成长成才上发挥更多作用、更大价值。

丰富的团学活动为青年群体提供了展现才华、释放活力、提升自我的广阔舞台。高校共青团要注重发挥以文育人、实践育人的功能，传承发扬中华优秀传统文化，积极创作宣传推广思想深刻、刚健有力的文化作品，积极培育选树可亲、可敬、可学的先进青年典型。要始终牢牢把握"围绕中心、服务大局"的工作主线，坚持组织化动员、社会化动员、网络化动员相结合，团结凝聚广大青年学生在科技创新最前沿、乡

村振兴大舞台、服务社会第一线、网络空间舆论场、国际交往新天地、急难险重任务中施展抱负、建功立业。

共青团组织是党的助手和后备军,是党和政府联系青年的桥梁和纽带。组织始终坚持"青年在哪里,团的组织就要建在哪里"的组建原则,始终坚守"青年有什么需求,团组织就开展有针对性的工作"的工作原则,始终贯彻"想青年之所想,急青年之所急,办青年之所需"的行动逻辑,不断提高团组织的向心力,使青年群体向团组织靠拢。能够持续地加强和保持与青年的密切联系,这既是党中央对共青团的要求,也是共青团的组织优势之所在。

三、高校共青团具有服务青年的实践优势

习近平总书记要求共青团"紧扣服务青年的工作生命线,履行巩固和扩大党执政的青年群众基础这一政治责任,既把青年的温度如实告诉党,也把党的温暖充分传递给青年"。共青团只有扎根青年,才能永葆青春活力;只有全心全意服务青年、促进青年发展,才能真正扎根青年。高校共青团要始终心系广大青年,认真践行青年优先发展理念,把促进青年发展作为重要战略任务,以服务凝心,用发展聚力,使共青团始终成为广大青年信得过、靠得住、离不开的贴心人,始终成为党联系青年最为牢固的桥梁纽带。

共青团是党领导的先进青年的群团组织,是青年人自己的组织。注重倾听青年声音、了解青年诉求、畅通表达渠道,尊重青年在自身发展中的主体地位是共青团工作的重要途径和方法。习近平总书记指出:"要千方百计为青年办实事、解难事,主动想青年之所想、急青年之所急,充分依托党赋予的资源和渠道,为青年提供实实在在的帮助,让广大青年真切感受到党的关爱就在身边、关怀就在眼前!"这是对新时代青年发展工作寄予的殷切期望,也是新时代共青团必须肩负的时代责

任。当前，青年学生成长的物质条件较为丰富，学生的需求层次不断提高，需求内容更加多元，高校共青团必须聚焦服务青年功能的发挥，牢牢把握巩固和扩大党执政的青年群众基础的政治责任，站在青年立场考虑问题，根据青年社会化需要和对美好生活的向往谋划发展，真正想青年之所想、急青年之所急。要从青年大学生群体的需求出发，围绕创新创业、社会融入、毕业求职、婚恋交友等"急难愁盼"问题，合理引导青年预期，积极推动解决，出实招、办真事，不断强化服务功能，促进青年有序向前发展。

第四章 高校共青团实践育人面临的挑战

第一节　当前高校共青团实践育人存在的问题

近年来，高校共青团加大力度进行改革创新，着力推进实践育人，取得了显著的成绩，但当前高校共青团实践育人工作的风险和挑战依然十分突出，当前共青团工作与党的要求、时代发展要求、青年期待相比，还存在一定差距，需要引起重视并加以改进。

一、对标党的要求还存在差距

高校共青团工作是高校党的建设和思想政治工作的重要组成部分，事关落实教育立德树人根本任务，事关共青团履行为党育人政治职责，这就要求高校共青团要全面融入"三全育人"格局和"大思政"体系，进一步增强思想政治引领工作的时代性、针对性、有效性。当前，高校共青团结合核心不够紧密、落实任务不够到位的情况依然存在，把政治思想文化工作事务化、形式化的情况时有发生，党的政策理论转化为青年话语、思想政治引领贴近青年实际的能力还有待提升。[1] 对标党的要求，高校共青团要切实发挥共青团作为广大青年在实践中学习中国特色

---

[1] 李妍雪、苏醒：《论当前高校共青团思想政治教育的独特优势》，载《齐齐哈尔大学学报（哲学社会科学版）》2021年第10期，第169—172页。

社会主义和共产主义的学校的作用，时刻对标对表党中央决策部署谋划和推动工作，立足共青团"三力一度两保障"工作格局，发挥共青团实践育人在高校"大思政"工作体系和"三全育人"工作格局中的重要作用，切实提升共青团实践育人质量，开展经常性、有组织的社会实践，统筹校内校外共青团组织资源，以团支部为基本单位，有计划、大批量、小规模、经常性地组织青年学生开展社会观察和实践，培养其家国情怀，增长其社会化能力，积极引导团员到祖国最需要的地方和基层一线建功立业。

二、对表共青团改革目标还存在差距

始终坚持保持和增强政治性、先进性、群众性的改革方向，是纵深推进共青团改革的根本要求。面对时代风云的变革激荡，面对社会思潮的交融交锋，面对青年思想观念的多样多变，高校共青团在实践育人领域的工作体制机制创新、服务青年普遍性成长发展需求等方面还存在短板，需要正确认识理解时代特点和现实环境，拿出共青团改革再出发的魄力和勇气，坚持问题导向、目标导向、成果导向，确保实践育人在"最后一公里"落地见效。高校共青团要加强统筹协调，从加强组织领导、明确各级职责、广泛宣传动员、深化总结交流等四个方面加强对大学生社会实践的组织实施，使大学生社会实践活动的内涵更深、机制更优、体系更全、保障更强、成效更实，要更好地服务大局、服务青年，推动共青团实践育人工作高质量发展，引导学生在强国建设、民族复兴接力赛中贡献青春力量，在全面建设社会主义现代化国家的火热实践中绽放绚丽之花。

三、对接青年期待还存在差距

当前，青年学生需求日益多样，学生对于实践的要求已经实现从"有没有"到"好不好"的转变，对于实践内容的价值性、实践设计的趣味性、实践平台的多样性等提出了更高要求。高校共青团要围绕贯彻落实习近平总书记关于青年和实践育人的重要思想和论述，落实《中长期青年发展规划（2016—2025 年）》《关于增强新时代大学生社会实践活动实效　深化共青团实践育人工作的意见》等重要文件对青年提出的重要要求，重点关注和围绕思想成长需求、校园文化供给、科创能力培养以及学业发展、人际交往、社会融入等需求，找准青年需要和共青团能为的结合点，积极拓展高校共青团实践育人阵地，打造青年喜爱、认可的高校共青团实践育人活动品牌，有效整合和利用校内外实践育人资源，推动社会实践活动内涵化、规范化、常态化、长效化发展。要组织动员大学生积极开展实践体验、实践创新和实践探索，使其在实践中长知识、增才干、做贡献。要更好地服务青年学生成长成才，帮助学生提高社会化能力，引领大学生立志做有理想、敢担当、能吃苦、肯奋斗的新时代好青年。

第二节　当代社会思潮概述及特点

社会存在决定社会意识，社会思潮是现实生活中的重要现象，代表着一定社会生活环境中人们的思想潮流和思想趋势。当今时代，社会思潮呈现更加复杂化多样化的态势，这无疑对高校共青团实践育人工作造成了一定的困扰和挑战。比如，社会思潮中可能存在一些错误的、偏激的、消极的甚至反动的观点和主张，如果不加以辨析和抵制，就可能对学生产生误导和影响，导致学生出现价值观混乱、道德观偏离、行为观偏差等问题。因此，高校共青团实践育人工作要坚持正确的方向，加强对社会思潮的研究和分析，及时发现和把握其中的规律和趋势，科学地制定和调整教育策略和措施，有效地防范和化解各种风险和危机，培养有理想、敢担当、能吃苦、肯奋斗的好青年。

一、社会思潮的生成、发展和传播

我国最早对社会思潮概念进行界定的是梁启超。他在《论时代思潮》一文中把社会思潮描绘为"思而成潮"，指出产生社会思潮的必要条件是"环境之变迁"和"心理之感召"。他还指出，凡时代非皆有思潮，有思潮之时代，必文化昂进之时代也，意在表明并非所有时代的所有意识都能形成社会思潮，社会思潮只能是特定时代，即文化昂进之时代的产物。《中国大百科全书·哲学·1》对于"社会思潮"的解释为："反映特定环境中人们的某种利益或要求并对社会生活有广泛影响的思想趋势或倾向"，"有时表现为由一定理论形态的思想作主导，有时又表现为特定环境中人们的社会心理，是社会意识的综合表现形式"。[①]学术界对于社会思潮的概念也存在不同的理解和定义，按照最新的研究成果，"社会思潮是指在一定社会的特定历史时期，特别是社会变革时期，围绕社会重大课题，特别是社会走向这一根本问题而形成和展开的，反映一定社会群体利益和要求的，具有一定心理基础和理论核心并产生广泛社会影响的思想潮流"[②]。在该定义下，社会思潮存在多方面

---

① 中国大百科全书总编辑委员会《哲学》编辑委员会、中国大百科全书出版社编辑部编：《中国大百科全书·哲学·1》，来源：中国大百科全书数据库，1987 年，https：//h. bkzx. cn/search? query = % E7% A4% BE% E4% BC% 9A% E6% 80% 9D% E6% BD% AE&sublibId = 。

② 刘建军：《社会思潮评析》，高等教育出版社，2022 年，第 2 页。

的内容要素：社会思潮产生和存在的时空场域聚焦在社会变革的特定时期；主体和载体是回答"社会向何处去"这一问题；主体是人构成的一定的社会群体；社会心理是社会思潮形成的基础；社会思潮具有较高的理论完备程度，对社会具有引导作用，其落脚点和归宿是思想潮流①。

社会思潮作为一种社会意识，是相应的社会存在的反映。当今世界正处于百年未有之大变局，各种思想交流交融交锋，各种思想观点集中表达，不同意识形态之间的较量也更加胶着。在这种背景下，社会思潮作为一定时代社会环境的产物，有其产生、发展、传播和消退的客观规律。

1. 社会思潮的产生

社会思潮的产生有一定的经济条件、政治条件和文化条件。经济条件对于社会思潮的产生有着根本的决定性作用——社会思潮的产生首先是一定的生产力或者生产方式促成的结果，其次是生产关系或经济制度影响的结果，第三是人们日常物质生活水平影响的结果。另外，政治条件是推动社会思潮产生和流行的重要力量，对社会生活有着广泛而直接的影响。虽然并非所有的思潮都带有政治性或者能成为政治思潮，但是一些普遍流行的、比较成熟的思潮，往往带有一定的政治性倾向。根据学术界的研究，社会思潮产生的政治条件主要包括四个方面的内容。一是一定政治势力的形成和出现，二是政治团体、政治组织的形成、活动及解体，三是政治运动的形成和发展，四是国家政权以及一定的政治法律制度的存在。② 除此之外，精神文化条件也是社会思潮形成的重要条件，它为社会思潮的形成提供思想前提和思想内容。社会思潮产生的文化条件主要有三个方面。一是文化传统的延续和影响，二是现存意识形

---

① 刘建军：《社会思潮评析》，高等教育出版社，2022年，第3页。
② 刘建军：《社会思潮评析》，高等教育出版社，2022年，第7—8页。

态及其斗争,三是社会文化领域和人们的文化生活中出现的新的因素、新的动向。在中国近现代历史上,各种思潮蜂拥而起的时期往往是外来知识和学说纷纷传入的时期,一些在国内兴起的社会思潮往往会借助外来思想的推动,并从中汲取思想营养。改革开放以来,外来思想和知识大量涌入我国,一方面促进了我国科学文化事业的发展,另一方面又为国内一些不良思潮的产生提供了条件。

2. 社会思潮的发展

社会思潮具有一定的理论或者观念基础,其一经产生,就面临着发展和消退的过程。其中,发展的过程是理论或观念的核心从无到有、从小到大、从弱到强、从不成熟到成熟的过程。一些思潮在出现时已经具有基本成型的理论观念核心,但有的思潮在形成时还不具有这一核心,而只是表现为一种比较明显的情绪上的倾向或是零碎的观念,没有上升到理论层面。随着思潮的进一步发展,零散的理论逐渐凝聚,最终经过理论家的加工和提炼,形成比较完整的理论体系,从而使得社会思潮有了引导的能力。

3. 社会思潮的传播

社会思潮具有很强的传播性,对于社会思潮传播性的研究具有重要的传播学价值。首先,社会思潮的产生、形成和发展,是某种思想观念传播扩散的结果。这是因为,一种思想观念的产生不能完全代表一种社会思潮的产生,只有当这种思想观念在一定的社会范围内传播并被大众所接受时,才会形成社会思潮。离开了这种传播,社会思潮就不会发生。其次,社会思潮的发展也要在传播中实现,这种传播推动社会思潮的规模不断扩大。但是,我们也应该看到,社会思潮的传播并不是一些固定不变的知识和理论教条化的简单传播,而是思潮的思想和理论不断生成、改变和发展的过程。思潮的思想正是在传播的过程中发展成熟起来的,其中存在着推陈出新、去粗取精的过程。社会思潮在传播的过程中，会面临很多新挑战新困难，如果一味地因循守旧不知变通，思潮就会逐渐消亡。如果不断研究新问题新挑战，吸纳新知识，社会思潮的生命力就会愈来愈强。

社会思潮的传播有其一定的特点。从文化传播的角度看，社会思潮的传播主要是该思潮的思想观念在社会中和社会间的传播扩散，学术界研究认为这种传播分为四个阶段，体现在四个层次。首先是社会思潮传播的预备阶段，体现在情绪感染和心理共鸣的层次。这一时期，社会思潮处在萌芽阶段，还未形成明确清晰的思想理论，或者是已经形成的理论和思想还难以为人们所接受，因此，这阶段社会思潮的传播需要用最简单最通俗的形式表达自己的观念。第二个阶段体现在社会思潮的思想知识和理论学说传播的层次。这一阶段，社会思潮的传播已经具备了一定的理论知识和较为明确的思想内容，人们以寻求新知识的态度和方式来了解和接受这一社会思潮，从而引发该思潮的传播流行。第三阶段体现在价值观念或信仰信念传播的层次。这是社会思潮传播所能达到的最深层次，是思潮传播带来的实质成果。这一阶段，社会思潮已经影响到人们的思想观念，包括世界观、人生观和价值观。最后一阶段体现在行为方式和生活方式传播的层次。这是社会思潮作为价值观念的传播带来的必然结果。

二、当前流行的社会思潮及其特点

当前我国经济体制深刻变革，社会生活变化巨大，社会思潮异常活跃，文化交流相当频繁，不同的社会阶层、社会集团、利益群体，在经济、政治、文化、生态、科技、宗教、民族等各个方面、各个领域，表达自己的观点、主张、理想目标、实践路径和价值取向，并呈现出吸引与排斥、融合与斗争并存的复杂现状，这使得我国社会生活中的社会思潮与以往相比，呈现出更加复杂化多样化的态势。（如表4-1所示）

表 4-1 2010—2020 年度国内关注度最高的社会思潮

年份	排序									
	1	2	3	4	5	6	7	8	9	10
2010 年	新自由主义	民族主义	社会民主主义	文化保守主义	道德相对主义	新左派	历史虚无主义	功利主义	大国心态	伪科学
2011 年	普世价值论	新自由主义	创新马克思主义	道德相对主义	社会民主主义	文化保守主义	新国家干预主义	民族主义	民粹主义	公平正义
2012 年	民族主义	创新马克思主义	新自由主义	拜物主义	普世价值论	极端主义	新儒家	民粹主义	道德相对主义	社会民主主义
2013 年	新自由主义	历史虚无主义	民族主义	创新马克思主义	普世价值论	宪政思潮	民粹主义	新左派	新儒家	伪科学
2014 年	新自由主义	民族主义	新左派	民粹主义	普世价值论	生态主义	历史虚无主义	极端主义	新儒家	宪政思潮
2015 年	民族主义	历史虚无主义	新自由主义	民粹主义	新左派	普世价值论	新儒家	生态主义	极端主义	道德相对主义
2016 年	民粹主义	新权威主义	民族主义	极端主义	新自由主义	虚无主义	新左派	功利主义	消费主义	生态主义
2017 年	民粹主义	民族主义	生态主义	消费主义	泛娱乐主义	激进左派	文化保守主义	历史虚无主义	新自由主义	普世价值论
2018 年	民族主义	历史虚无主义	民粹主义	泛娱乐主义	新左派	消费主义	文化保守主义	生态主义	女性主义	新自由主义
2019 年	逆全球化	贸易保护主义	民粹主义	多边主义	民族主义	科技本位	消费主义	泛娱乐主义	生态主义	女性主义
2020 年	民族主义	生态主义	网络民粹主义	泛娱乐主义	消费主义	文化保守主义	个人主义	实用主义	科技本位	国家主义

(资料来源：贾立政、王妍卓、张忠华：《重大社会思潮十年发展变革趋势研判》，载《人民论坛》2020 年第 3 期，第 14 页。)

结合表4-1中的统计数据和思潮本身的性质，本书选取大学生易受影响的几个思潮进行具体分析。

民粹主义在统计表中10次出现，这说明它近年在国内的社会生活中一直都非常活跃。民粹主义思潮涉及的内容比较庞杂，包括宣扬极端平民主义，强调服从大众情绪，否定精英在社会发展中的作用，主张财富均等，等等。民粹主义思潮多在热点事件发生时出现，它打着民意的幌子，实则通过发表评论煽动引导受众的情绪，实现大范围传播，使部分民众的不理性情绪被放大，给社会治理带来很大的挑战。面对社会公平问题，它往往以维护底层人民利益为幌子，无视事实真相，引导人们无底线地仇富、仇官、仇警等，给社会带来了很多不稳定因素。随着受众对移动媒体的依赖性增强，它主要以网络民粹主义思潮的形态出现。当前，国际形势复杂多变，国内社会矛盾仍然存在，民粹主义可能滋长蔓延，因此要慎重对待民粹主义。

普世价值论在统计表中6次出现，说明其多年来一直比较活跃。普世价值论思潮是一种颇具影响的西方政治社会思潮，它以自由、平等、人权等词美化自身，具有极强的诱惑性和误导力，对于阅历尚浅且没有对这一思潮进行全面深入了解的在校大学生来说，难免会有一些影响。事实上，普世价值论把西方制度模式和价值观念说成是普世价值，把中国一切不好的东西都归咎于制度和体制，对这种思潮的剖析和评判不能放松。

历史虚无主义在统计表中6次出现，说明它也比较活跃。历史虚无主义者主要是利用一些重要的时间节点和历史事件做文章。他们往往肆意虚无中国五千年的历史、中国共产党一百多年的奋斗史、新中国史、改革开放的伟大实践、社会主义革命建设史等，还利用网络做载体，使用影射、戏谑等方式和手段，诱导大学生上当受骗。历史虚无主义贬低传统，歪曲历史，轻率地对待历史和文化遗产，否定历史发展的内在逻辑，其本质就是要否定马克思主义对中国历史发展的规律性、必然性的论断，需要高度关注，积极剖析反击。

民族主义连续多年位列年度十大社会思潮前三位，反映了这一社会思潮对国内影响较深。事实上，民族主义思潮是一柄双刃剑，如果引导得当将有助于增强我们的民族凝聚力，反之则可能沦为狭隘的排外主义，破坏中国的国际形象。

消费主义起源于19世纪的美国，其主要特征是追求消费至上，渴望无限占有物质财富，渴求无节制的物质享受和消遣，并把这些当作人生价值取向，这是一种错误的生活方式和价值观念。消费行为的培养在一定程度上可以促进国家经济的发展，但是，消费主义会使个人无法客观地评价自己，造成社会的混乱，打破社会的秩序，因此不值得提倡。

泛娱乐主义指的是一股以现代媒介，包括电视、戏剧、音乐、电影等为主要载体，内容浅薄空洞，以粗鄙搞怪、噱头包装等娱乐化方式，不择手段、毫无底线地迎合部分受众的喜好，甚至把本不该娱乐的事情娱乐化，希望人们达到放松精神的效果的思潮。此思潮催生了大量的垃圾信息，使真正有价值的内容被淹没，导致部分受众的娱乐理念畸形化，只顾个人享乐，为达到娱乐目的，无视社会公德与责任，也容易使部分大学生精神生活出现异化，模糊理想与道德，解构人的理性思维模式。

个人主义思潮也可能侵蚀大学生的集体主义价值观，对大学生确立正确的价值取向产生负面影响。个人主体意识增强，有利于培养人们的个性和创造性，但是它会误导大学生对个人利益和社会利益关系的理解，诱发价值取向的功利化，影响民族意识与国家整体意识的形成。

第三节　社会思潮影响下共青团实践育人的现状特征

为加强对当代社会思潮的研究，本书项目组就当代社会思潮对陕西省大学生价值观的影响情况进行了深入、翔实的调查工作。本次调研的对象主要是1981年以后出生的陕西省各类在校本专科生、硕士研究生、博士研究生。调查以分层随机的方式面对陕西省41所不同层次高校发放问卷12000份，最终共回收有效样本11546个，有效问卷回收率为96.22%。（本节统计数据均基于此次调查结果得出）之后，项目组结合社会思潮近年的发展变化和调研的结果，分析社会思潮影响下共青团实践育人的现状特征，分析共青团实践育人面临的挑战。

一、社会思潮影响下高校共青团实践育人的现状

1. 大学生对社会思潮的认知与社会思潮对大学生的影响

（1）陕西大学生对社会思潮的了解程度

调查问卷列举了历史虚无主义、民主社会主义、普世价值、消费主义、民族主义、新自由主义、功利主义、个人主义、享乐主义、泛娱乐主义、抽象人道主义、民粹主义、反智主义和实用主义等14种社会思潮，陕西高校学生对这些社会思潮"非常了解"和"基本了解"的前五种依

次是民族主义（49.43%）、享乐主义（43.67%）、个人主义（43.59%）、消费主义（41.83%）、实用主义（37.90%），对抽象人道主义、普世价值观、反智主义这三种社会思潮了解程度在20%以下，其他几种社会思潮则处于一般了解的范围。但主观的了解并不一定是真正明确社会思潮的内涵，后文中还会详细讨论大学生对社会思潮的理解偏差问题。

(2) 陕西大学生对社会思潮的认同程度

陕西高校学生对各种社会思潮的认同度总体不高，只对个别社会思潮具有较高的认同度，排名前三的分别是民主社会主义（39.53%）、民族主义（36.84%）、实用主义（36.36%）。据整体数据分析，陕西高校学生对于抽象人道主义、反智主义、历史虚无主义、民粹主义、功利主义、个人主义、享乐主义等社会思潮基本都不认同。

(3) 社会思潮对陕西大学生的影响程度

总体来看，针对问卷列举的14种社会思潮，陕西高校大学生受影响的程度普遍较低，也就是说大部分人都选择了"无影响""影响不大""一般"选项。不过可以看出，各种社会思潮对陕西高校学生的影响存在一定的差异性。对陕西高校学生影响较大的社会思潮依次是民族主义（26.31%）、民主社会主义（23.14%）、实用主义（20.34%）。

从陕西高校学生对各种社会思潮的了解和认同程度来看，不了解、不认同的社会思潮，影响程度也较小，但是，了解、认同的社会思潮，影响程度不一定与其呈正相关关系。比如，民族主义是学生了解最充分的社会思潮，民族主义对学生的影响也是最大的；但是，享乐主义作为学生了解程度较高的社会思潮，对学生的影响程度却相对较低。这源于高校学生对其实质和危害有一定的认识，能够客观看待，因而降低了其影响程度。

(4) 陕西大学生接触社会思潮的主要方式和渠道

社会思潮价值观念的传播基本覆盖了大学生寻求信息的各类渠道：

课堂教学是主要阵地；新媒体时代背景下的各类网络媒介占比较大；纸媒与其他传统媒介虽在网络媒介兴起的冲击下稍显劣势，但其坚实的基础决定了其仍是不可替代的渠道之一。这四类方式、渠道成为大学生接触社会思潮的主要方式。第二课堂实践活动、学术研讨会议、网站等方式、渠道活力不强，占比较小。此外，同辈群体、父母、教师等作为大学生人际交往中的重要角色，也对大学生接触社会思潮产生了一定的影响，但占比最小。

（5）社会思潮影响陕西大学生的主要网络媒介

随着智能手机的普及以及网络应用的选择更加多样化，手机在年轻人中的使用率非常高。此次调查显示，大学生使用手机时长在4—6小时的人数超调查总数的一半，这意味着在睡眠时间外的有限时间里，大学生使用手机的时间并不算少。另外使用手机时长超过6小时的，占比22%左右，与控制手机使用时长在3小时内的学生比例相差不大。

时代飞速发展，新媒体不断发展壮大，信息多样化趋势明显，对广大青年学生的生活影响巨大。各类社会思潮的传播渠道多而广，覆盖了国内几乎所有常用的网络媒介，文字信息传播、图画信息传播以及二者兼而有之的网络传播媒介比比皆是。其中，"微博""网站""抖音""微信"这四类网络媒介断层式领先，占比60%—70%，成为被调查群体了解社会思潮的主要渠道；另外"知乎""哔哩哔哩""腾讯QQ""新闻资讯类平台""贴吧和论坛""豆瓣"等网络媒介也是陕西大学生了解社会思潮的重要渠道。可见，受众较广的网络媒介理所应当地充当着信息传播的重要角色，而大学生们也是网络时代必不可少的受众。社会思潮通过多样化的网络媒介影响大学生，而大学生群体寻求多样化信息的需要恰与之相契合。

（6）陕西大学生日常关注信息的主要方面

陕西大学生在满足自身需要方面，日常关注信息的重中之重在于

"日常生活和就业";延展到生活发展需要与享受需要层面,其对休闲娱乐事件、国际国内重要事件、时政新闻的关注度超半数比例;而"财政和金融"领域的信息专业性较强,大学生的关注度低于前面列举的几个方面,但是也占有一定比例。显而易见的,大学生对重要的政治、经济、民生新闻等信息都有广泛而全面的关注,接触信息较为积极。

(7) 陕西大学生及其朋辈间的话题取向

陕西大学生与同学、朋友聊的不再是"没有营养的口水话",国民生活的各个基本领域都是大学生关注的信息源头,也自然而然地成为大学生与朋辈群体的共同话题。大学生对日常信息的关注广泛而全面,关注度、话题度最高的是与大学生自身发展相关度极高的"公民道德素质""教育公平";其次是国家发展相关话题,比如文化自信与传承、国际热点问题、环境污染与生态保护、周边安全形势等等。显然,大学生关注的信息体现了其大局观,与其个人价值、社会价值实现等都紧密相关。

(8) 大学生关注和接触社会思潮的主要原因

研究大学生关注和接触社会思潮的主要原因,能够反映其在了解社会思潮方面的利益诉求与精神需要,更好地体现社会思潮在大学生中传播的心理基础。陕西省高校大学生关心并接触社会思潮的主要原因是"觉得新奇想了解"(51.51%);其次是"课堂学习或学术研究需要"(48.89%)和"与别人沟通交流需要"(32.66%),同时有31.28%的陕西省高校大学生是因为"渴望找寻解决社会问题的方式"和"认为这些理论有说服力"而关注社会思潮;有24.51%的陕西省高校大学生因为"觉得可以推动社会发展"而接触社会思潮;还有19.15%的陕西省高校大学生因为觉得"跟自己的切身利益相关"而接触社会思潮。由此可以看出陕西高校大学生关心并接触社会思潮具有一定的猎奇心理,这与大学生对新事物和新观点更感兴趣、思想具有开创性的特点比较契合。"课堂学习或学术研究需要"成为陕西大学生接触社会思潮的重要原因，说明教育引导在社会思潮传播中发挥着重要作用。某些社会思潮的观点被部分同学认同，认为这些理论有说服力，是帮助自己与他人交流沟通，满足自身利益需求的利器，并且希望把它作为探讨解决社会问题的良方，从而推动社会发展。这些都是陕西大学生接触社会思潮的合理原因，而很多人将原因归纳为学习、探究、解决问题等，这是由大学生渴望人际认同等的群体特征所决定的。

（9）陕西大学生认同有关社会思潮的主要原因

研究陕西大学生认同有关社会思潮的主要原因，能够反映出学生接受社会思潮的动机，并展现出其受什么原因影响最大，从而探索学生是否容易被部分思潮说服，反映相应问题并采取相应举措。从调查结果来看，陕西高校大学生认同有关社会思潮的主要原因为：认为其"现实针对性强"（61.32%）、"理论说服力强"（60.34%）、"理论观点新颖"（51.94%）、"比较通俗易懂"（50.04%）；还有29.9%的陕西高校大学生因为其能"满足自身利益需求"而认同某种社会思潮。从上述情况来看，虽然陕西高校大学生在关心并接触各种社会思潮时带有一定的猎奇心理，但主要原因还是落脚于某些社会思潮理论有很强的说服力、新颖的观点和强烈的现实针对性及通俗易懂的特点等。这表明既有客观存在的根源，也存在着理论的合理性的社会思潮对陕西大学生有一定程度的影响。从这个意义上来看，高校学生受到社会思潮的影响具有客观性，那就既需要从客观上理清其产生的因素，也需要从理论上探究其存在的问题和局限性，从而消除社会思潮的不利影响。高校思想政治理论课程应依据社会思潮产生的影响，有针对性地引导高校学生辨析社会思潮，从而用社会主义核心价值观积极引导各种社会思潮。

（10）陕西大学生接触某种社会思潮后的做法

对陕西大学生接触某种社会思潮后的做法调查，可以帮助我们间接了解社会思潮对大学生影响的主动性程度。我们设置了一道了解大学生行为意向的题目，询问大学生："当您遇到某种社会思潮时，您会如何做?"67%的受访者选择"针对感兴趣的进行了解";33%的受访者选择"浏览过就行了,不会深入了解"。从中可见,大多数陕西高校大学生在遇到某种思潮后,或多或少会了解其部分观点,但影响可能仅仅处于认知层面。学生对感兴趣的思潮进行了解的意向也显示出其个体、兴趣的差异性。社会思潮对大学生的思想行为有一定的影响,高校应当根据大学生对社会思潮了解、认同的情况,加强对大学生学习社会思潮的引导作用。在大学生自身兴趣与外部引导双重影响下守住思想阵地,使主流价值观得以贯彻是高校的重要研究课题。

(11)陕西大学生对非主流社会思潮影响的辨别情况

55%的陕西大学生可以清楚地感受到非主流社会思潮与主流价值的区别,9%的陕西大学生不知道何时受到了非主流社会思潮的影响,还有36%的陕西大学生有时可以感到非主流社会思潮对自己的影响,有时却感觉不到。大学生面临生活、学习场景的多样性,在互联网发达的当今,各种社会思潮难免以各种形式呈现并为大学生所接触,大学生自然容易受到非主流社会思潮的影响。为避免其受到不良影响,高校应对大学生的思想进行主动着重引领,使其在主流价值观的学习中明确方向,积极响应主流价值观号召。除此之外,有部分大学生对非主流社会思潮的辨别力不足,这一方面与某些非主流思潮难以识别,具有多面性、隐蔽性强的特点有关,另一方面也反映出大学生群体对社会思潮的认识和了解不够,对思潮的本质琢磨不透,也侧面说明负有教育引导的责任主体发挥作用不强。做好主流价值观引导,首要的就是提高大学生的辨别能力,这需要思想政治教育战线各主体做好普及教育与正面引导。

(12)社会思潮对陕西大学生各方面影响的体现

65%的陕西大学生认为社会思潮对自身日常行为生活有所影响,56.86%的陕西大学生认为社会思潮对自身理想信念有所影响,62.01%的陕西大学生认为社会思潮对个人价值观和责任感有所影响,25.82%的陕西大学生认为社会思潮对自己当前生活状态有所影响,21.24%的陕西大学生认为社会思潮对自己未来发展方向有所影响。其中，大多数大学生认为社会思潮对自己的影响是多方面的。从调查结果来看，社会思潮对大学生影响范围较大，涉及生活的方方面面甚至大学生对未来的规划。调查结果反映了思想指导实践的规律，符合认知认同、情感认同、信念认同、意志认同和行为认同五个阶段的递进过程。大部分大学生认为社会思潮已经影响到其日常行为生活与自身理想信念，也侧面印证用主流社会思潮引导大学生树立正确的人生观、价值观、世界观的必要性。

（13）宗教文化泛起值得重视

部分陕西大学生对信仰宗教持比较开放的态度，对我国宗教政策的认识也比较模糊。3188名受调查大学生认为可以信仰宗教，占到总受访大学生人数的24.57%，8976名大学生认为大学生应努力学习科学文化知识，树立辩证唯物主义和历史唯物主义的世界观，809名大学生明确认为不可以信仰宗教。公民有宗教信仰自由，但要认识到宗教的两面性，对宗教认识不足有可能误入歧途，所以一定要引导大学生树立正确的宗教观念，理性、正确地看待宗教。

（14）陕西大学生对民主社会主义和科学社会主义的本质认识

课题组就大学生能否正确区分民主社会主义和科学社会主义设置了一道单选题。在陕西高校大学生中，对民主社会主义和科学社会主义能做出正确区分的人数所占比例最高（49.14%），感觉二者没什么区别的人数所占比例最少（4.98%），但也有近一半的大学生对二者的本质区别认识不清。在总的回答该问题的1687人中，对民主社会主义和科学社会主义区分不清楚的人数与能正确区分二者的人数仅仅相差55人。因此，要引导学生划清民主社会主义与科学社会主义的界限，加强对各种社会思潮实质与危害的分析，在加强中国特色社会主义理论体系宣传教育的同时引导大学生抛弃对民主社会主义的幻想。

（15）陕西大学生对待非主流社会思潮传播的态度

陕西高校大学生对一些非主流社会思潮的传播态度主要为"理性对

待"(50%),其次是"旁观为主,不支持不反对"(26%),但在"坚决抵制,勇于发声"(12%)和"完全接受"(2%)两种极端态度上呈现出很大的差异,不过这两种态度都没有构成主流趋势,说明大多数学生在面对非主流社会思潮的传播时能秉持科学的态度。在对待非主流社会思潮的传播时,还有1090人以"不理会"态度来应对。虽然非主流思潮的传播对学生价值观影响不大,但依然需要高度关注其潜在影响,尤其要关注具有较高认同度的那几类思潮,所以高校要强化课堂思政对大学生认识社会思潮的引领作用,加大主流价值观的传播和影响力度。

2.陕西大学生核心价值观的培育与践行

(1)陕西大学生对主流价值观的认知情况

调查发现,陕西当代大学生对主流价值观的认知总体积极向上,对社会主义主流意识形态认同较高,能够积极践行社会主义核心价值观,但也有少数学生有信仰迷惘现象,一些学生盲目推崇某些社会思潮或存在自我价值极端化倾向(如表4-2所示)。

表4-2　陕西大学生对主流价值观的认知情况

单位:人

主流价值观	非常认同	认同	不确定	不认同	非常不认同
习近平新时代中国特色社会主义思想是全党全国人民为实现中华民族伟大复兴而奋斗的行动指南	6830	3409	1201	72	34
中国特色社会主义制度具有显著优势	6761	3482	1157	110	36

续表

主流价值观	非常认同	认同	不确定	不认同	非常不认同
当前中国必须坚持中国特色社会主义和改革开放	6825	3343	1234	111	33
党的十八大以来在以习近平同志为核心的党中央领导下，我国取得了改革开放和社会主义现代化建设的历史性成就	6920	3406	1125	63	32
中华民族伟大复兴的中国梦一定会实现	7298	3023	1114	74	37
在全球化时代，爱国主义仍然没有过时	7694	2716	1002	98	36
中国的发展进步和中国梦的实现离不开中国共产党的领导	7548	2922	980	77	19
社会主义核心价值观的基本价值理念是正确的	7357	3088	992	70	39
共产主义的远大理想一定能够实现	6917	3256	1269	71	33
国家必须坚持扩大开放，不断推动共建人类命运共同体	7060	3235	1144	80	27
大学生必须坚定马克思主义信仰	5874	3693	1744	200	35
中国红色政权、中国特色社会主义来之不易	7248	3176	1030	69	23
中国革命的胜利、新中国的成立和社会主义建设，为改革开放打下了坚实的基础	7308	3162	982	69	25

(2) 陕西大学生对不同载体对主流意识形态的宣传效果的认识

我们可以看到（如表4-3所示），平均有大约38%的学生对所列4类载体的宣传效果是非常满意的，其中学校教育和家庭教育所占的比重更高，分别为40.30%和40.07%。只有极少数学生对这4类载体的宣传效果是非常不满意的，其所占比重从学校教育至新闻舆论环境分别是1.43%，1.44%，1%，1.7%，总体而言数值较为平均。同时，可以发现大学生对学校教育的满意度最高，这也侧面证明了学校教育对于主流意识形态宣传的有效性。新闻舆论环境的满意度最低，说明在新闻舆论工作中做好主流意识形态的宣传还有较大的改善空间。

表4-3 陕西大学生对不同载体对主流意识形态的宣传效果的认识

满意度	载体			
	A. 学校教育（%）	B. 家庭教育（%）	C. 社会环境（%）	D. 新闻舆论环境（%）
非常不满意	1.43	1.44	1	1.7
不满意	2.22	4.19	2.68	4.32
一般/不确定	23.25	24.48	24.99	26.89
满意	32.81	29.83	33.89	31.56
非常满意	40.30	40.07	37.45	35.53

（注：因四舍五入关系，百分比之和会出现不达100.00%或超过100.00%的情况。）

(3) 陕西大学生对不同媒介对主流意识形态的宣传效果的认识

调查结果（如表4-4所示）表明，有40.07%的大学生对校园文化活动感到非常满意，其次是网站等其他网络媒介，其比重为37.32%，其他媒介比重相差不多。有极少数的大学生对不同媒介对主流意识形态的宣传效果持有非常不满意的态度，其比重皆在1%—3%的范围内，其中占比最高的是课堂教育，比重为2.30%，最低的是广播、电视等传统媒体，比重为1.14%。还有较大部分的大学生对各类媒介对主流意识形态的宣传效果的满意程度介于非常满意和非常不满意之间，表现为满意的势态，这类大学生占所有被调查大学生的比例是最高的，达到了60%左右，其中占比最高的是广播、电视等传统媒体，为65.94%，占比最低的是校园文化活动，为58.22%。根据以上的调查数据我们可以看出，大学生群体对主流意识形态的宣传效果总体上还是感到满意的。

以上数据表明不同满意程度的总体比例在不同载体和媒介之间差异不大。我们首先看大学生对不同载体对主流意识形态的宣传效果满意程度，他们对学校教育、家庭教育、社会环境、新闻舆论环境等对主流意识形态的宣传效果满意程度的比例几乎没有较大的差异。而大学生对不同媒介对主流意识形态的宣传效果的满意程度，相较于前者，比例有所增大，但总体上对各类媒介的满意程度也相差不大。没有哪类载体和途径让绝大部分大学生感到非常满意，同样也没有哪类载体和途径让绝大部分大学生感到非常不满意，处于一个较为平均的水平。

表4-4　陕西大学生对不同媒介对主流意识形态的宣传效果的认识

满意度	媒介					
	A.课堂教育(%)	B.校园文化活动(%)	C.图书、报纸、杂志等纸媒(%)	D.广播、电视等传统媒体(%)	E.微信、微博、短视频平台等新媒体(%)	F.网站等其他网络媒介(%)
非常不满意	2.30	1.71	1.19	1.14	1.33	1.20
不满意	4.80	3.39	3.72	4.71	4.05	3.31
一般/不确定	28.72	21.91	26.32	28.68	26.95	26.44
满意	31.77	32.92	33.96	32.55	32.69	31.73
非常满意	32.41	40.07	34.81	32.92	34.98	37.32

(4) 陕西大学生思想政治理论课程教学中任课教师对社会思潮进行讲解介绍的情况

在受调查的陕西大学生中，有46.89%的大学生认为其思政课老师经常就社会思潮进行讲解，且讲解效果好。同时有44.91%的大学生表示，其思政课程对社会思潮仅仅是偶尔进行讲解和介绍。4.36%的同学认为其思政课程对社会思潮的讲解不清晰。还有3.84%的同学认为其思政课程没有对社会思潮进行讲解介绍。

以上数据表明，有近半数大学生认为，高校思想政治理论课程教学过程中任课教师会经常且高质量地对社会思潮进行讲解，高校教师在坚持马克思主义立场的前提下对社会思潮进行讲解，可以帮助学生辨析各种不良社会思潮。而如果不以马克思主义为指导，在思政课堂上过度进行社会思潮讲解，会在一定程度上影响马克思主义的主导地位。针对少数学生认为思政课对社会思潮的讲解不清晰的情况，毫无疑问需要提高高校思政课老师的专业素质水平，满足大学生了解社会思潮的精神需求。最后，在思想政治理论课程上完全不对社会思潮进行讲解的情况则是另一个极端。社会思潮是大学生了解文化多样性的途径之一，我们不能将其完全排除在课堂之外。通过课堂教育，教师能够帮助学生更好地辨别各类社会思潮，抵制不良文化的侵蚀。

(5) 陕西大学生对马克思主义哲学对理想信念的影响力的认识

在受调查的陕西大学生中，有71.13%的人认识到了马克思主义是影响大学生理想信念的主导思想，有24.01%的人认为其他社会思潮在一定程度上影响了马克思主义哲学，有4.86%的大学生表示，马克思主义哲学对于当代大学生理想信念的影响是比较弱的。

由此可见，关于马克思主义哲学对理想信念的影响力，学生们的主流思想还是认为其是影响大学生理想信念的主导力量，在塑造大学生政治理论思想过程中发挥着主要的作用。同时还有一部分的同学思想比较敏锐,认识到了在我们思想日渐多元化、丰富化的时代背景下,马克思主义哲学在一定程度上受到了其他社会思潮的影响。这种现象并非消极的,思想需要经历各种碰撞才能与时俱进,不断发展,因此面对这种情况,大学生需要做的是在坚持以马克思主义为主导思想的前提下,取其精华,海纳百川,紧跟时代思潮的步伐前进。

(6) 陕西大学生对开展社会主义核心价值观培训的各类途径的意愿

我们可以看到(如图4-1所示),最受大学生欢迎和接受的途径是开展校园文化活动,其比重占到了74.47%;其次是加强高校思想政治理论课程建设,其比重为66.97%;紧接着是占比为56.54%的开展课外社会实践活动和比重为51.13%的加强课程思政建设。以上都是比重超过了半数的途径。接下来是占比重为49.24%的专题讲座或典型人物报告;比重为29.23%的充分发挥党团组织的引领作用,比重为28.14%的加强网络思想政治引领以及0.3%的其他途径。

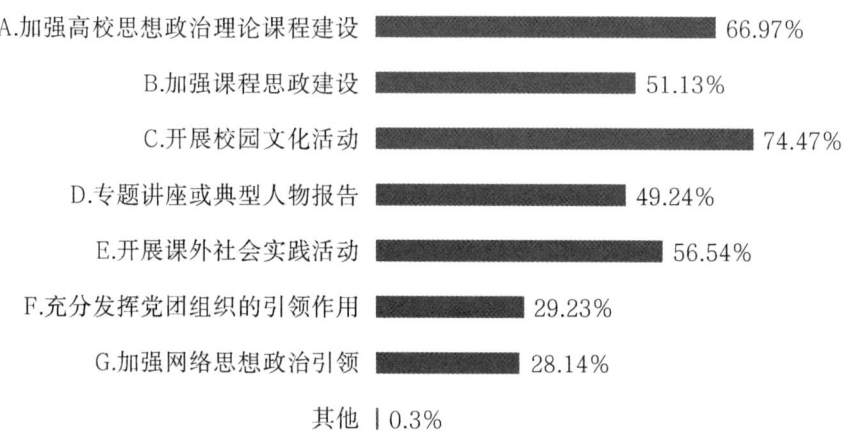

图4-1 陕西大学生对开展社会主义核心价值观培训的各类途径的意愿

(7) 对陕西大学生价值观影响程度最大的群体

如图 4-2 所示，68.03% 的学生认为对大学生价值观影响程度最大的群体是思政课教师，46.16% 的学生认为是党团干部，56.34% 的学生认为是同学，56.90% 的学生认为是社会先进榜样、先进人物，47.81% 的学生认为是辅导员，60% 的学生认为是家长、亲友，25.80% 的学生认为是研究生导师。其中，思政课教师，家长、亲友，社会先进榜样、先进人物，以及同学对学生的价值观影响较大。由此可见，在学生价值观的培育中，应重视学校教育、家庭教育、榜样引领、朋辈引领作用。

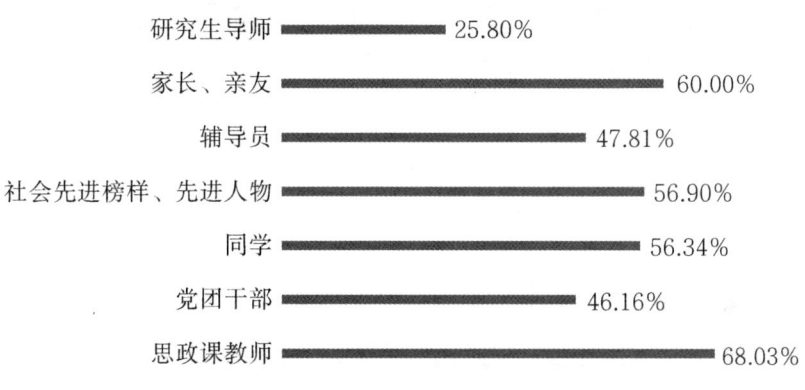

图 4-2　对陕西大学生价值观影响程度最大的群体

(8) 增强"第二课堂"社会主义核心价值观培育的方式

如图 4-3 所示，73.26% 的受调查学生认为可以打造学生校园文化精品活动，68.66% 的学生认为可以积极开展志愿服务，67.22% 的学生认为可以加强学生社团建设管理，64.21% 的学生认为可以积极开展社会实践活动，58.79% 的学生认为可以深化实施"第二课堂成绩单"制度，以此来增强"第二课堂"社会主义核心价值观培育的效果。

调查结果显示，七成的学生建议打造校园文化精品活动，可见其影响力较大。同时，加强学生社团组织管理，积极开展社会实践活动、志愿服务活动，深化实施"第二课堂成绩单"制度等，也可以有效地培育学生社会主义核心价值观。由此可见，除了"第一课堂"——思政课堂可以培育学生的价值观以外，"第二课堂"也可以是促进学生全面发展，增强培育其社会主义核心价值观效果的平台。

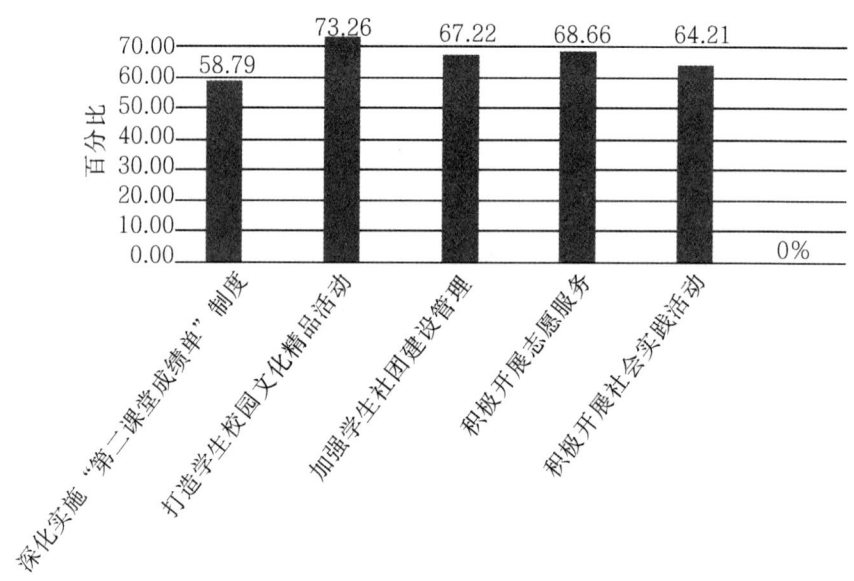

图4-3 增强"第二课堂"社会主义核心价值观培育的方式

(9) 陕西大学生对新时代加强爱国主义教育的方式的接受程度

如图4-4所示，高达72%大学生认为加强爱国主义教育最受欢迎的方式为大力开发并积极推介体现中华文化精髓、富有爱国主义气息的网络文学、动漫、有声读物、网络游戏、手机游戏、短视频。中华优秀传统文化蕴含着以爱国主义为核心的伟大民族精神，必须加强对中华优秀传统文化的挖掘和阐发，滋养大学生的爱国初心，同时又要注重青年的接受程度，选取大学生喜闻乐见的方式。调查还发现，比较令人缺乏兴趣的是依托自然人文景观和重大工程开展教育，其占比为11.66%。这说明当前还需要深入挖掘旅游资源中蕴含的爱国主义内容，要依托国家重大建设工程等，加快建设展现新时代风采的主题教育基地。

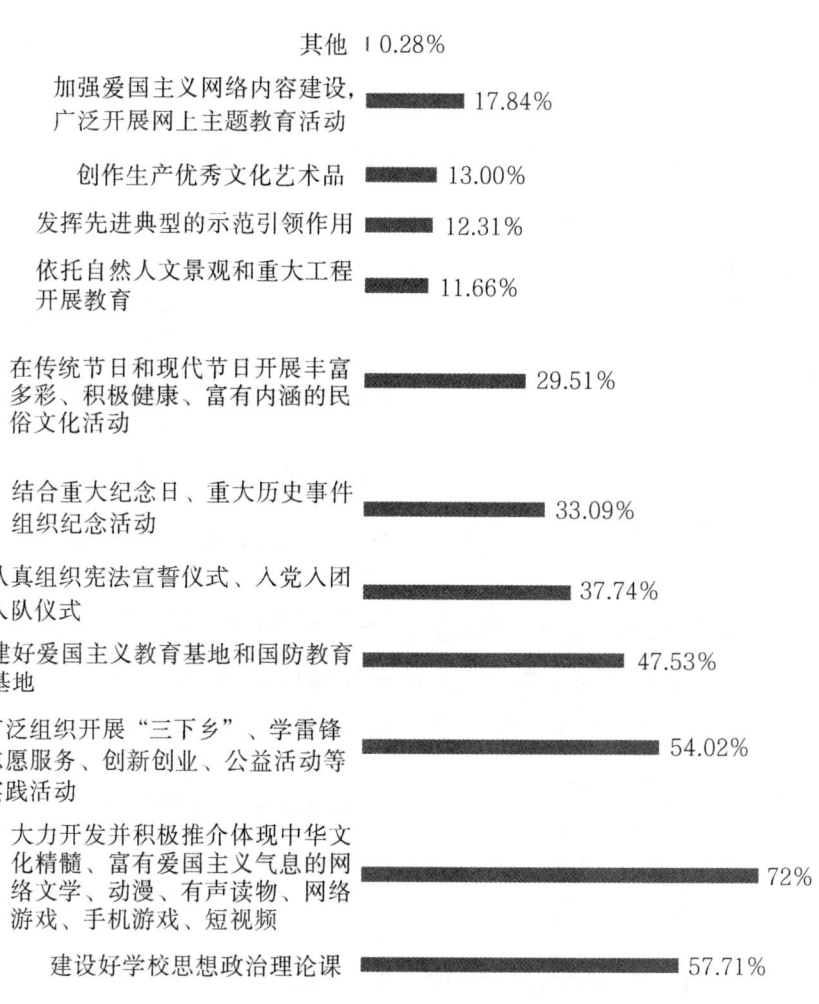

图4-4 陕西大学生对新时代加强爱国主义教育的方式的接受程度

(10) 陕西大学生对加强"四史"教育的方式的接受程度

在接受调查的陕西大学生中,喜欢通过开展"四史"主题学习讨论活动、"四史"学习教育竞答等方式来加强"四史"教育的人最少,但愿意通过各类主题教育活动和实地学习的方式来加强"四史"教育的人比较多,分别达到了65.60%和64.99%(如图4-5所示)。由此可见,相较于学习讨论、竞答等传统理论学习方式,大学生更倾向于参加形式有创新、内容有趣味、方式有特色的学习实践活动,这就要求高校积极探索"四史"宣传教育路径,努力提升大学生的学习体验、学习效果,使大学生的"四史"学习教育达到入耳、入脑、入心。

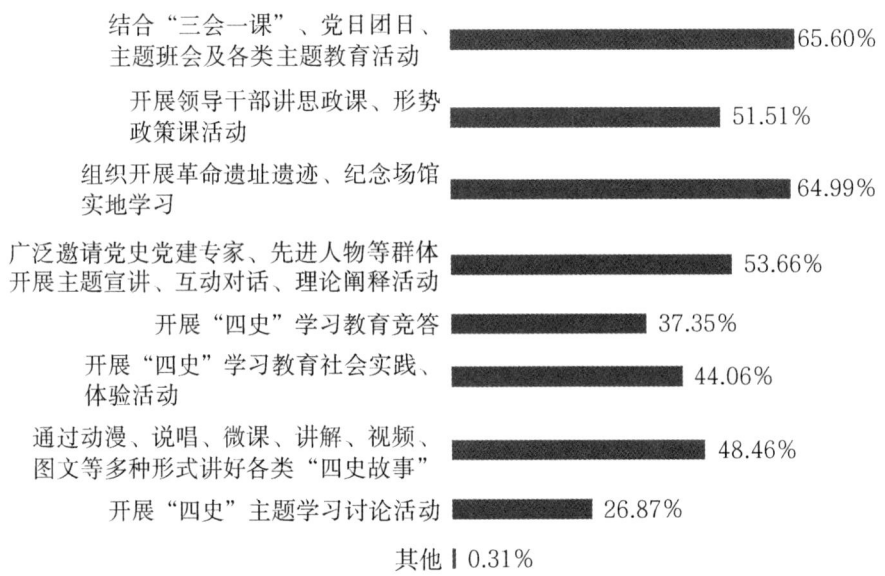

图4-5 陕西大学生对加强"四史"教育的方式的接受程度

社会主义核心价值观作为中国特色社会主义主流意志的本质体现,在中国社会价值体系中处于核心地位,发挥着主导作用。综合上述调查数据分析大学生对主流价值观的认同、理解和践行现状，可以看出学生对主流价值观的认同和践行程度较高。大学时代是人的价值观形成的关键时期，如何通过学习教育，使大学生准确掌握社会主义核心价值观的丰富内涵，深刻理解其核心要义，进而引导大学生"扣好人生第一粒扣子"是一个重要的命题。通过调研可以看出，高校要坚持马克思主义的主导地位，注重发掘中华传统文化的内在价值，坚持和发扬以爱国主义为核心的民族精神和以改革创新为核心的时代精神，培育先进文化载体，打造精品品牌，发挥各级各类平台的作用，重视多元途径，充分调动一切有利于大学生核心价值观教育的积极因素，构建全员育人、全程育人、全方位育人的格局。

二、社会思潮影响下高校共青团实践育人的特征

从社会思潮近年的发展变化和调研的结果来看，陕西大学生思想行为受到当代社会思潮的影响呈现出一些新的特点。

1. 大学生接触的社会思潮多元丰富，但对其本质认知不够深入

价值观认同是一个由外到内、由认知经由情感再到意志、由观念到行为的连续推进过程。社会思潮影响大学生正确价值观的确立也经历了价值认知、价值选择、价值认同和价值践行这四个层层递进的层面。在对社会思潮的了解程度上，50%以上的学生对每种社会思潮都有一定了解，但在对于社会思潮及其表现形式的配对样本T检验进一步分析发现，大学生对于一些思潮及其表现形式的认识差异较大，表明大学生对于这几种思潮理解不够深入或认识出现偏差；其他各类思潮及其表现形式之间虽然存在显著性差异，但配对差值均值相差不大，表明经过高校的思政课教育，就大部分思潮而言，大学生总体上有一定的了解和理解，但仍待进一步提升。

2. 大学生对社会主流意识形态认同度较高，但少数学生存在信仰淡薄和迷惘的问题

社会主流意识形态是在经济社会长期发展过程中形成的具有凝聚力、公信力而居于统治地位，并与异质非主流意识形态相对立的意识形态。由对13道主流价值观题目的调查情况可知（见表4-2），总体上来看，陕西高校学生对主流价值观的基本问题认同度较高，有5个观点的认同度超过90%，分别是"中国的发展进步和中国梦的实现离不开中国共产党的领导"（90.68%），"中国革命的胜利、新中国的成立和社会主义建设，为改革开放打下了坚实的基础"（90.68%），"社会主义核心价值观的基本价值理念是正确的"（90.46%），"中国红色政权、中国特色社会主义来之不易"（90.28%），"在全球化时代，爱国主义仍然没有过时"（90.16%）。这5个问题涉及中华民族的发展进步和党的领导等重大内容，可见，在坚持党的领导和爱国主义本色上，绝大多数大学生能够认同主流价值观。

但从另一个方面来看，在以上的调查所列出的主流价值观的描述性问题中，虽然对于大多数问题，认同人数比例均值达到了近九成，但对"大学生必须坚定马克思主义信仰"这个问题，大学生的认同度相对较低（82.86%），还有部分学生存在着政治信仰多元化趋势的问题。特别是"95后""00后"大学生群体，对于马克思主义理解不深、认识肤浅，对社会主义核心价值观缺乏系统深入的分析和实践体会，有的人甚至产生了信仰迷惘，这些都需要高度重视和引导教育。

3. 对主流意识形态持中立态度的大学生群体需要重点关注并精准教育引导

社会思潮与中国特色社会主义理论体系在大学生的认知中并不是一一对应的关系，具有复杂性、变化性，有时候甚至会出现对中国特

色社会主义理论体系观点认同度高的大学生，对某些主流价值观存在不认同或模糊认同的现象。同时，从调查中看到，仍有10%左右的大学生对主流价值观持中立或不确定的态度，对"爱国主义仍然没有过时""中国特色社会主义来之不易"等问题的选择还不够坚定，大学生公民意识淡薄令人担忧。对该类群体，应深入具体观点和领域，有针对性地进行具体的宣传教育，防止其被不良社会思潮侵染而出现价值选择理性与非理性并存的矛盾现象。高校要区分社会思潮与主流价值观的关系，划清它们之间的界限，针对不同思潮的特点对大学生进行有效引导，不断拓展主流价值观的宣传教育渠道，坚定高校大学生对主流价值观的认同。

4.社会思潮影响大学生的途径方式趋于多样化，网络媒介占比高

课堂教学仍是大学生接触社会思潮的主要方式，而纸媒等传统媒介已被网络媒介超越。调查显示，在陕西大学生了解社会思潮的基本渠道中，课堂、网络（微信、微博等）的比例分别为68.38%、65.73%，排在全部渠道的一、二名，而纸媒（图书、报刊等），传统媒体（广播、电视等）等比例分别为59.46%和50.07%，大学生了解社会思潮的途径不断多元化。进一步区分大学生了解社会思潮的途径，可以把课堂内了解社会思潮的渠道分为课堂教学和学术讲座，课外了解社会思潮的渠道分为同学朋友、家长老师、图书报刊、网络、文娱活动等。我们也可以将大学生获取学术思潮信息的途径分为学术或理性方式以及活动或感性方式。学术或理性方式包括课堂教学、学术讲座、学术会议、图书报刊等，活动或感性方式包括课外活动、同学朋友、家长老师、网络和文化娱乐等。无论怎样划分，都说明社会思潮影响大学生的途径有多种，方式多样化，高校也需要通过多种途径正确教育和引导大学生。

三、社会思潮影响下高校共青团实践育人的挑战

1. 大学生价值观受到社会思潮的影响

(1) 大学生对各类思潮的认识程度不足

非主流社会思潮及其表现形式之间具有相关性,为探究两者之间是否具有显著差异,项目组对两者进行了配对样本 T 检验,发现各类社会思潮及其指向行为的 P 值均小于 0.05,即在 99.5% 的水平上具有显著差异。这表明大学生对于社会思潮以及受某种思潮影响而产生的具体行为之间的认识具有显著性差异,也就是说大学生对非主流社会思潮认识不足,对于部分非主流思潮所具有的内涵存在误解和混淆。

(2) 大学生对各类社会思潮的理解程度不同

对非主流社会思潮及其表现形式的配对样本 T 检验进行进一步分析,我们发现,配对差值均值较大的社会思潮共有 5 种,分别是民主社会主义(-0.9836)、普世价值(-0.9868)、民族主义(-1.0958)、新自由主义(-1.0792)和实用主义(-1.6923)。大学生对于这些思潮及其表现形式的认识差异度较高,表明大学生对于这几种思潮理解不够深入或认识出现偏差。此外,大学生对于历史虚无主义及其表现形式的认识配对差值均值最低(0.0304),表现为几乎没有偏差,表明大学生对于历史虚无主义认识清晰,对于该思潮所指向的具体行为比较了解。其他各类思潮及其表现形式之间虽然存在显著性差异,但配对差值均值相差不大,表明经过高校的思政课教育,就大部分思潮而言,大学生总体上有一定的了解和理解,但仍待进一步提升。

(3) 各种社会思潮之间在本质上存在着内在联系

为探究各种思潮对大学生主流价值观的冲击以及各种思潮之间的关系,项目组进行了皮尔逊(Pearson)相关性分析。数据分析结果为大

学生对各类社会思潮认同程度之间的皮尔逊相关系数（Pearson coefficient）均为正值且较大，表明大学生对于各种社会思潮的认同程度呈显著正相关。也就是说，尽管各种社会思潮的内核和观点不同，但是对于一种思潮的认同会增加其对于另外一种社会思潮的认同度，也就是说各种社会思潮的本质存在着内在联系，其中享乐主义与泛娱乐主义（0.747**）、个人主义与享乐主义（0.747**）、民粹主义与反智主义（0.725**）、功利主义与个人主义（0.722**）四组的相关系数较高。这说明认同享乐主义的大学生很大程度上会认同泛娱乐主义；认同个人主义的大学生会在较大程度上也认同享乐主义；认同民粹主义的大学生也会比较容易认同反智主义；认同功利主义的大学生在较大程度上会认同个人主义。这与社会思潮产生、演变的规律是一致的。

（4）大学生对各种社会思潮与主流价值观的认同存在此消彼长的关系

根据皮尔逊相关性分析，我们发现，大学生对各种社会思潮的认同程度与其对主流价值观的认同度之间呈显著的负相关，二者是此消彼长的关系，其中个人主义（-0.202**）、享乐主义（-0.254**）、泛娱乐主义（-0.225**）及民粹主义（-0.205**）与主流价值观的负相关系数较高，享乐主义与主流价值观之间的负相关系数最高，可见较其他思潮，大学生对于个人主义、享乐主义、泛娱乐主义及民粹主义有着较高的辨别和抵御侵蚀能力。这也就是说加强主流价值观的培养有助于大学生抵消社会思潮造成的不良影响，对于各种社会思潮的批判也会帮助大学生培养正确的主流价值观。

（5）大学生较容易认同的部分社会思潮与主流价值观存在混淆

根据皮尔逊相关性分析，我们发现，民主社会主义、民族主义、实用主义与主流价值观的相关系数较低，分别为-0.041**，0.049**及0.067**。通过进一步的配对样本T检验，我们发现，民主社会主义思潮、民族主义思潮、实用主义思潮及其所指向的具体行为间存在显著性差异,且以上三种思潮与其所指向的具体行为的配对差值均值较大,分别为 -0.9836, -1.0958 及 -1.6923,这说明大学生并不清楚民主社会主义、民族主义及实用主义所指向的具体行为,对于这类思潮的认识程度不够,或者存在着误解,即并不是因为民主社会主义、民族主义、实用主义思潮与主流价值观内涵相似让人分不清,而是大多数大学生对这些社会思潮的认识不足,误将民主社会主义、民族主义、实用主义思潮与主流价值观混淆。

(6) 各种社会思潮对主流价值观认同程度的负面影响作用较小

皮尔逊相关性分析数据显示,各种社会思潮与主流价值观虽然均在99%的水平上呈显著负相关,但相关系数均小于0.3,这说明尽管社会思潮对于主流价值观造成了一定的冲击,即社会思潮确实会对主流价值观的认同程度产生负面影响,但这种影响并不是很大,这也说明了目前高校思想政治教育工作对大学生群体具有显著成效。

2. 对社会思潮和主流价值观认知与认同的人口学背景分析

本部分主要在政治面貌、班干部经历、信仰宗教等人口学背景下探讨陕西大学生价值观的基本状况和大学生群体在价值观上的差异特征。

(1) 政治面貌差异分析

经过方差分析,我们发现:在主流价值观认同程度上,不同政治面貌的大学生组间差异显著,$F(2, 11543) = 57.196$,$p = 0.000 < 0.05$;在社会思潮认同程度上,不同政治面貌的大学生组间差异显著,$F(2, 11543) = 11.981$,$p = 0.000 < 0.05$。由此可知,不同政治面貌的大学生在主流价值观认同程度、社会思潮认同程度方面均差异显著。从均值水平来看,政治素养越高的人,如共产党员与共青团员,对于主流价值观的认同程度越高,价值观受到各类思潮的冲击较小。

(2) 学生班干部经历差异分析

经过方差分析，我们发现：在主流价值观认同程度上，不同班干部经历的大学生组间差异显著，$F(1, 11544) = 38.222$，$p = 0.000 < 0.05$；在社会思潮认同程度上，不同班干部经历的大学生组间差异显著，$F(1, 11544) = 63.989$，$p = 0.000 < 0.05$。由此可知，有不同的班干部任职经历的大学生在主流价值观认同程度、社会思潮认同程度方面均差异显著。从均值水平来看，担任过或者正在担任班干部的大学生比未担任班干部的大学生的主流价值观认同程度高，也较少受思潮冲击并产生认同，这可能是由于班干部在管理班级、处理工作中更加倾向以主流价值观为导向，并且班干部与老师、辅导员接触更多，受到思想教育的时间更多。

(3) 宗教信仰差异分析

经过方差分析，我们发现：在主流价值观认同程度上，信仰与不信仰宗教的大学生组间差异显著，$F(1, 11544) = 129.179$，$p = 0.000 < 0.05$；在社会思潮认同程度上，信仰与不信仰宗教的大学生组间差异显著，$F(1, 11544) = 52.115$，$p = 0.000 < 0.05$；在社会思潮了解程度上，信仰与不信仰宗教的大学生组间差异显著，$F(1, 11544) = 9.664$，$p = 0.002 < 0.05$；在受社会思潮影响程度上，信仰与不信仰宗教的大学生组间差异显著，$F(1, 11544) = 12.146$，$p = 0.000 < 0.05$。由此可知，信仰与不信仰宗教的大学生在主流价值观认同程度、社会思潮认同程度、社会思潮了解程度、受社会思潮影响程度方面均差异显著。从均值水平可知，信仰宗教的大学生对主流价值观的认同度更低，更容易受到社会思潮的冲击。这可能是因为具有宗教信仰的大学生信仰的价值观与一些思潮的思想、价值、利益诉求等有吻合的地方，更容易受到思潮的冲击，更容易认同一些思潮。

3. 对社会思潮和主流价值观认同的教育背景分析

本部分主要在高校类型、学历水平、是否有过境外留学经历等教育背景下探讨陕西省大学生价值观的基本状况和大学生群体在价值观上的差异特征。

(1) 高校类型差异分析

经过方差分析，我们发现：在主流价值观认同程度上，不同高校的大学生组间差异显著，$F(1, 11544) = 31.564$，$p = 0.000 < 0.05$；在受社会思潮认同程度上，不同高校的大学生组间差异显著，$F(1, 11544) = 10.051$，$p = 0.002 < 0.05$；在受社会思潮影响程度上，不同高校的大学生组间差异显著，$F(1, 11544) = 13.368$，$p = 0.000 < 0.05$。由此可知，不同高校的大学生在主流价值观认同程度、社会思潮认同程度、受社会思潮影响程度等方面均差异显著。从均值水平来看，985、211院校学生明显比普通本、专科院校学生对主流价值观认同程度高，说明985、211院校在主流价值观的引导和教育上做得更为完善，或者学校主流价值文化氛围更为浓厚；而普通院校学生对社会思潮认同程度与受影响程度均得分较高，表明普通院校学生更容易受到社会思潮影响并产生认同，说明普通院校在对于如何坚持主流意识形态的引导和灌输，以及如何正确引导学生面对多元价值观方面还需要完善与加强。

(2) 学历水平差异分析

经过方差分析，我们发现：在主流价值观认同程度上，不同学历的大学生组间差异非常显著，$F(2, 11543) = 30.640$，$p = 0.000 < 0.01$；在社会思潮认同程度上，不同学历的大学生组间差异显著，$F(2, 11543) = 49.301$，$p = 0.000 < 0.01$；在社会思潮了解程度上，不同学历的大学生组间差异显著，$F(2, 11543) = 34.548$，$p = 0.000 < 0.01$。由此可见，不同学历的大学生在对主流价值观认同程度、社会思潮认同程度和社会

思潮了解程度上差异显著。从均值来看，学历为博士、硕士的大学生的主流价值观认同程度得分较高，说明其对主流价值观更加认同；学历为博士的大学生的社会思潮了解程度得分最高，说明其对社会思潮了解程度最高，这是因为博士生有更多机会接触新鲜事物，视野更加开阔。

（3）是否有境外留学经历差异分析

经过方差分析，我们发现：在主流价值观认同程度上，大学生有和没有过境外留学经历差异显著，$F(1,11544)=6.235$，$p=0.013<0.05$；在受社会思潮影响程度上，大学生有和没有过境外留学经历差异显著，$F(1,11544)=34.011$，$p=0.000<0.01$。由此可见，有和没有过境外留学经历的大学生在主流价值观认同程度和受社会思潮影响程度上差异显著。从均值水平来看，有过境外留学经历的大学生对主流价值观认同程度得分极高，说明境外留学并不会影响大学生对主流价值观的认同，反而会使大学生视野更加开阔。有过境外留学经历的大学生受社会思潮影响程度的得分显著低于没有过境外留学经历的，说明视野更加广阔使得有过留学经历的大学生对文化包容性更大，辨别是非能力也更强，更容易提升对主流价值观的认同感。

4. 对社会思潮和主流价值观认同的家庭文化背景分析

本部分主要在父母职业类型、父母政治面貌等家庭文化背景下探讨陕西省大学生价值观的基本状况和大学生群体在价值观上的差异特征。

（1）父母职业类型差异分析

经过方差分析，我们发现：在主流价值观认同程度上，父母不同职业类型的大学生组间差异显著，$F(3,11542)=14.802$，$p=0.000<0.01$；在社会思潮认同程度上，父母不同职业类型的大学生组间差异非常显著，$F(3,11542)=10.408$，$p=0.000<0.01$；在受社会思潮了解程度

上，父母不同职业类型的大学生组间差异非常显著，F（3，11542）= 19.086，p = 0.000 < 0.01；在受社会思潮影响程度上，父母不同职业类型的大学生组间差异非常显著，F（3，11542）= 33.954，p = 0.000 < 0.01。由此可见，父母不同职业类型的大学生对主流价值观认同程度、社会思潮认同程度、社会思潮了解程度和受社会思潮影响程度差异均显著。从均值水平来看，父母都是军人、公务员、事业单位或国企人员（含已退休）的大学生主流价值观认同程度最高，受社会思潮影响程度最低，父母都无正式职业的大学生主流价值观认同程度最低，受社会思潮影响程度最高，说明父母知识水平高有利于引导大学生建立正确的主流价值观，更不易受社会思潮的影响。且父母都无正式职业的大学生更容易接触到社会思潮，且父母在引导孩子形成正确价值观方面有欠缺，导致这部分同学明辨是非能力有限，更容易受到社会思潮的冲击。

(2) 父母政治面貌差异分析

经过方差分析，我们发现：在主流价值观认同程度上，父母不同政治面貌的大学生组间差异非常显著，F（2，11543）= 10.015，p = 0.000 < 0.01；在社会思潮认同程度上，父母不同政治面貌的大学生组间差异非常显著，F（2，11543）= 8.495，p = 0.000 < 0.01；在社会思潮了解程度上，父母不同政治面貌的大学生组间差异非常显著，F（2，11543）= 53.598，p = 0.000 < 0.01；在受社会思潮影响程度上，父母不同政治面貌的大学生组间差异非常显著，F（2，11543）= 51.530，p = 0.000 < 0.01。由此可见，父母不同政治面貌的大学生对主流价值观认同程度、社会思潮认同程度、社会思潮了解程度和受社会思潮影响程度差异均显著。从均值来看，父母都是中共党员的大学生主流价值观认同程度最高，受社会思潮影响程度明显低于另外两组，说明父母都是共产党员所营造的家庭氛围对引导大学生形成正确的主流价值观

有正向作用，更能使大学生不受社会思潮的影响；父母都是群众的大学生社会思潮认同程度较高，社会思潮了解程度较高，说明这部分同学更容易接触社会思潮并受到冲击，且这部分学生的父母在引导孩子形成正确价值观方面有欠缺。由此可见，父母接受更多的党政教育对塑造孩子正确的价值观、选择力和判断力有显著作用。

第四节 社会思潮影响下共青团实践育人的路径策略

当今世界处于百年未有之大变局，世界进入动荡变革期，国际格局发展演变复杂。我国进入新的发展阶段，同样也面临着新的机遇和挑战，需要不断提高抵御负面社会思潮侵蚀的能力，有效进行社会思潮引领与治理。这是一项复杂的系统工程，需要加强顶层设计、政策支持和技术支撑。有效回应大学生对社会思潮的困惑、帮助大学生树立正确的价值观，需要高校、社会、家庭、学生等多主体协同发力、多管齐下，不断创新方式方法，占领互联网舆论宣传阵地话语权和主导权，共同推进社会主义核心价值体系建设和社会主义核心价值观的传播，同时需要加强制度建设和法制建设，加强对社会思潮的理论研究，不断总结实践经验，方能在高校大学生中实现社会思潮有效治理和科学引领。

一、构建多主体协同参与的治理格局,增强治理牵引力

中国共产党是中国特色社会主义事业的领导核心,党的直接和坚强领导为社会思潮治理提供了根本性的政治保障和遵循。高校的根本任务是立德树人,是对大学生开展思想政治教育、进行育人工作的主阵地,更是与不良社会思潮开展斗争、引领正确社会思潮的战斗堡垒。同时社会、家庭、学生个人等主体也要充分发挥作用,共同参与对社会思潮的治理。只有做到多主体协同参与、积极配合、关联互动,全方位纠正大学生中出现的各种错误思想认识,才能真正为学生"扣好人生的第一粒扣子"。

1. 发挥党在高校社会思潮治理中的领导作用

习近平总书记指出:"高校党委对学校工作实行全面领导,承担管党治党、办学治校主体责任,把方向、管大局、作决策、保落实。"[①]面对多种社会思潮不断冲击碰撞的现状,高校党委始终发挥着"定盘星"和引领的作用,是有效顺应高校治理现代化发展趋势,确保高校立德树人根本任务实现的根本保障。调查发现,共产党员对于主流意识形态的认同程度高、受社会思潮影响小,且大学生普遍认为党团组织的思想引领作用整体较好,说明针对党员的政治教育和政治学习对于抵制不良社会思潮影响有较为突出的作用,但是对于非党员的共青团员、群众等大学生,其教育和引导工作仍有提升的空间。调查还发现,现有的思想引领方式落伍、载体单一,无法引起学生兴趣的问题较为突出,其深层次原因为党团组织在基层支部的联系动员、组织教育作用还未充分发挥出来。

---

① 《把思想政治工作贯穿教育教学全过程 开创我国高等教育事业发展新局面》,来源:人民网,2016年12月9日,网址:http://politics.people.com.cn/n1/2016/1209/c1001-28936072.html。

高校党委作为社会思潮多元主体协同治理中的领导者，首先要明确社会思潮治理与高校意识形态工作的密切联系，明确政治责任和权力归属，在此基础上，要把顶层设计、组织领导与科学治理有机结合起来，把制度建设作为加强大学生思想政治教育的有效抓手；要进一步强化高校课程中思政教育方面的建设，加强对于学生的教育、引导，使其坚定共产主义信仰，筑牢思想防线，更好地分辨不良社会思潮的实质、认识其危害，帮助他们在思想摇摆的阶段抵御不良思潮的冲击与干扰；要加强学校的师风师德建设和对授课教师，尤其是思政课教师的思想政治素质把关；要规范大学生社会思潮获取和传播的途径，有针对性地解决各种现实困难；要发挥政治优势和组织优势，加强党对意识形态工作的领导，充分发挥共青团作为党的助手和后备军的作用，加强针对共青团员与群众的思想政治教育，积极做好思想引导、理论宣传工作；要建设有效的多元主体参与治理机制，高校党团组织、教师、管理服务人员等与社会、家庭等主体协同发力，发挥全员育人的合力，减少错误思潮等的思想入侵。

2.发挥高校在社会思潮治理中的主导作用

高校的根本任务在于立德树人，高校是大学生思想政治教育工作的主阵地。高校需构建全过程、全方位的治理系统，将社会思潮治理融入学校的教学管理、学生管理、后勤服务等各环节和方面。调查发现，学生认为思政课教师、同学、辅导员、党团干部、研究生导师等主体对其价值观形成影响很大。在对于主流价值观的认同方面，学生干部等经常与辅导员、老师沟通工作和进行接触的学生的认同程度要显著高于其他学生。

高校作为社会思潮多元主体协同治理的主体，要不断创新高校思想政治理论课，将马克思主义、中国特色社会主义理论体系与学生的思想、实际生活紧密联系起来；要运用科学理论回答学生最关心的、最现实的问题，真正地将思政课融入学生的头脑之中，而不是做简单的意识形态灌输，从而真正发挥思想政治理论课对于加强主流意识形态教育的阵地作用；党政干部、辅导员等要密切与学生的联系交流，在平时的工作或组织活动的过程中，积极关心学生特别是有宗教信仰学生的思想动态和学习生活状态，对一些思想不坚定或者生活迷茫的学生要及时给予价值引导，帮助其形成正确的价值判断；要推动社会主义核心价值体系融入学校教学课堂过程、大学生社会实践过程、高校学生管理和服务过程、校园文化建设过程等，通过开展与大学生日常生活密切相关的工作，对大学生的思想和行为进行潜移默化的引导；要积极普及我国具体的宗教政策以及高等学校对于学生的管理规定及要求，让学生了解一些校园宗教政策的常识性问题，比如共产党员不能信教、校园内禁止一切形式的宗教活动、不能在校园内传教等，加强学生教育管理，确保作为未来社会建设的中坚力量的大学生不会受到别有用心的渗透与引导。

3. 发挥社会主体、大学生主体等的参与作用

社会环境对于大学生价值观的形成有举足轻重的作用。党的十九大以来，国家经济大发展、人民生活水平不断提高，经济发展为精神文明建设夯实了物质基础，营造了良好的社会文明氛围。国家应继续推动巩固拓展脱贫攻坚成果与乡村振兴相衔接，不断提高社会总体生产力，从而进一步助推主流意识形态建设。

要重视家庭教育，注重父母的言传身教。调查显示，父母有正式职业的大学生对主流价值观更加认同，同时更不易被社会思潮所影响，由此可见家庭环境会影响大学生对社会思潮和主流价值观的认知认同程度。调查还显示，父母职业是军人、公务员、事业单位或国企人员等的，其孩子的主流价值观认同程度更高，也更不易受社会思潮影响。父母对自己、对他人、对社会以及对其他客观事物和行为的态度和评价，体现着一定的思想观点、政治准则、道德规范和行为方式，这种结合日

常生活而进行的家庭教育无疑对大学生价值观的形成具有影响。所以父母要发挥自己的导向作用,注重言传身教,在家庭教育的日常实践中实现对学生的培育、培养。

要发挥大学生主体性作用。大学生作为社会思潮的传播的重要主体之一、决定未来社会思潮走向的主要力量,也是社会主义核心价值体系指导和教育的重点对象。调查显示,部分学生在对社会思潮的了解程度较低的情况下,对社会思潮的认同程度却较高,看似矛盾的现象体现的是大学生明辨是非的能力有待提高,对主流价值观以及社会思潮的划分和认知能力较弱。大学生首先要提升明辨是非能力、判断力、选择力,理性看待各种新兴意识形态,树立正确价值观念。其次要开阔视野,放大格局。调查显示,有过境外留学经历、担任过班干部的大学生对主流价值观更认同并且更不易受社会思潮的影响,这是因为其接触新鲜事物的机会更多,视野更加开阔,思想格局也被拓宽了。所以大学生应多参与不同类型的名家讲座、社会实践、学术交流等,以实践的切身感受增加主流价值观认同度。最后,要加强理论学习,提高文化修养。调查显示,学历更高的学生对主流价值观的认同程度更高并且更不易受到社会思潮影响。这是因为理论学习鼓励怀疑精神和批判精神。大学生需要转变思维定式,形成批判性思维、发散性思维和自主性思维,所以应坚持终身学习,通过不同渠道学习文化知识,不断提高自身思想素质修养。

二、推动社会主义核心价值观深入传播,提升治理影响力

社会主义核心价值观是社会主义意识形态的本质体现。加强社会主义核心价值观在大学生当中的宣传和教育对抵制不良社会思潮产生的负面影响有着重要作用。高校要用马克思主义的基本理论、中国特色社会主义共同理想、社会主义核心价值观等来武装大学生的头脑、凝聚大学生的思想、鼓舞大学生的斗志、规范大学生的行为,引领大学校园文化

不断向积极的方面发展。高校必须坚持发挥思政课主渠道作用，创新教学内容、改善教学方法、优化教学模式，实现与"课程思政"的协同。同时，还要优化其他各类主流意识形态宣传渠道，积极引导学生加强"五史"学习、涵养爱国情怀。

1. 加强"五史"教育学习

历史是人类最好的老师，以史为鉴，查知往来，才能创造更加美好的明天。深入学习党史、新中国史、改革开放史、社会主义发展史、中华民族发展史，有助于大学生筑牢抵御历史虚无主义思潮的防线，坚定理想信念，厚植爱国情怀，发奋成长成才，真正做到知史爱党，知史爱国，知史担责。

中国共产党已走过了百年历史，百年光辉历史里镌刻的红色精神熠熠生辉。要加强引导大学生认真学习党的光辉历史，深刻理解党的光荣传统、宝贵经验、伟大成就，同时要结合各地丰富的红色教育资源，传承红色基因，将之带到新发展阶段的新任务、新实践中去。

调查发现，有极少数学生受历史虚无主义影响，容易产生错误的判断。高校应当在教学中加强对大学生唯物史观的教育，要认真介绍历史虚无主义思潮的主要表现、主要观点、传播方式和特点等，说明其危害，引导学生树立唯物主义历史观，使其具备历史思维能力并能认清历史和现实的问题。要加强"五史"教育，并使之常态化、日常化，使"五史"学习成为大学生的思想共识和自觉行动。要开展丰富的校园文化活动，引导大学生多阅读传播正能量、有益于大学生确立社会主义核心价值观的图书、杂志。要多组织大学生观看体现爱国主义，反映党的奋斗历程，讴歌我国社会主义建设、改革、发展伟大成就的影视作品。

同时，要引导学生学思践悟，将"五史"教育学习融入研学实践。教学实践活动是提升学生兴趣、深化课堂教学成果的重要途径，可以课堂讨论、观摩影视作品，也可以走出校园参观考察。比如，陕西省历史悠久，文化底蕴深厚，更是全国红色文化资源丰富的地区之一，其红色文化资源涵盖了中国革命的各个时期，是进行"五史"学习教育得天独厚的地区。通过参观走访中国近现代社会和中国革命建设改革的场所，翻阅文字资料，可以使历史具体化、可视化，使学生感受到历史的真实；通过组织学生就近参观红色教育基地，进行情景教学，能够帮助学生深入了解中国的国情；通过用好用活线上线下红色资源，组织开展"网上重走长征路"等活动，也能引领大学生正确对待历史，揭穿历史虚无主义制造的种种迷雾，坚定不移地走中国特色社会主义道路。

2. 加强大学生爱国主义教育

爱国主义是中华民族的民族心、民族魂，是中华民族最重要的精神财富。当前，中国进入新发展阶段，中华民族伟大复兴正处于关键时期，爱国主义并没有过时，加强爱国主义教育正当其时、意义深远。

一是要建设好学校思想政治理论课，加强大学生爱国主义教育。要强调爱国、爱党、爱社会主义是三位一体、高度一致的，使学生深刻领会每个人的前途命运都与国家和民族的前途命运紧密相连，深刻领会空谈误国、实干兴邦的真理，大力弘扬爱国主义，倡导理性民族主义。要引导学生站在全球化的大环境，站在历史的高度上，认识世界，既有立足民族利益、胸怀祖国的民族精神，又拥有全球视野。同时要及时给予大学生正确全面的信息，以免大学生受到不理性的民族主义思潮的影响。

二是要创新爱国主义教育形式。据调查，"大力开发并积极推介体现中华文化精髓、富有爱国主义气息的网络文学、动漫、有声读物、网络游戏、手机游戏、短视频"是最受学生欢迎的教育方式。现在大学生的学习方式更加倾向于网络学习，因为网络学习时间自由、资源多、信息量大，而且学习地点没有限制，有开放的学习形式。高校可以采用民主、创新的形式，以具有新奇性、观点新颖、通俗易懂作为特点，对错误思潮进行批评反驳，也可以将"三会一课"、党日团日等活动上升至思想理念层面，营造主流价值观浓厚的培育氛围。

三是要加强爱国主义网络内容建设。高校要广泛开展线上线下结合的主题教育，加强网络阵地建设，及时、科学地解答大学生通过网络反映出来的各种矛盾和问题，引导学生理性爱国、坚定理想信念、立志刻苦学习、积极投身实践，不断提升个人能力和素质，尽力做好日常学习和生活中的每一件小事，让青春绽放在祖国、党和人民最需要的地方，为把国家建设好、发展好而努力奋斗。

3. 推动"思政课程"与"课程思政"协同育人

思想政治理论课是大学生必修课程，是帮助大学生形成正确价值观的课程。高校要通过思想政治教育实现对马克思主义基本原理的传播，对社会主义核心价值观的传播，以提高当代大学生的理论素养。要把重点放在党的十九大以来所提出的习近平新时代中国特色社会主义思想的宣传和普及上，促进大学生对中国特色社会主义理论体系的学习，同时还要注重研究不良社会思潮对当代大学生的影响。调查结果显示，一小部分学生认为马克思主义理论对于当代大学生理想信念的影响比较弱，学生十分希望高校能够加强思想政治理论课堂教学和课程思政建设，改善思政课堂和专业课堂的教学内容迫在眉睫。另外，思政课的教学机制、教学模式、教学理念也需要引起关注。

调查结果显示，以往常规教条的学习模式对大学生的吸引力逐渐减小。教无定法，内容为王，完善学习内容、丰富学习形式的步伐已势不可挡。思政教育教学内容应与时俱进，坚持理论联系实际，增强理论教学的针对性和实效性，丰富自身的理论底蕴和时代价值。高校可以用改革思政课堂教学模式、完善教学机制、更新教学理念等方法增强思政课教学效果，改变灌输式教学，在课堂上设置有趣的环节，运用互联网等新技术、新手段，满足学生兴趣，在理论教学的同时进行理论知识实践，在知识教育的同时进行价值观教育，充分发挥思政课堂的引领作用，让学生从实践中认识人生价值观教育的意义，培养正确价值观。这样做不仅强化了宣传效果，也筑牢了大学生抵御不良思潮影响的防线。此外，要深入挖掘各类课程的思想政治教育资源，精心设计实践育人课程内容，引导学生在实践中认识各类社会思潮，在专业知识教授中提升大学生对主流社会意识的认同感和接受度。

高校应当保证思政教师的充足比例，搭建良好平台，加强课程建设。同时，思政课教师与思想政治工作者要了解，一味地枯燥说教和系统研究的不足难以取得思想活跃的大学生群体的认可，必须立足时代要求，深刻掌握理论，这样方能帮助大学生识别社会思潮本质，增强其对主流价值观念的认同。此外，要完善课堂教学建设管理，充分发挥其主阵地作用。由于价值观念和意识形态从理论上讲往往比较宏观、抽象，大学生由于生活经验有限，难以从生活现象中发掘其本质，就需要教师创新表达方式，将科学性与趣味性适度结合，深化课程内涵，在课堂教学中引入社会现象，由现象发掘本质，由本质溯源理论，由理论深化认知，更好地完成立德树人根本任务，提升教育效果。

三、创新大学生思想政治引领方式，激发治理驱动力

在各类社会思潮此消彼长的时代，坚定社会主义核心价值观无疑是高校思想政治教育的核心。高校需要在思想活跃的大学生群体中，多渠道、多方式不断提升宣传效果，通过贴近生活、贴近大学生、贴近实际，采取大学生喜闻乐见的表现形式，来加强思想政治引领，培育大学生抵御不良思潮的能力，使大学生真正成为马克思主义和中国特色社会主义共同理想的坚定信仰者、民族精神和时代精神的积极弘扬者、社会主义核心价值观的自觉践行者，从而积极推动主流社会思想的传播。

1. 占领网络阵地，加大正面宣传、引导和阐释

社会思潮通过多样化的网络媒介影响大学生，恰好与学生群体的多样化信息需求不谋而合。网络媒介图文并茂的方式更引人注目，所以高校也要利用网络媒介的便捷多样性提高大学生主流价值观认同度，辨别不同社会思潮的好与坏。主流价值传播的网络环境错综复杂，有效利用网络已是不可忽略的一个话题。高校可以更好地运用网络、微博、微信等新媒体主流话语平台，对网络热点问题及言论做快速反应、积极论辩，采用渗透式宣传，突破"红专正"的宣传模板，不断丰富和改善自身的话语形式，努力实现理论话语与生活话语的对接，以更加生动活泼、更接地气、更适应年轻人的话语风格来展开教育。只有有针对性地对学生开展教育，才能产生良好的话语效果，引导学生树立正确的立场、观点和方法，筑牢思想防线，提高网络免疫力。高校以及高校思政教师要进驻大学生喜闻乐见的网站、新媒体平台，要敢于发声亮剑，善于解疑释惑，使主流价值观念在大学生所在之处均能找到、听见，还能点赞。

2. 拓展实践载体，创新开展社会实践、志愿服务、劳动教育

高校应加强理论与实践相结合的思政教育，思政课堂要让学生认识社会思潮的概念和定义，还要结合社会思潮所指向的具体行为，通过思政课教学、开办讲座等形式，让学生在实践中不断提高思想觉悟、政治素质、道德境界，不断提升对社会主义核心价值体系的认知能力和运用能力，更加充分地认识到各类社会思潮的本质。高校也要以社会实践教育为途径，带领学生体验民情、国情，着重增强学生的历史使命感与社会责任感，使其培养集体主义意识，甄别摒弃错误社会思潮。

根据调研结果来看，面对多样化的社会主义核心价值观的培育方式，大学生的喜好存在一定的差距，但是差距不大。比起由党团组织发

挥模范标杆作用等的方式，学生们更青睐于自己能够主动参与学习社会主义核心价值观的方法，比如加强高校的思想政治教育和课程思政建设，增加更有趣味性的内容，可以让学生更乐于参与；同样的，相较于线上加强社会主义核心价值观教育的方式，学生们更喜欢线下实际感受、参与社会主义核心价值观学习的途径，比如打造校园文化精品活动，加强社团组织管理，积极开展社团活动、志愿服务活动等，都有效地培育学生的社会主义核心价值观。

高校要用好"全国大中专学生暑期'三下乡'""七彩假期""西部计划""关爱行动"等活动抓手，通过组织学生深入社会工作一线，提升学生生活阅历，体验改革开放带来的社会变革，增强大学生对党的基本路线、基本纲领和奋斗目标的理解。要开展劳动教育，使学生通过志愿服务走近弱势群体、困难群众，培养学生自立自强、友爱奉献的精神品质，增强学生的社会责任感。要通过参观革命圣地、历史古迹等，使学生理性思考、集体协作，增强大学生的爱国热情，弘扬民族精神。由此可见，除了"第一课堂"思政课堂可以培育学生的价值观以外，"第二课堂"也可以成为促进学生全面发展，培养其社会主义核心价值观的重要抓手。

3. 注重以文化人，持续加强高校校园文化建设

大学校园文化是高校精神风貌的展现，也是大学精神文明建设的重要内容。高校要结合"第二课堂"优势，打造学生校园文化精品活动，例如举办关于"社会主义核心价值观""中国梦"等主题的比赛，让学生结合社会和国家变化，发表自己的看法和感悟，使社会主义核心价值观根植于学生内心。要加强学生社团建设管理，通过社团开展志愿服务活动、社会实践活动、社团活动等，通过社团组织以及朋辈的思想引领作用来增强"第二课堂"对学生主流价值观的培育作用。

此外，要加快推进学生会改革，加强大学生的自我组织、自我管

理、自我服务能力；要加强校报、校刊、校内广播电台、校内电视台等媒体的建设，优化传播内容，规范传播方式；要加强榜样选树宣传工作，选树大学生身边可感可亲、可信可学的先进人物；要通过形式多样、丰富多彩的文体活动，丰富大学生的校园生活，倡导科学、文明、健康的生活方式；要通过文学、音乐、戏剧、电影等文化作品的欣赏活动，影响和感化大学生。

四、加强思潮治理制度建设和理论研究，提高治理支撑力

一种思想的形成，受内在因素如个体积极主动实践的影响，也受外在因素如环境熏陶、制度规范、教育灌输等因素的制约。要加强社会思潮治理，就要制定具体的法律法规和制度政策，使社会主义核心价值体系牢牢占据教育主阵地和舆论主渠道，使其能够以强大的理论号召力与政策强制力，消解与社会主义核心价值体系相悖，甚至敌对的社会思潮。

1. 加强当代社会思潮治理制度建设

对社会思潮进行治理，不是简单地否认多样化社会思潮，而是要在多样化思潮中确立社会主义核心价值体系的主导地位，最大限度地寻求价值共识，同时抵制错误思潮的传播，削弱不良思想观念的影响。社会思潮总是随着社会现象的产生、变化而产生、变化的，在一定时期会经历萌芽、形成、发展、衰退四个阶段。在社会思潮萌芽阶段的预测、在形成阶段的判断、在发展阶段的引导，应始终紧扣社会思潮轨迹。但一个完善的系统，最终都会走向衰落，社会思潮也是这样的发展趋势。随着互联网的发展，在现实生活当中，大学生常常也在不知不觉地受到网络中社会思潮的影响，但由于大学生更关注日常生活、就业等现实性针对性强的信息，以至于某些不良社会思潮摆在他们面前时，他们也不能清晰地辨别。

社会环境及网络环境复杂多变，因此，我们不得不将制度建设和法治建设作为抵制不良社会思潮的屏障。高校可以将社会思潮治理提升到规章制度的层面，制定出一系列的条款，让其成为大学生多元培养路径的最后一道防线。社会思潮治理应紧跟国家治理体系与治理能力现代化的步伐，依法行事不只是对社会主义核心价值观培育负责，更是对大学生的健康成长负责。

高校要建立社会思潮的监测和评价制度，定期检测社会思潮的发展动向，在易受攻击群体中也要做好思想的日常防护工作，增强大学生对主流价值观的认同感，削弱不良社会思潮的冲击。所以，我们在必要时需加强法律引导，制定相关的政策法规，这样不仅可以避免因社会思潮的影响而引发社会动荡，也可以规范各类思潮的发展变化轨迹，最终形成刚柔并济的治理方略。

依法治理始终是保护主流价值观的有力武器，网络空间也需要构建体制机制来作为"空间净化机"规范流程。因此要加快推进网络宣传相关立法，旗帜鲜明地规定"坚持什么、反对什么、倡导什么、抵制什么"等，出台网络传媒相关法律规范，围绕防风险、化隐患等关键问题，做出系统性的制度安排，在信息发布、信息审核、信息监管等各个环节强化管理。

2. 加强当代社会思潮治理理论研究

社会思潮多元化是社会发展的必然结果，我们要承认并接受社会思潮的多元化这一客观事实。社会存在决定社会意识，改革开放以来，市场经济的迅速发展、经济体制的深化变革、社会结构的深层变动、利益格局的深度调整都决定着社会思潮必然会发生相应的变化。

对社会思潮的理论研究及对其本质的深度挖掘，是对大学生价值观产生影响的基础，所以，我们无论是从"引领范式"还是"治理范式"出发，都离不开对社会思潮的本质研究。我们要掌握各种社会思潮本身发展的轻重缓急、标本关系，坚持从本源出发，明晰各类思潮的本质及影响力，提取对于大学生价值观发展有利的层面，而不是"一刀切"式地斩断所有社会思潮的发展空间。要抓住事物的相对关系，瞄准各类社会思潮之间以及思潮与大学生价值观之间的主客关系，将侧重点放在源头与本质的位置，兼顾主次矛盾，唯有如此才能将社会思潮进行滴灌处理，有针对性地预防和解决可能由错误思潮带来的不良影响。因此，对社会思潮的理论研究和本质挖掘要进行深刻准确的阐释，做引领大学生价值观发展的总抓手和先行旗。同时对于一些极度嚣张的社会思潮，不能听之任之被动回应，而要积极地主动亮剑、主动发声，即运用马克思主义的立场、观点和方法，深入研究和分析社会思潮的理论内容，以学术探讨作为依托，以各种宣传手段作为方式和抓手，展现马克思主义的科学性、批判性和革命性的强大威力。

第五章

高校共青团"第二课堂成绩单"在实践育人中的运用

第一节　高校共青团"第二课堂成绩单"制度的探索现状

高校共青团"第二课堂成绩单"制度是团中央、教育部在2016年启动的一项改革创新工程，旨在充分借鉴第一课堂教学育人机理和工作体系，整体设计高校共青团工作内容、项目供给、评价机制和运行模式，实现共青团组织实施的思想政治引领、素质拓展提升、社会实践锻炼、志愿服务公益和自我管理服务等第二课堂活动的科学化、系统化、制度化、规范化，实现高校学生参与共青团第二课堂的可记录、可评价、可测量、可呈现。

一、"第二课堂成绩单"制度的实质内涵

我国著名的教育学家朱九思等人提出的"第二课堂"这一名词，从字面意思上看即是第一课堂以外的课堂。人们给第二课堂定义为：区别于传统教学模式之外的、能够对学生产生积极引导、促进其健康发展的课外活动。

"第二课堂成绩单"制度在高校中十分适用，它主要包括了专业学习能力培养、思想政治素养培养、创新创业能力培养等多方面的内

容。在第二课堂教学工作开展过程中，学生们可以根据自身兴趣抑或是自身专业对第二课堂教育内容进行有选择的学习，并在学习这些内容后获取相对应的学分。高校在这方面需要进行明确规定，对不同年级学生第二课堂需要获取的学分做有层级的区分，使得学生能积极参与到第二课堂相关教学活动中，促进大学生实现自身的全面发展。

2016年12月，习近平总书记在全国高校思想政治工作会议上指出，"各高校要加强和重视开展第二课堂建设"。运用"第二课堂成绩单"制度的主要目的就是为第一课堂的教育教学工作作出补充，以不同的形式、内容来打破第一课堂在教学环境、教学方式上的局限性，从而推动高校各项教育教学工作切实提升，使高校立德树人目标能够真正得以实现。"第二课堂"与"第一课堂"是相对比来说的，"第二课堂"就是指在日常传统的课堂教学任务以外有明确目的、应对计划、组织方式，在学生中开展的具有思想性、实践性、自主性、文艺性、创造性等的多种多样的教育实践活动。第二课堂具有娱乐性、知识性、学术性、政治性、服务性等特点，侧重于"德育""体育""美育""劳育"，注重兴趣、体验、互动，在时空上更为开放，载体上更为丰富，更注重综合素质提升。第二课堂对于大学生培育创新开拓性思维、提升动手实践能力、增强艺术文化修养、做好心理咨询辅导等方面都具有显著优势，在提高学生思想政治觉悟、道德文化修养方面不可或缺。

第二课堂对于第一课堂是有效的补充与延伸，"立德"与"树人"两大教育任务可以通过第一课堂与第二课堂的相互联系来实现。这一联系给实践育人工作打下坚实基础，使得学校各部门可以凝聚教育合力，打造培养全面发展的高素质、高修养、高文化人才的重要平台。

二、"第二课堂成绩单"制度的发展历程

从20世纪80年代开始，我国就对第二课堂进行了研究。1977年我国恢复高考制度后，教育部在恢复高等学校学科课程的基础上，开启了对教育改革的探索——第一次全国教育工作会议的召开开启了我国素质教育的发展之路。"第二课堂"的概念最早在1983年由教育学家朱九思在《高等学校管理》一书中提出，并阐释了第二课堂在高等学校管理和促进学生发展中的作用，以及第一课堂和第二课堂的相互作用关系。

进入21世纪，党和国家对高校学生综合素质能力培养的重视程度提升，高校也逐步认识到第二课堂对于构建高校人才培养体系具有不可替代的作用，开始了对第二课堂的探索。2002年，为全面落实《中共中央国务院关于深化教育改革全面推进素质教育的决定》，共青团中央、教育部以及全国学联提出了大学生素质拓展计划，从大学生成长成才的根本需要出发，将开发大学生的素质作为重点内容，主要围绕职业设计指导、素质拓展训练、建立评价体系、强化社会认同四个环节进行，注重三个结合，即课内外相结合、第一课堂与第二课堂相结合、学习与实践相结合，进一步整合深化教学主渠道外有助于学生提高综合素质的各种活动和工作项目，引导和帮助广大学生提高思想道德素质和科学文化素质，增强大学生自主创业就业的能力，提高大学生进入社会的适应能力和在社会中的综合竞争力，实现全面成长成才。

在实施"大学生素质拓展计划"的基础上，团中央开始推广运用用学分制计量大学生素质教育情况这一方法。在我国不同区域的一些大学，结合自身的实际发展情况，制定了符合自身的计划，并且在这一过程中，推动大学生素质拓展活动教育学分制改革创新方案的具体施行，在人才培养的内容中加入素质拓展学分这一部分，并把这种学分纳入学

生综合测试评价系统，录入学校教学管理体系之中。一部分人把这种方案称为"第二课堂成绩单"制度的"前身"。经过了十余年的探索与发展，团中央于2014年4月提出实施高校"第二课堂成绩单"计划，并在全国范围内进行试点。2016年3月，团中央学校部举行了共青团"第二课堂成绩单"制度工作座谈会议，提出了高校共青团革新创造工作的重点内容，"第二课堂成绩单"制度开始在全国高校推行，使得大学生素质拓展活动教育培养过程更加科学化、合理化、具体化、明确化，能够更加直观地体现大学生的综合素质拓展能力。2018年，共青团中央、教育部联合发布实施高校"第二课堂成绩单"制度，明确其实施意义、要求、内容、目标等，为各个高校加强"第二课堂成绩单"建设提供了具体的工作方向指引。2021年5月，团中央发布《深化高校共青团"第二课堂成绩单"制度工作指引》，要求以习近平总书记关于青年工作的重要思想和关于教育的重要论述为根本遵循，进一步提升"第二课堂成绩单"制度在学校立德树人任务中的贡献度，并要求用三年时间推动此项制度覆盖全国80%以上的高校。目前，各大高校结合自身情况、所处的不同地区形成了各具特色的第二课堂模式，在极大程度上提升着第二课堂的科学化和制度化的程度，"第二课堂成绩单"逐步成为能够在一定程度上体现学生综合素质修养和学校人才培养水平的重要指标。

三、"第二课堂成绩单"制度的运行现状

1. 内容板块构成

活动分类在"第二课堂成绩单"制度中是极其重要的构成要素。第二课堂活动的设计过程是复杂的，在这一过程中，培养学生自主学习能力是重点。高校采取了一系列具有多元性和复杂性的活动来培养学生

的自主学习能力。根据团中央学校部所提出的相关意见，多数试点高校"第二课堂成绩单"的内容都包括了以下七大模块，即"思想成长""实践实习""志愿公益""创新创业""文体活动""工作履历""技能特长"。

2. 科学标准化发展

国内各大高校共青团在进行"第二课堂成绩单"制度建立和推进"第二课堂"制度实施过程中，均希望促进这一项目长期稳定发展，激发学生在日常教学过程中对于第二课堂活动的激情。部分院校规定学生在校期间不仅要将专业课堂规定的学分修完，而且必须修够达到最低标准以上的第二课堂活动的学分才能顺利毕业。学生不能选择单一的第二课堂活动，而要在开设的各类第二课堂活动中，对每一大类都有选择，保证各个类别的第二课堂活动都能够达到相应的分数。这一规定在目前看来是十分科学有效的，它在一定程度上促进了高校共青团工作的转型升级，使得高校共青团的工作更加科学化、标准化。

3. 信息技术更新

诸多高校都基于网络信息平台，搭建了具有自身特色的第二课堂管理体系，有效提高了"第二课堂成绩单"制度的建设效率与建成质量。对于学生而言，这种管理体系改善了用户体验，对于老师而言，这种管理体系减少了管理的工作量。比如，同济大学在网络信息高速发展的大背景下，基于新媒体信息化手段开发平台，不仅可以为学生们提供学业成绩单，也可以为其提供成长经历证明，以全方位、多角度反映学生在校的发展情况并作出总结评价，绘制学生在校期间的成长"年轮"，为用人单位了解学生提供了强有力的数据保障，有效地提高了学生就业签约率。对外经济贸易大学搭建了"活动平台＋学分考核+网络认证"三大核心系统,全面对接其当前信息化体系的活动平台,把团学事务做成一站式服务,追踪学生参与的变化和趋势,改进升级第二课堂活动项目,并设定周期对学生的得分情况进行监控与反馈,反馈结果生成"第二课堂成绩单",这也是这一阶段大学生专属的"素质拓展证书"。

四、"第二课堂成绩单"制度的实施难点

对高校"第二课堂成绩单"制度进行创新与实践是落实习近平总书记对高等教育和大学生成长成才的要求,持续推动高校思想政治工作改革创新、深度融入高等教育综合改革、不断完善学生发展服务体系的迫切需要。各高校"第二课堂成绩单"制度在发展过程中因外界及内部原因,在实施开展中主要面临以下痛点。

1. 受众群体覆盖有限,辐射力度仍需提升

部分高校由于自身条件的限制,导致其第二课堂制度浮于表面、流于形式,第二课堂教学开展不够深入,缺乏思想,未能充分考虑到活动普及性的问题。各组织、各学院各自开展内部活动,限定参与对象,活动辐射面较窄,参与活动的学生人数有限,使得一些品牌活动虽然反响不错,但是难以形成较大影响。对于广大学生而言,因为活动与自身没有紧密关联,所以对其关注度不高,积极性不够,参与人数也就不多。

2. 活动样态略显单一,形式广度仍需拓展

多数试点高校"第二课堂成绩单"的内容设计板块固定,品牌活动注重影响力,创新能力较弱,部分活动形式过窄,在"有意义"的同时不能兼顾"有意思",并未构建出多样、丰富的第二课堂教学形

式，因此学生在参与活动期间有时会缺乏兴趣点，多元思想引领形式的吸引力、感染力不能真正深入人心、形成实效。同时第二课堂对于学生的影响不够持久，开展的许多活动都是一次性的，不能有效地和第一课堂有机融合，形成人才共育效应。

3. 管理机制不够完善，培养深度仍需挖掘

第二课堂对培养学生实践技能和创新思维具有积极作用。但是目前第二课堂的体系构建不够完善，缺少系统性的管理体制，专业教师配备不足，没有找到适合自身发展的路线，没有做出合适的课程规划。另外，第二课堂的具体实施在很大程度上依赖于教师过往的教学经验，存在一定随意性，而管理人员也没有对这一系列行为进行规范，没有制定相关的详细科学的制度。一线任课老师教学任务以及科研任务都比较多，有较大的压力，对学生们的第二课堂实践活动进行指导这一工作不是必需的考核项目，但会给老师们增加工作量，因此导致他们对指导第二课堂的积极性不高，学生获得的专业性指导也就不够专业，效率不高，程度也不深。目前，第二课堂活动的开展与指导主要依赖于辅导员群体，这也需要与学工部、校团委等部门协同配合。此外，"第二课堂成绩单"缺乏适当的评价机制，成绩单记录的是学生参与的结果和成果，学生参与的过程和质量并不能够精准地显示出来，难以跟进，"数量"与"质量"也很难都达到完美。在校园规划建设上，高校都是把第一课堂放在更重要的位置上，因而对于第二课堂的精力投入、场地投入、资金投入等都远远低于第一课堂，这使得第二课堂教学活动的开展质量不能达到预期，也使得第二课堂与第一课堂在高素质人才培养方面表现出一定的割裂性。

第二节　高校共青团"第二课堂成绩单"制度的提升路径

"第二课堂成绩单"制度既是对学生参与共青团活动的一种肯定和鼓励，也是对共青团实践育人工作质量和效果的一种检验和反馈。高校共青团"第二课堂成绩单"制度的实施和执行效果受顶层设计、评价体系、技术选型、服务理念、用户体验、数据治理等多方面因素影响，有待进一步提升。

一、"第二课堂成绩单"制度实施的影响因素

高校共青团"第二课堂成绩单"制度作为第一课堂教育链条之延伸、第二课堂育人优势之发挥、全面推进素质教育的一项面向全国各个高校的制度设计，自提出并逐步推进实行以来，在很大程度上推动着高校对第二课堂的组织管理方式由传统的低效能、粗放化向新型的科学化、精细化转变，也为高校学生工作流程的进一步改进和机制的创新提供了具有代表性、可借鉴的研究案例。当前"第二课堂成绩单"制度正在逐渐完善，其育人实效也受到了诸多关键因素影响。

一是顶层设计。要将不同部门擅长的、具有特色的育人方式方法和

活动资源有序地纳入第一课堂与第二课堂协同培养方案中，在设计协同培养目标时注重科学性与合理性，积极探索多种人才协同培养方式方法，并充分利用现代信息技术，合理规划、统筹处理、实施指导，达到校内各种资源的最优化配置，以期形成全员、全方位、全过程协同育人的格局。

二是评价体系。"第二课堂成绩单"制度的核心就是对评价体系进行量化，其设计与执行对于制度能否顺利推行具有决定性作用。"第二课堂成绩单"制度的核心记录评价体系要根据实际需求，因地制宜设计、实施第二课堂培养计划，以"质量"为中心，以"精确量化"为目标，以科学设计、量化管理为基本思路，在理论和实践领域积极展开探索，合理选择评价机制。客观记录、有效认证、科学评价在校大学生参与第二课堂教育实践活动的经历和成果，对提升青年大学生的综合素质以及建成系统化、规范化、可测量化的高校第二课堂活动项目具有重要意义。

三是服务理念。在"第二课堂成绩单"制度推行实施过程中，应更加注重大数据的应用，前置信息化系统的服务功能、后置人的服务功能。系统的各个功能作为纽带把服务者与被服务者联结在一起，被服务者表达的需求将由信息化系统提供多种不同的解决方案，然后由服务者选择最优解实施，以提供智能化、个性化、精准化的服务。

四是技术选型。当前，"第二课堂成绩单"系统建设厂商众多，团队规模、技术水平、维护能力和配合意愿参差不齐，而高校相关管理部门因专业领域不同，缺乏辨别系统厂商优劣的能力，导致建设进度缓慢、系统推广使用难。如何选择适合本地高校的技术选型，是目前亟待研究解决的问题。各部门需要联合相关行业专家协作推进，紧密配合，采取科学、先进的系统分析、系统评估和高效整合等方法，选择最适合本校统筹管理的"第二课堂"体系。

五是用户体验。第二课堂主要受众和使用群体均为学生。在实际工作中,"第二课堂"体系要树立以学生为本、双向受益的理念,更多关注学生的实际满意程度,设置学生活动评价和评分功能,在学生参与活动后及时收集反馈信息,健全自我机制,为完善第二课堂学生活动评价体系打好基础,并且着眼于平台体系、保障体系、评价体系三方的多元提升,在安全性、使用流畅性、页面视觉、使用流程、实际操作环境等方面,充分考虑用户的使用体验,提高第二课堂教育的吸引力和凝聚力。

六是数据治理。第二课堂是学生学习成长、素质提升、能力提升、社交拓展的重要平台,如果缺少学生们参与第二课堂教育活动的实际效果评价相关信息反馈机制,会影响其与第一课堂的互通,制约育人实效。针对不同年级、不同学科、不同水平层次的学生和拥有难度不一、类型多样的活动的"第二课堂",应真实、客观、全面记录学生发展情况,利用物联网、大数据、云计算技术达成系统信息化,将数据统计、整理、存档,对数据进行综合性处理,分析学生们的成长轨迹、职业选择与发展信息,为学生提供学业规划、全面发展、就业选择等方面的智能化咨询,为学校教育评价体系的导向、鉴定、诊断、调控和改进提供反馈信息,挖掘各类数据信息的深层价值,使其往整体化、智能化、融合化等数据治理方向发展。

二、"第二课堂成绩单"制度的体系优化

第一课堂教学体系的有效性已经得到时代印证,经过多年发展,无论是师资力量的培养选拔、高校学生的专业培养,还是教学体系配套软硬件设备等均发展得较为成熟了。第二课堂建设虽已逐渐成为高等教育

改革的重要方向和共青团改革创新的内在要求，但目前还没有明确"体系"做支撑，第二课堂体系仍待优化。

一是制度配套——发挥政策的激励作用。学校应当做好引领，做好"第二课堂成绩单"制度实施的资源配套，制定相应的管理办法、实施原则等。例如可以成立第二课堂创新能力培养领导小组，设定一定的工作周期开展专题工作会议，对下一阶段的工作措施和计划做出及时调整与创新，从而起到组织保障、指导、评价和监督等作用，切实保证这项工作顺利圆满完成。也可以将教师参与第二课堂的工作量计入课时量，对在参与指导过程中表现突出的教师予以一定的荣誉或奖励等。高校还应把活动经费投入和环境建设保障规范化体系化，根据各个学院的学生数建设和配备各类活动场所、软硬件设施。此外，高校也应在大数据背景下，充分利用信息化时代新媒体的优势，进一步加强第二课堂网络信息化自媒体平台建设，扩大第二课堂在学生心中的影响力。

二是数据联动——实现人才培养的数据资源共享。信息化大数据时代的教育正朝着数据支撑、量化教育转变。推行第二课堂制度以来，积累了丰富的第二课堂数据资源的数据库将是高校人才培养总库的重要组成部分。这一数据库与第一课堂教务系统相互补充，形成数据对接、课程互动；与财务系统形成资金模块匹配；与学生事务管理系统形成学业预警联动，共同构成内容丰富、形式多样、开放式的数据库；与高校就业数据库相连接，让数据真正具有代表性、实用性，在高校关于人才培养的相关政策的研制中做精准的、有力的支撑，逐步替换传统的、经验主义运用过多的教育方式。

三是把控质量——强化活动精品意识。目前各个高校把第二课堂的活动办得十分出彩，第二课堂教育蓬勃发展，各类讲座、晚会等活动极大地丰富了学生的学习生活。但是部分活动审批流程不细致、组织管理不规范，导致有些活动同质化程度较高，活动质量不能够得到保障。高校要梳理各级部门对活动的管理权限，弄清流程，对各级各类活动进行审批，规范整改第二课堂教育管理系统，这也和现实工作体系相对应。在用户管理方面，应设置多种角色来实现分层分级管理，在系统内设置活动参与者、活动发布者、活动审核员、系统管理员等不同功能角色。在活动审批方面，不同级别活动对应不同的管理办法，有不同的审批过程，这样才能确保活动审批规范进行，提升第二课堂活动的质量与水平。

三、"第二课堂成绩单"制度的数字转型

1."第二课堂成绩单"系统需求分析

（1）功能介绍

系统需综合学生、管理员以及教师三方需求制定相应功能。以长安大学为例，学生可根据自身情况，通过"青春长大"系统报名参与系统中发布的各类活动，按活动需要进行考勤或提交作业，待活动审核完结后便可获得对应积分；学生还可以通过该系统申请加入校内的学生组织社团，在校友圈了解校园动态，分享自己的活动。管理员可对申报活动进行审核，发布签到信息，提交活动总结报告，最后发放学分奖励。教师可通过系统页面查看活动比率、实时活动展示、学生信誉值数据、各类型活动平均分值等信息，并进行活动管理审核、组织管理和问题库扩充等操作。

（2）需求描述

系统可以针对不同使用人群，分别做以下需求分析。

学生端。可以针对学生对于便捷服务及社交、成绩单的多元配置、客服问答快速响应等需求设置以下功能模块。（如表5-1所示）

表 5-1 学生端功能模块

模板	功能	描述
用户系统	统一身份认证	不需要单独账号密码,接入学校身份认证体系
	页面预览	"首页"展示活动和积分,"阅办"通知活动开始、签到、结束和学分发放完毕等消息,"校友圈"发布个人动态,"我的"展示学生个人数据和其他功能
客服系统	智能回复	可选择常见问题直接查看解答详情或者联系客服
	接入人工	
活动模块	活动管理	创建活动时根据智能化推荐选择活动流程模板,完善活动信息后提交并等待审核 待活动结束后,提交完结报告,便可等待完结审核
	活动报名	在首页活动展示界面或扫描专属活动二维码查看活动信息与参与要求,符合要求即可报名
	活动签到	根据活动需求,可选择扫描动态码、出示二维码或地图定位进行考勤
	提交作业	参与活动后按活动需求提交相应的作业
组织模块	组织管理	在组织列表中查看组织信息和组织管理事项
	加入组织	在查看组织的基本信息后可选择感兴趣的组织加入
数据模块	数据定时同步	活动数据、成绩单数据同步至学校大数据平台
	成绩分析单	能够查看总学分和分类项目完成情况,并提供综合分析单

教师端（后台管理）。可以根据教师端使用需求设置以下功能模块。（如表 5-2 所示）

表 5-2 教师端功能模块

模板	功能	描述
用户系统	用户登录	应包括校园统一身份认证和自由管理体系账户两种账户体系登录模式
	权限配置	管理员可根据登录后台的不同角色灵活配置可使用权限、可查看数据字段、可编辑数据内容
活动管理	活动列表	发布活动的各项数据以及流程
	发布活动	多流程模板发布活动
	审核活动	各类角色根据授权可对相应活动进行审批和管理
	完结报告	审批学生提交的活动报告情况
	活动二维码	动态二维展示，用于签到签退等
数据统计	数据面板	近期待办事项、近期活动统计及展示、教师指导活动情况、各类活动分值、各类人群达标情况展示等
	数据统计	可不同维度地统计校、院、班参加活动情况以及达标率
	学分预警	设置预警值，根据预警情况向学生主动发送预警信息
学分管理	学分发放	支持智能修改学分
	荣誉审核	具备自行导入和申报审批两种荣誉管理模式

续表

模板	功能	描述
组织教学管理	组织机构	包括行政部门管理及学生组织管理等
	教学管理	包括教学单位管理、教职管理、学生管理等
其他	系统助手	后台管理、回答学生常见问题，可根据实际情况设置问答模式
	问题库	系统内置问题库，具备常见问题解答方案

（3）功能结构

系统常用功能结构梳理如图 5-1 所示。

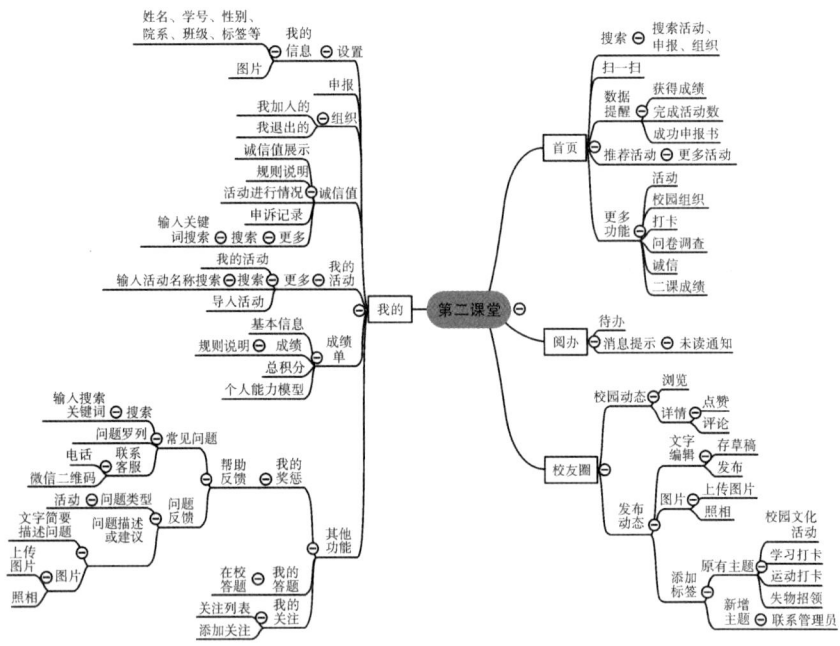

图 5-1 系统常用功能结构图

（4）主要操作流程

学生端可做如下设计（如图 5-2 所示）。

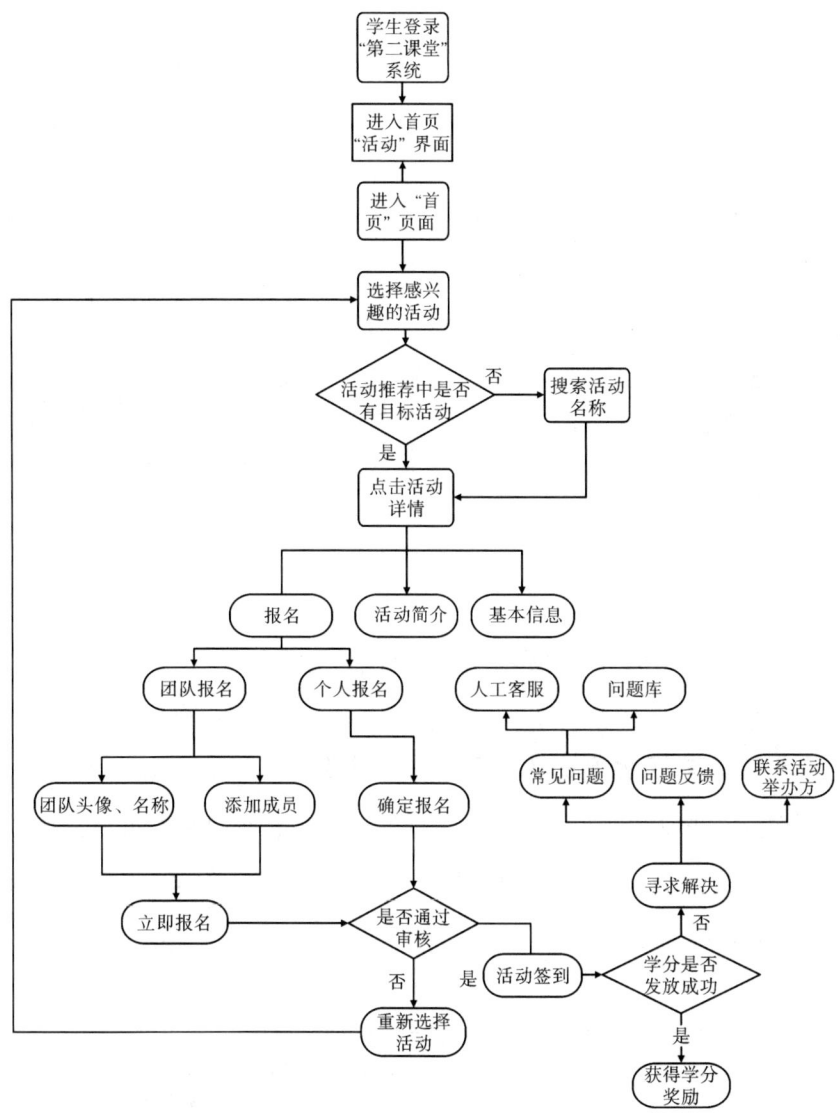

图 5-2 学生端操作流程图

教工端可做如下设计（如图5-3所示）。

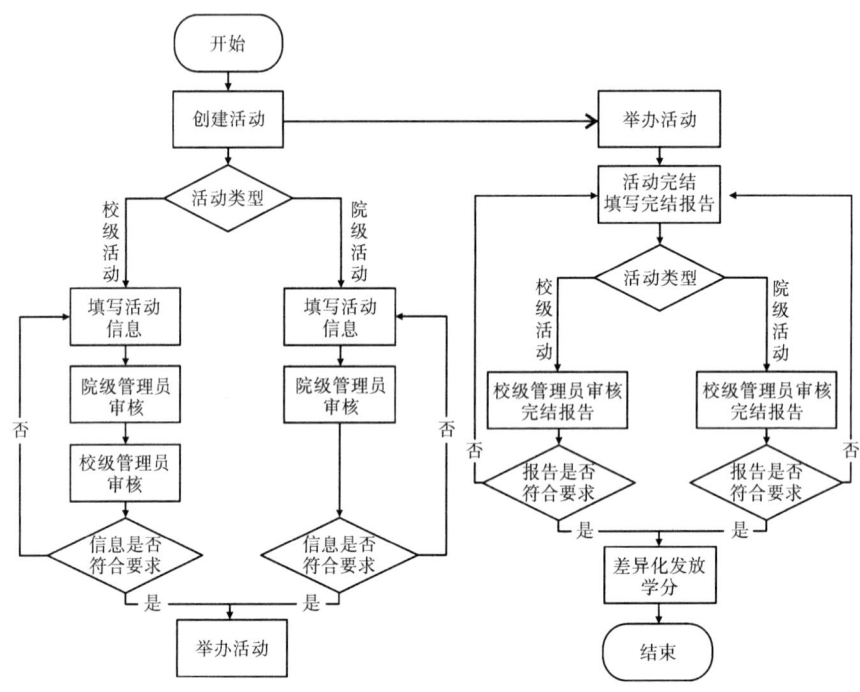

图5-3 教工端操作流程图

2. "第二课堂成绩单"系统技术选型

在技术选型方面，一般需要注重架构方式、客户端类型、集成方式、用户登录方式等方面，以下表5-3、5-4、5-5、5-6将对这几方面进行比较说明。

表5-3 BaaS模式与本地方式对比

对比项	BaaS	本地化开发部署
特点	集中创建、开发、托管和部署，分布性强	可充分满足个性化需求，实现更复杂的业务流程，分布功能弱

续表

对比项	BaaS	本地化开发部署
开发成本	低	高
开发时间	耗时较短	耗时较长
维护成本	低，由云端服务提供商来完成基础架构（如服务器）的管理和安装	高，需要专人维护本地部署环境
响应速度	快	校园内（使用校园网）更快
安全性	很高	较高

表5-4 客户端类型对比

对比项	APP	H5	小程序
特点	依托于操作系统	依托于浏览器，跨平台能力强	依托于母软件，体积小，运行快
开发成本	需要为每个平台独立适配开发	仅需开发一套	仅需开发一套，可跨平台编译
开发时间	耗时最长	耗时较短	耗时中等
维护成本	高，需要维护不同平台不同版本	低，只需维护最新版本	低，强制更新，只需维护最新版本
版本更新	需手动下载安装新版本APP	无须安装，直接访问	无须手动下载安装
资源存储	本地	服务器	本地和服务器
网络要求	支持离线	依赖网络	大部分依赖网络
性能	高，设备性能可充分发挥	中等，资源占用小，但无法充分发挥设备性能	较高，受跨平台编译影响，牺牲了部分性能

表 5-5 集成方式对比

对比项	微信平台	校园本地化 APP
特点	受众面广、接口丰富、访问方便、便于进行分享等等	功能整合度高，一站式解决用户需求
信息/资讯同步	信息更新可能延迟	信息更新快
用户使用频率	较高	中等
用户学习成本	较低	中等

表 5-6 用户登录方式对比

对比项	学校统一身份认证	导入学生数据 登录时验证
特点	仅登录一次即可访问所有相互信任的应用	数据完善、方便，后续功能使用率高
维护成本	低	高，需要导入，且存在数据更新延迟
用户登录流程	多次跳转，耗时长	无须跳转，耗时短
安全性	高	较高，有泄漏风险

"第二课堂成绩单"系统的技术选型及建设要从使用主体出发，以需求为导向，立足校情，整合优势资源，综合考虑各种技术方式的优缺点，在充分调研的基础上进行确定。

3."第二课堂成绩单"系统建设经验

在系统层面，使用体验良好、集成规范统一、可扩展性高、配套服务健全完善是第二课堂系统良好运行的基础。在用户体验方面，应注重控制感、归属感、惊喜感与沉浸感。过多的选项、界面、导航，会使软件流程复杂化，整体使用效率变低，所以应寻找合适的设计方案优化软件用户体验。在图形用户界面方面，应保持适当的容错性设计，设置合理的用户语言。图形用户界面是人机交互的主要通道，容错性设计可以降低用户犯错的概率，并且能够很好地提升解决错误的效率，而合理的用户语言应保证对用户有实际的指导意义，给用户提供真正的帮助。在系统集成方面，现阶段多独立业务系统并行的情况往往难以避免，因此应注重建立统一标准的交互规范，减少学生习惯各个系统操作方式的时间成本。在可扩展性方面，应注重动态设计。第二课堂系统产品周期比较长，在发展的过程中，因需求变更、政策变化等原因，往往会出现初始功能与当前需求错位的情况，导致系统扩展成本急剧增加。因此在做第二课堂系统规划时，需要充分考虑动态变化的因素。在配套服务方面，应从用户的视角重新定义服务。服务对于感性方面的因素要求更高，想做好服务不代表能够做好服务，服务结果最终是由用户进行评判的。所以在系统的配套服务方面更应该从用户的角度出发，进行服务的完善。

在运营层面，管理团队结构合理、运营团队人员齐全、客服团队反应迅速是第二课堂系统良好运行的保障。管理团队的工作在于带领团队解决问题，是整体的核心力量，而组织结构的有效性是一个组织能够高效运行的先决条件，因此合理的管理团队结构是提高第二课堂系统运行整体工作效率的关键。运营团队不仅需要获取与分析数据，还要进行项目统筹、文案策划与资源获取等多方面的工作。从现实的角度来说，很难有具备全部能力且没有短板的候选人存在，所以运营团队需要配备具有不同专长的成员，取长补短，组建能力全面的团队，才能有效处理运营团队所负责的所有工作，从而达到支持第二课堂运行的目的。客服团队的设立是为了服务客户，对客户的问题有迅速反应，能大大提升客户的使用体验感以及对产品的满意度。一个高效率的客服团队，从某些方面上来讲是第二课堂十分强大的竞争力，同时也是该系统良好运行的坚强保障。在"第二课堂"育人体系的运行过程中，各部门需要交互的数据是十分庞大的，这时系统的安全性与稳定性就显得尤为重要，因此有必要组织建立一个能够保障学校教育事业、教育工作正常开展的运维团队。运维团队的工作就是对学校开展的教育工作进行代运行与维护，它的建立可以有效规避网上认证平台的错误、失灵等紧急情况，并在日常运行过程中加强对系统的维护工作。

  在数据层面，数据平台共享互通、自身数据开放健全、数据分析科学利用等是第二课堂系统良好运行的关键。统筹推进大数据资源"共建共享"机制，需要学校主要部门牵头，各行政部门协同配合，统一规划管理，统一协同创建"共建共享"式的大数据资源交换平台。平台应优先使用统一身份认证用户体系。当前校园大数据平台及身份认证系统的建设已经相对成熟，第二课堂系统应做好数据对接，保持用户体系与学校身份认证体系的统一，避免使学生陷入频繁"注册—登录—记忆密码"的操作。系统数据应注重与其他平台和系统的同步与共享，将通知、代办数据向其他系统开放，使其在推送至统一门户的同时也能供其他子系统使用；系统运行产生的过程及结果数据应及时同步至校园大数据平台，供其他子系统调用。数据的科学利用能提升教育工作质量。通过对学生的活动浏览记录、参与话题、活动参加记录、获奖情况等多项数据进行分析，可得到关于学生学习习惯、兴趣爱好、观念倾向等的信息，为提升教育的针对性、实效性带来深刻的改变。总的来说，就是既要用大数据成果来指导工作，又要通过工作时效反馈来验证大数据分析结果。

第三节　高校共青团"第二课堂成绩单"制度的案例分析

据了解，目前全国已有超过1000所高校开展了"第二课堂成绩单"制度试点或推广工作，涵盖了不同类型、不同层次、不同地区的高等院校。这些高校在团中央、教育部的统一部署和指导下，结合自身的实际情况和特色需求，探索出了多种多样的工作模式和方法。

部分高校将"第二课堂成绩单"与学生综合素质测评相结合，建立了以学分为核心的评价体系，将学生参与共青团第二课堂活动所获得的成绩转化为相应的学分，并列入学生毕业证书或学位证书的附录，以此激励学生积极参与第二课堂活动。有的高校将"第二课堂成绩单"与学生创新创业教育相结合，建立了以项目为核心的供给体系，将共青团开展的"挑战杯""三下乡""三走"等品牌项目纳入第二课堂活动范畴，并提供相应的指导、培训、资助等，以此培养学生的创新精神和创业能力。有的高校将"第二课堂成绩单"与学生思想政治教育相结合，建立了以主题教育为核心的引领体系，将共青团开展的"四进四信""与信仰对话"等主题教育纳入第二课堂活动范畴，并采用多种形式和载体进行宣传。

一、案例主要背景

长期以来，我国高校过度重视大学生的专业知识学习，忽视了学生思想品德、身心健康、能力素质等成长的重要因素。重智育轻德育、重分数轻素质的片面培养和"唯论文、唯帽子、唯职称、唯学历、唯奖项"的固有观念违背了立德树人根本任务，单一化、功利化、注重选拔的教育评价方式已经不能适应社会发展的要求，也不利于学生德智体美劳全面发展。随着教育改革研究成果的不断丰富和教育实践的不断深入，我国高校的第二课堂也取得了持续而充分的发展，第二课堂已经不再像当初那样仅仅是第一课堂的补充，而是在整个大学教育体系中愈发重要，逐渐成了高校素质教育的重要组成部分。

长安大学自2000年合并以来，高度重视学生综合素质能力的培养，出台了《长安大学本科生综合素质培养实施办法》（长大教〔2001〕325号），着力为我国的现代化建设培养创新型人才。党的十八大以来，以习近平同志为核心的党中央高度重视教育工作，把教育摆在优先发展的战略位置，将立德树人确立为教育的根本任务，提出要构建"五育并举"的教育体系和"三全育人"工作体系。长安大学积极响应党中央、国务院作出的"建设一流大学和一流学科"的重大战略决策部署，深入贯彻落实全国高校思想政治工作会议精神，把精力放在"培养什么人、怎样培养人、为谁培养人"这个根本问题上，加强学生创新意识和实践能力的培养，鼓励学生在校学习期间积极参加第一课堂以外关于文化艺术、学术科技、社会实践等的活动，并结合学校素质教育发展的相关要求，开始有序地实施"第二课堂成绩单"制度，相继出台了《长安大学本科生课外实践学分认定实施办法》（长大教〔2017〕297号）、《长安大学本科生课外实践课程成绩评定及学分认定实施办法（修订）》

（长大团〔2021〕103号）、《长安大学本科生素质拓展实践课程管理办法（试行）》（长大教〔2022〕357号），明确了组织单位、学分设置、职责任务、实施方法等，将第二课堂课外实践作为教育实践必修课程，将第二课堂成绩与第一课堂成绩一起进行绩点核算，随学生成绩归档，使第二课堂课程成为本科生教育的必修课。

学校牢记为党育人、为国育才的重要使命，紧扣立德树人根本任务，坚持把"第二课堂成绩单"制度作为提升学生综合素质的有力抓手，以"育人"为根本，以促进学生的全面发展为主要目标，以学生需求为中心，以社会需求为导向，不断创新工作思路，强化体系支撑，坚持问题导向，加强调查研究，补短板、强弱项，有效推进"第二课堂成绩单"制度落地落实落细，充分激发学生参与第二课堂学习的积极性与热情，提升学生参与进第二课堂的成就感，鼓励学生充分利用第二课堂这一制度的优势，自发地参与各项实践锻炼活动，不断提升对自我的认识、拓宽学习范围、丰富学习内容，从而提升综合素质水平以适应新时代国家建设的人才需求，成为德智体美劳全面发展、热爱祖国、积极向上的社会主义建设者和接班人。

二、典型做法措施

为深入贯彻中共中央、国务院关于《深化新时代教育评价改革总体方案》要求，贯彻全国高校思想政治工作会议和全国教育大会精神，落实立德树人根本任务，坚持发展素质教育，坚持德智体美劳五育并举，坚持以德为先、能力为重、全面发展，不断完善学生综合素质评价体系，不断加强学生创新意识、实践能力和社会责任感的培养，全面提升学生综合素质，根据学校"十四五"事业发展规划和新一轮"双一流"建设方案，结合《长安大学本科人才培养方案（2022版）优化指导意见》（长大教〔2022〕119号），长安大学特制定《长安大学本科生素质拓展实践课程管理办法（试行）》（长大教〔2022〕357号）。

素质拓展实践课程是《长安大学本科人才培养方案（2022版）优化指导意见》综合素质提升课程模块的主要内容，其课程体系和教学内容由学校统一制定，面向全校本科生开设，共计4学分。该课程旨在考评学生在校德育表现以及学生参加文化艺术活动、劳动实践活动和创新创业活动的情况，以充分调动学生主观能动性，提高学生综合素质，促进学生全面发展。素质拓展实践课程分为必修课程（所有学生必须修习的课程）和选修课程（学生在规定的范围内选修的课程），包括德育实践（必修，1学分）、美育实践（选修，1学分）、劳育实践（选修，1学分）和创新创业实践（选修，1学分）四个部分。

1. 组织体系

高校要开展好第二课堂活动，前提是要有强有劲的科学管理服务体系。素质拓展实践课程各环节由相关单位负责组织实施，其中德育实践由党委学生工作部牵头组织实施，美育实践由校团委牵头组织实施，劳育实践由党委学生工作部和校团委牵头组织实施，创新创业实践由教务处和校团委牵头组织实施。聚焦学生工作一线，长安大学要求各院（系）指定专人直接负责本院系的第二课堂工作；立足育人需要和实际问题，不断完善"青春长大"学生课外实践学分认证管理系统，着力加强"第二课堂成绩单"数据信息体系的科学性、可视化建设，为学校了解跟进学生学习成果以及成长状况、优化人才培养方案、制定政策予以支持，为学生及时接收第二课堂项目活动参与信息与参与情况，促进学生向上向好发展提供持续健康的动态指导；细化职能部门和院系工作职责，明确第二课堂各模块任务，从活动立项、学分认定、荣誉申报等方面为"第二课堂成绩单"制度提供全方位支撑；建立第二课堂教学检查制度，定期排查学生获取课外实践课程积分情况并督促其完成课程，向学生发送未达标预警通知，将第二课堂工作纳入更有效的监控管理状态。

2. 课程设置及培养目标

长安大学将第二课堂划分为德育实践课程、美育实践课程、劳育实践课程、创新创业实践课程四大板块，每个板块都提出了对学分进行认定的明确要求，鼓励学生在参与各类实践活动的过程中探索发展兴趣爱好，全面提升综合素质。由于第二课堂纳入学生培养方案，参与的学生部分是被动接受而非主动参与，部分处于旁观、辅助的位置，盲目参与的也很多，真正能够从实际真心参与组织的学生比例不高。学生对于第二课堂活动的重要作用认识不足、主体意识不强，将使其个性发展受到限制。长安大学从学生需求的角度出发，结合学生的专业、年级、特点，充分发掘学校特色优势和专业资源，不断丰富第二课堂活动内容，调动学生参与的积极性，还通过设置荣誉资质认定和学生任职学分认定引导学生主动参与到第二课堂中来，提高第二课堂育人实效，保障学生综合素质的全面发展，让学生在活动中逐步成长。

德育实践课程的培养目标是使学生明大德、守公德、严私德，不断坚定中国特色社会主义共同理想，增强"四个意识"，坚定"四个自信"，做到"两个维护"；努力学习马克思主义科学理论，践行社会主义核心价值观，具有劳动精神、奋斗精神、奉献精神、创造精神、勤俭节约精神和强烈的使命感、责任感；自觉地遵纪守法，具有良好的道德品质和健康的心理素质；激发爱国主义情怀，坚定听党话、感党恩、跟党走的政治自觉和行动自觉，立志成为担当民族复兴大任的时代新人。

美育实践课程的培养目标是培养学生良好的审美感受力和鉴赏力，

激发学生的艺术想象力和创造力,强化学生文化主体意识,不断增强学生的艺术素养和文化自信,培养具有崇高审美追求、高尚人格修养的高素质人才。

劳育实践课程的培养目标是通过劳动教育让学生理解并形成马克思主义劳动观,树立正确的劳动价值取向,崇尚劳动、尊重劳动,培养基础劳动知识与技能,提升发现和创造性解决问题的能力,形成良好的劳动习惯与品质,具备主动作为、实干奉献的责任担当意识与公共服务意识。

创新创业实践课程的培养目标是科学设置创新创业实践课程学分,建立健全实践型人才培养机制,将创新创业教育融入素质教育各环节,引导学生通过创新知识学习和创业实践锻炼,掌握创新创业的方法和技能,成为专业知识与创新创业实践能力兼备,并具有企业家精神和创业意识的高素质创新创业人才。

3.课程内容

德育实践课程包括日常德育实践和争先创优实践。日常德育实践主要考评学生在校德育表现,特别是在政治素质、思想素质、道德素质、学风素养、文明修身素质等方面的表现;争先创优实践主要考评学生的突出表现与表彰奖励情况,特别是在学生服务与管理、德育、公益类活动、学术道德、体育竞技等方面的表现。

美育实践课程由感受美——文化艺术活动体验板块、表现美——文化艺术活动实践板块、鉴赏美——艺术基本知识及基本技能板块和创造美——文化艺术竞赛板块四部分组成,本科生在校期间可通过参与四个板块的活动或取得表彰奖励获取积分。

劳育实践课程包括劳动培训、劳动实践、劳动获奖三个板块,本科生在校期间可通过参与三个板块的活动或取得表彰奖励获取积分。

创新创业实践课程包括讲座培训、竞赛活动和项目实践三个板块，本科生在校期间可通过参与三个板块的活动或取得表彰奖励获取积分。

4.考核程序

成绩认定方面，德育实践环节每学年进行一次课程考核及成绩评定工作。美育实践、劳育实践和创新创业实践环节原则上应在第一学期至第六学期进行，第六学期结束后进行学分清算，课程通过者经教务系统录入成绩并获得相应学分，课程未通过者需继续修读该门课程，直至课程通过并获得相应学分。第一课堂成绩评定及学分认定工作结束后，学生可继续修读该门课程，修读情况会在学生"第二课堂成绩单"上呈现。考核程序方面，各院（系）指定专人负责素质拓展实践课程的组织实施、成绩评定及学分认定工作，在各环节指导学生科学合理修读素质拓展实践课程，定期排查学生修读素质拓展实践课程的情况，督促学生完成素质拓展实践课程各环节的要求，并及时对未达到该门课程要求的学生进行学业预警。教师工作量认定方面，素质拓展实践课程指导教师工作量按照行政班级数量集中核算，核算标准为8学时/班/学年。监督评价方面，学校教务部门定期对课外实践课程成绩评定及学分认定工作开展情况进行检查，对于弄虚作假者，取消其获得的活动积分，并依据《长安大学学生手册》、《长安大学学生违纪处分规定》（长大学〔2017〕215号）等文件进行处理。

三、工作成效经验

长安大学按照"贴近第一课堂、贴近青年需求、贴近团学工作"的工作理念，使第二课堂活动"从学生中来，到学生中去"，以受学生欢迎度、对学生成才的帮助度、学生参与后的满意度作为第二课堂开展的重要依据，深入探索与学校人才培养目标相适宜的第二课堂人才培养模式，研发"青春长大"长安大学"第二课堂成绩单"平台系统，整合第二课堂活动资源，量化记录学生第二课堂活动经历，构建了高校学生在共青团引导下积极参与第二课堂可记录、可评价、可测量、可呈现的科学评价体系，为学校人才培养评估、认证学生在校期间学习和活动的经历及成果、学生综合素质评价和社会单位选人用人提供依据与说明，以期把学生、学校、社会三点进行有效连接，充分释放第二课堂育人价值，取得了良好的育人实效。

1. 提高认识，紧扣立德树人根本任务

长安大学深入学习贯彻习近平新时代中国特色社会主义思想和党的十九大、二十大精神，全面落实《关于加强和改进新形势下高校思想政治工作的意见》《深化新时代教育评价改革总体方案》和《关于在高校实施共青团"第二课堂成绩单"制度的意见》等有关文件要求，全面贯彻党的教育方针，坚持马克思主义指导地位，坚持中国特色社会主义教育发展道路，把立德树人作为工作的主线，将思想政治教育贯穿于第二课堂活动全过程，融入思想道德教育、文化知识教育、社会实践教育各环节，引导学生积极广泛地参加内容丰富、形式多样、具有较好育人效果的第二课堂教育实践活动，构建德智体美劳全面发展的人才培养体系。

2. 明确定位，健全完善工作体制机制

制度化建设和组织保障是"第二课堂成绩单"制度落实的基石，长安大学十分重视学生第二课堂学习的情况，将"第二课堂成绩单"制度纳入本科生培养方案，相继出台了《长安大学本科生课外实践学分认定实施办法》（长大教〔2017〕297号）、《长安大学本科生课外实践课程成绩评定及学分认定实施办法（修订）》（长大团〔2021〕103号）等，强化理论与实践协同，将实践教学纳入人才培养方案，明确实践教

学标准,将第二课堂作为第一课堂的有机补充,从制度上鼓励学生在校学习期间积极参加第一课堂以外的实践活动。截至 2022 年 7 月,"青春长大"系统注册人数为 37 098 人,实现了本科生全覆盖。

3. 加强管理,科学构建长效育人体系

长安大学建立健全第二课堂工作体系,紧扣思想政治引领这一主线,围绕培养良好思想素质、提升政治觉悟,以及开展文体活动项目、志愿公益服务活动、创新创业创造类项目、实践活动实地考察训练、特长技能培养等内容设计课程项目体系,坚持"以生为本",面向学生成长成才的实际需求,将第二课堂划分为校园文化艺术、创新创业实践、社会实践与志愿服务三大育人板块;加强工作队伍建设,聘任各院(系)团委书记担任第二课堂教务秘书,形成了学校抓总、部门审核、院系牵头的管理体系;强化工作体系支撑,建立了自下而上、分层级逐级审核、及时更新的信息采集、审核、发布机制,进一步加强并完善了学生申报、院系审查、团委审核的工作流程,实现了在不同层级逐步对数据信息的真实性、完整性、准确性的筛查与把关,确保最终获取的数据信息具有及时性、准确性、全面性的特点,构建了科学、有效的评价机制。

4. 创新形式,服务学生成长成才需求

长安大学坚持德智体美劳"五育"并举,充分发挥第二课堂内容丰富、形式灵活的优势特点,探索开展方向正确、健康向上、格调高雅、形式多样的实践活动,以"四节"(文化节、艺术节、体育节、科技节)活动为载体,以"三进"(高雅艺术进校园、名家讲座进校园、优秀电影进校园)活动为抓手,以各院系活动为依托,以班团活动为基础,丰富活动形式,创新活动载体,构建覆盖本科四个年级、课内到课外、第一课堂到第二课堂的立体化课堂体系,把课堂拓展到课外,把课内知识转化为实践体验,服务青年学生的全面成长成才。截至 2022 年 7 月,学校共开展活动 3945 项,参与人数达到 54 万人次。

5. 夯实阵地,不断优化资源保障体系

长安大学加强场地建设,充分考虑学生第二课堂活动对场地需要的多样化、专业化等特点,不断改善场地等硬件建设和设施配备,整合教室、社团活动室、大学生活动中心等室内外活动场地资源,建立起活动场地审批制度,保障第二课堂开展的场地需求;配备师资力量,积极引导专业指导教师参与到第二课堂建设之中,为学生开展课外实践活动提供高水平的教师队伍指导,发挥专业优势、挖掘育人资源、凝聚师生力量,增强第二课堂活动育人效果;加大经费投入力度,设置社团活动专项资金和校园文化活动专项资金,构建活动申报、立项审批与办结审核的资金审批流程,支持开展内容丰富、形式多样的第二课堂活动,满足学生对第二课堂的需求,在经费支持、政策支撑方面为"第二课堂成绩单"这一制度实施提供保障。

第六章 高校共青团实践育人的思想引领路径

第一节　在实践育人中加强理想信念教育的价值意蕴

习近平总书记指出："心有所信，方能行远。面向未来，走好新时代的长征路，我们更需要坚定理想信念、矢志拼搏奋斗。"[1] 习近平总书记的重要论述，指明了坚定理想信念对于走好新时代长征路的重要意义。大学生理想信念教育是高校思想政治教育的重要内容。加强青年理想信念教育，就要引导广大青年用初心砥砺信仰、用理论坚定信念、用实践增强信心，努力成为担当民族复兴大任的时代新人。

实践育人是提高人才培养质量的重要抓手，是大学生思想政治教育的必要途径。在实践育人中加强理想信念教育有助于提升实践育人质量成效，促进学思践悟知行合一，引领新时代青年实现人生价值，是落实立德树人根本任务的关键环节，是培养堪当民族复兴重任的时代新人的应有之义。

---

[1] 习近平：《给复旦大学青年师生党员的回信》，来源：新华社，2020 年 6 月 30 日，网址：https：//baijiahao. baidu. com/s? id = 1670896841852012929&wfr = spider&for = pc。

一、实践育人是落实立德树人根本任务的关键环节

党的十八大提出,"把立德树人作为教育的根本任务,培养德智体美全面发展的社会主义建设者和接班人"。在党的十九大报告中,习近平总书记明确提出:"要全面贯彻党的教育方针,落实立德树人根本任务,发展素质教育,推进教育公平,培养德智体美全面发展的社会主义建设者和接班人。"所以,大学生思想政治教育的核心应是立德树人,要在此基础上,以问题为导向,进一步完善相关政策制度,将思想政治工作渗透到教育教学、实践育人的全过程。贯彻落实立德树人根本任务,促进学生全面发展是一项复杂的系统工程,必须动员整个社会各相关方面的力量,充分调动各方积极性,形成育人合力。

习近平总书记强调,空谈误国,实干兴邦。青年学生要多读无字之书,通过实践锻炼成长为国家和社会的栋梁之材。高校将社会实践作为青年大学生了解国情、认识社会,受教育、长才干,守初心、担使命的重要途径,让其在实践中学真知、做真人、行真事。要始终坚持将实践教育与理想信念教育相结合,从实践育人的内容、资源、机制、项目等方面构建实践育人体系,落实立德树人根本任务。

理想信念是大学生对未来的渴望和追求,是大学生世界观和政治立场的集中体现。理想信念教育是大学生思想政治教育工作的重点和基础,关系着大学生个人的发展成才,关系着学校各项事业的建设,关系着我国社会主义事业的兴衰成败和中华民族的前途命运。所以,学校必须把它放在关键的位置,培养学生牢固树立永远跟党走的信念,培养学生努力成为社会主义核心价值观的坚定信仰者,培养学生把道德实践渗透到自己的学习与工作之中。

在实践育人中加强理想信念教育,首先,要以学校课堂教学为主渠道,探索信念教育新途径。课堂教学是高校教育教学的重要方式,理想信念教育亦不例外,课堂教学唯有随着教学目标、教学内容、教学手

段、教学对象的不断转变而持续改革，进而探寻新的教育教学模式，不断探索实践锻炼、实地研学、文化活动参与等新的教育途径，方可产生更好的教育教学效果。其次，要以学生党团建设为抓手，积极拓展信念教育新平台。高校学生的基层组织涉及学生党组织、学生团组织、班组织、学生会、研究生会等，这些学生基层组织的建设对大学生思想政治教育起着关键的作用，加强学生基层组织建设特别是党团组织建设，可以更有效地让学生实现自我教育、自我管理与自我服务，进而提高大学生思想政治教育的实效性。此外，还要注重线上与线下相结合，利用好网络新媒体等平台积极开展信念教育。最后，要以主题教育为载体，积极开辟理想信念教育新路径。主题教育是高校德育工作的重要载体，探寻主题教育的新内容、新形式、新方法等，对于推进理想信念教育，促进学生发展具有重要意义。

二、实践育人是提升思政教育质量的有力保障

党的十九届五中全会提出"建设高质量教育体系"，为新时代建设教育强国指明了方向。建设高质量教育体系，提升育人质量是关键。提升育人质量，就必须要在"五育并举、全面育人"上下功夫。努力构建德智体美劳全面培养的教育体系，形成更高水平的人才培养体系，是习近平总书记在全国教育大会重要讲话中提出的明确要求。德智体美劳五育是一个整体，既内在统一又各有侧重，因而需要辩证地把握好五育之间的关系，促进五育之间的相互融合，以实现五育的整体育人功能。当务之急是要补齐体育、美育和劳动教育这三块短板，为落实五育的整体育人功能创造条件。要加快建立以发展素质教育为导向的基础教育评价体系，科学建立区域教育质量、学校办学质量以及学生发展质量评价标准，充分地发挥评价对提升育人质量的积极导向作用。

青年一代肩负着建设社会主义现代化的重要使命，是祖国的未来、民族的希望。理想信念是一种强有力的精神支撑力量，在实践育人中加

强理想信念教育是对时代召唤的回应，对提升思政教育质量有着重要的意义。

1. 提升思政教育质量的精神支撑

实现中华民族伟大复兴的中国梦是中华民族共同的理想信念和价值追求。中国梦是国家的、民族的，更是每一个中国人的。青年大学生是实现中华民族伟大复兴中国梦的中坚力量、党和人民事业发展的主力军，加强大学生理想信念教育显得尤为重要。"青年一代有理想、有本领、有担当，国家就有前途，民族就有希望。"习近平总书记站在历史高度，深刻阐明了青年一代的理想信念与实现中华民族伟大复兴的中国梦之间的紧密联系。青年大学生作为实现"两个一百年"奋斗目标的亲历者和参与者，要形成科学而坚定的理想信念，以呈现青年群体的整体精神面貌和道德水准，体现整个民族的文明素养和整个社会的价值取向，实现中华民族伟大复兴的历史伟业。

2. 提升思政教育质量的思想保证

2017年，中共中央、国务院印发《关于加强和改进新形势下高校思想政治工作的意见》，指出：高校肩负着人才培养、科学研究、社会服务、文化传承创新、国际交流合作的重要使命，是巩固马克思主义指导地位，发展社会主义意识形态的重要阵地。大学生思想政治教育要以理想信念教育为核心。由此可见，理想信念教育关乎着高校"培养什么人、怎样培养人、为谁培养人"这一重大战略问题。高校要加强理想信念教育，牢牢掌握意识形态教育的主动权，筑牢青年大学生的精神之基，教育引领学生树立共产主义远大理想和中国特色社会主义共同理想，为实现立德树人目标搭桥铺路。

3. 提升思政教育质量的价值引领

青年的健康成长离不开理想信念的支撑和指引。青少年阶段是人生的"拔节孕穗期"，是世界观、人生观、价值观养成的关键阶段，而青年的价值取向将影响未来社会的价值取向。面对多元社会思潮和纷繁复杂的社会环境，青年大学生要对中国历史和国际格局、时代责任和历史使命有准确和全面的了解。做好大学生理想信念教育，筑牢信仰之基、补足精神之钙、把稳思想之舵是促进青年大学生树立正确价值取向和成长成才的必然要求。

三、实践育人是促进青年学生知行合一的重要举措

提升育人质量，要着力在"知行合一、实践育人"上下功夫。习近平总书记指出："要把立德树人融入思想道德教育、文化知识教育、社会实践教育各环节，贯穿基础教育、职业教育、高等教育各领域。"提高基础教育育人质量，亟须补上创新精神不够、实践能力欠缺这一短板，在"学以致用、知行合一"方面下更大功夫。实践教育不但要培养青少年的实践技能，同时还要促进青少年的体力发展和智力发展，着力培养其创新精神和实践能力。

知行合一强调"知"是基础，贵在"行"，只"知"不"行"，等于无知。中国工程院院士、享誉世界的"杂交水稻之父"袁隆平曾指出："书本很重要，电脑很重要，但书本和电脑都种不出水稻。"这就是说，积累的知识再多，如果不联系实际加以运用，也只能停留在书本上、记忆中，提高不了能力，也转化不成生产力。英国哲学家培根说，"知识就是力量"，显然是指知识在得以使用并解决了实际问题之后，才显示其强大的力量，这种力量也就是拥有知识的人所得到的能力。实践育人的根本理念就在于培养并提高人的各种能力，并把这种能力内化为素质，所以，做到知行合一就成为大学推进实践育人的关键所在。现阶段，全国各高校都在探索、尝试开展实践育人，可谓仁者见仁、智者见智。有的高校确实大刀阔斧地进行了改革，却走进了另一个误区，表现之一就是以机械的方式减少理论课的学时数，扩充实践学时数，从而出现了"实践表面化"的现象，有的甚至是换汤不换药，让实践停留

在"听"实践、"看"实践、"抄"实践阶段,这与实践育人的核心要义可说是"貌合神离"。要大力推进实践育人,必须切实树立实践育人的理念,贯彻知行合一的原则,将理论教学和实践教学有机统一,处理好生产性实践育人与非生产性实践育人、校内实践育人与校外实践育人、集中实践育人与分散实践育人的关系,充分调动大学生自主开展实践教育活动的兴趣和积极性,在实践活动中增强大学生的综合能力,提高学校实践育人的整体水平。

在实践育人中加强理想信念教育就是要"用科学的理论武装青年,用历史的眼光启发青年,用伟大的目标感召青年,用光明的未来激励青年",使青年学生主动投身新时代社会主义现代化强国建设,使青年学生"实现中华民族伟大复兴中国梦的历史使命内化为担当的自觉,外化为实际的行动"。因此,除了前述强化学习宣传的"教"与"授"外,还应注重在实践中发挥"知"与"行"的转化,注重用以"理论学习"为基础的校内实践、以"知行合一"为原则的社会实践、以"情系民生"为理念的公益实践、以"创新体验"为导向的国际实践等丰富多彩、形式多样的实践活动来增强青年学生对思想武装的价值认同。这是由验证人的思维真理性的特性所决定的。马克思指出,"人的思维是否具备客观的真理性",这是"一个实践的问题",人是在"实践中证明自己思维的真理性"的。所以,只有在实践中真正展示"自己思维的现实性和力量",才能真正验证自己思维的真理性。青年学生对习近平新时代中国特色社会主义思想的政治认同、理论认同、价值认同都是如此,只有在实践中验证了其"真理性",才能形成情感认同,并有意识地自觉成为习近平新时代中国特色社会主义思想的信仰者、传播者、践行者;才能养成行为认同,为服务国家和人民更好地贡献自己的力量。

第二节　在实践育人中创新理想信念教育的方式载体

习近平总书记在庆祝中国共产主义青年团成立100周年大会上指出："党用'共产主义'为团命名，就是希望党的青年组织永远站在理想信念的高地上，用党的科学理论武装青年，用党的初心使命感召青年，用党的光辉旗帜指引青年，用党的优良作风塑造青年。"① 共青团是中国共产党领导的先进青年的群团组织，是广大青年在实践中学习中国特色社会主义和共产主义的学校，是中国共产党的助手和后备军。共青团思想政治引领工作是党的思想政治工作的重要组成部分，高校共青团在大学生理想信念教育方面具有十分重要且不可替代的作用，它聚焦为党育人、为国育才的主责主业，引领青年思想，凝聚青年力量。新时代高校共青团要将理想信念教育以多条渠道、多种方式、多样举措创新性融入实践育人，让青年将理想信念落到实际行动中，做到知行合一，在铸魂育人中提升高校共青团引领力，开创共青团加强理想信念教育新局面。

---

① 习近平：《在庆祝中国共产主义青年团成立100周年大会上的讲话》，来源：中华人民共和国教育部网站，2022年5月10日，网址：http://www.moe.gov.cn/jyb_xwfb/moe_176/202205/t20220511_626507.html。

一、丰富主题教育实践活动,提升思想政治引领成效

主题教育实践活动作为高校共青团实践育人的主要抓手,在大学生团员思想引领、政治强化、能力提升、情感认同等方面具有重要作用。策划好、开展好、宣传好、总结好主题教育实践活动,对高校共青团提升引领力极为关键。在"大思政"格局下,高校共青团实践育人应加强理想信念教育,完善创新方式载体,以学生喜闻乐见、易于接受的形式开展主题教育实践活动,形成系列,擦亮品牌,让大学生团员全方位、沉浸式参与主题教育实践活动,实现方向性与现实性、历史性与时代性、理论性与实践性、专业性与趣味性、个体性与集体性的结合,通过强化理想信念教育,增强高校共青团育人工作实效。

促进方向性与现实性的结合。高校共青团在设计主题教育实践活动时,要注重把握教育方向,要在党的领导下,全面贯彻党的教育方针,坚持马克思主义指导地位,坚持中国特色社会主义教育发展道路,坚持社会主义办学方向。同时,设计主题教育实践活动时,又要注重实践教育活动的实效性,要贴近学生学习生活,从实际出发,实事求是,将活动彰显的主题、蕴含的深意以学生易于接受、乐于接受的形式呈现。主题教育实践活动的载体较为丰富,但在开展时,学生的接受度与互动性往往较低,这就要求高校共青团在开展工作时既要注重方向引导,还要根据当前学生的喜好策划、开展主题教育实践活动。比如,录制主题微团课时,可通过学生日常学习生活情境的引入或历史场景虚拟嵌入,让学生仿佛置身于所学情境中,从而减少距离感,增进亲密度。

促进历史性与时代性的结合。将理想信念教育融入实践教育,不能用静止的眼光,而应用动态的视角将历史维度中具有思想认同、政治认同、情感认同的事件与人物放置于当今时代中,引领大学生团员积极关

注和探讨相关社会问题，理性分析问题根源。要从学生的角度去设计、策划主题实践教育活动，挖掘重大历史事件、重要历史人物的时代精神内涵，用当前学生的思维方式、语言习惯塑造学生的精神价值与行为模式，从而使主题实践教育与时俱进，实现内涵式创新。比如，在开展主题教育实践活动时，可以采用学生自主研讨、群组分享、当众演讲等形式，加强时空对比维度的辨析。同时，可以鼓励学生自制系列短视频，针对某个问题以今观古，以古鉴今，形成大历史格局，增强学生爱党爱国的情怀。

促进理论性与实践性的结合。理想信念教育离不开对理论、政策的宣讲与学习，但理论并非空中楼阁，应与实践相结合。在创新开展主题教育实践活动时，高校共青团应紧密结合活动的理论性与实践性，在知与行中，强化学生的理想信念，增强实践育人成效。比如，在开展劳动教育主题活动时，既要讲清楚劳动教育的内涵与外延，又要结合劳动情感的增进、劳动技能的提升及劳动习惯的养成，在活动中设计与社会发展密切联系的实践环节，如利用周末、节假日组织学生前往有关企业或单位进行实践体验，使其"成为"一名环卫工、快递员、外卖员等，从而让学生实际感受劳动精神、珍惜劳动成果，这样既丰富了活动形式，又在潜移默化中增强了育人成效。

促进专业性与趣味性的结合。主题教育实践活动核心在教育，重心在实践，最好的实践效果就是学生沉浸式参与、全方位体验实践活动后发自内心地思考、感悟。在教育中，汲取与学习专业知识，是增强理想信念教育的基础。但在传统教学中，教授理论知识时常以课堂教授灌输为主，学生缺乏互动感、参与感。因此，在开展主题教育实践活动时，要注重提升其趣味性，但趣味性不等同于娱乐化，不能在活动中消解其历史意义、时代价值，而应通过实践环节坚定学生理想信念，引领学生思想潮流。比如,在举办活动时,设计融入音乐、舞蹈、书法、绘画、泥塑、剪纸、灯谜等中华传统文化元素,让学生动脑、动手、用心、用情,以综合性的实践活动增强理想信念教育实效。

促进个体性与集体性的结合。主题教育实践活动的策划与开展要符合教育规律,既要扩大活动覆盖面,争取全员参与,也要提升活动精准性,增加个性化环节。新时代大学生思维活跃、个性明显、社群化现象突出,因此,在开展主题教育实践活动时,既要有如"同上一节思政课"的集体活动,也要针对不同群体或个体精准施策。比如,可设计"成长训练营"系列实践活动,在主题教育实践中加入个人成长概念,通过设置不同成长路径、成才模式,针对不同类型学生群体,以多种形式融合,形成个体与集体相结合的活动方案,对学生理想信念进行贯通式培育,深化其对中国特色社会主义和中国梦的理解,从而将个人的专业学习有针对性地融入国家和社会的发展中,将个人理想和社会理想相结合,树立崇高的理想信念,并将其付诸自身的学习和工作。

二、加强先进典型选树宣传,激发榜样朋辈教育作用

"青春孕育无限希望,青年创造美好明天。"① 青年阶段是价值观形成的关键时期,要扣好大学阶段的"第一粒扣子",加强理想信念教育,除了开展主题教育实践活动外,先进选树、典型表彰、榜样引领、朋辈帮扶等措施更能贴近学生、走近学生,更能在学生群体内部产生强烈的共鸣,更易于被学生群体接受,更能激发学生的爱党爱国情怀、提升学生投身中华民族伟大复兴新征程的动力。高校共青团可从选、树、

---

① 习近平:《在庆祝中国共产主义青年团成立 100 周年大会上的讲话》,来源:中华人民共和国教育部网站,2022 年 5 月 10 日,网址:http://www.moe.gov.cn/jyb_xwfb/moe_176/202205/t20220511_626507.html。

奖、推、学、爱六个方面加强先进典型选树表彰，从而提升榜样引领力，激发学生的思想认同、情感共鸣和学习行动。

选典型，注重遴选制度建设。建章立制是各项工作开展的基础和条件，在先进选树方面制定综合、完善的遴选机制，更有利于挖掘培养优秀学生，让高校共青团"始终成为组织中国青年永久奋斗的先锋力量"①。在制度建立中，应注重党委统一领导，注重学校多部门配合，形成齐抓共管、分工负责的典型选树长效机制，为发现、培育先进典型提供组织保障，从而形成老典型巩固提高，突出新业绩；新典型关注跟踪，加强可塑性的典型遴选办法，建立覆盖广泛、成效突出、维度多元、具有梯度化的"典型榜样库"。

树典型，注重引领示范作用。"团的最大优势在于遍布基层一线、深入青年身边。"② 高校共青团要始终把目光聚焦在基层，聚焦在青年身边，坚持从广大团员青年中选树典型，在日常学习、科研、工作中挖掘亮点，重点挖掘和培养在思想引领、专业学习、学科竞赛、创新创业、社会实践、志愿服务等维度持续表现突出，具有示范作用，在同学们中有广泛影响，深受同学们喜爱的先进典型。

奖典型，注重精神力量激发。高校共青团选树先进要注重精神内涵的外显、精神力量的激发，要让受表彰对象切切实实感受到荣誉感、责任感、使命感。要提升青年五四奖章、"两红两优""向上向善好青年"等青年榜样的说服力、影响力，在表彰中凝练青春榜样的奋斗历程、感

---

① 习近平：《在庆祝中国共产主义青年团成立100周年大会上的讲话》，来源：中华人民共和国教育部网站，2022年5月10日，网址：http：//www.moe.gov.cn/jyb_xwfb/moe_176/202205/t20220511_626507.html。

② 习近平：《在庆祝中国共产主义青年团成立100周年大会上的讲话》，来源：中华人民共和国教育部网站，2022年5月10日，网址：http：//www.moe.gov.cn/jyb_xwfb/moe_176/202205/t20220511_626507.html。

人事迹，通过设计具有仪式感的环节，阐释先进典型的新时代内涵，从而形成崇德向善的良好氛围。

推典型，注重宣传氛围营造。高校共青团在选树典型后要加大力度，多形式、多手段、多角度开展宣传推动工作，从而扩大影响力、增强感染力、延续生命力，让先进典型的青春奋斗故事在青年中间传遍，更传进青年心里。比如，可以精心采编先进典型的事迹，利用微信公众号、哔哩哔哩网站、微博等学生关注的平台，以视频、图文等形式着力宣传身边的典型，营造浓厚氛围，不断扩大先进典型的感召力，生动展现先进典型的青春形象。

学典型，注重见贤思齐引导。高校共青团要加强榜样事迹、青春故事、奋斗历程学习力度，通过开展学习先进活动，举办事迹报告会、青春故事分享会、榜样力量座谈会等形式，大张旗鼓宣扬先进典型，建立学习长效机制，通过学习心得撰写、主题演讲与交流、视频制作与观看，形成多维学习青春榜样的良好氛围，从而打造一批先进团队。

爱典型，注重日常关爱培养。先进典型的培养与选树关乎人才培养的质量，关乎社会发展与国家未来，因此，高校共青团要注重关心关爱先进典型，即用感情关爱典型、用事业培养典型，鼓励学生干部甘当先进、不断超越自我，永葆典型的纯洁性和先进性。要建立健全典型回访联系制度，切实加强日常联系和指导，通过多种形式，一如既往地严格管理和教育，永葆典型的先进性，防止出现思想滑坡、工作不力、示范作用弱化等问题。

三、深化网络思政育人建设，优化网络文化产品品质

习近平总书记在全国高校思想政治工作会议上指出："要运用新媒体新技术使工作活起来，推动思想政治工作传统优势同信息技术高度融

合，增强时代感和吸引力。"当今大学生身在网络中，其日常对思想的认知、对世界的了解大部分来自网络，因此，牢牢占领网络思政育人阵地，是对当前高校共青团引领青年思想提出的更高要求。高校要优化新媒体工作队伍建设，建立完善的多维协同网络育人模式，为网络思政育人做好保障；要加强网络新媒体矩阵建设，增强团属新媒体协作能力，聚合全团各类互动平台资源，形成系统效应；要提升新媒体文化产品品质，不断推出有思想内涵、有精良品质、有广泛影响的网络文化产品，让主旋律在网络空间高声唱响。

优化新媒体工作队伍建设。新媒体工作队伍建设是高校开展网络思政教育的基石，也是"大思政"格局下多平台联动、多阵地互动形成合力引领青年成长成才的基础。因此，高校共青团要着力打造一支思想政治硬、工作能力强，规范化、体系化、梯队化的新媒体工作队伍，要优化新媒体工作队伍的组织架构、人员配比、梯队建设等，夯实网络思政教育根基。完善新媒体工作室体系，是优化新媒体工作队伍建设最为关键的一环。高校共青团网络思政教育要形成多维协同育人合力，在新媒体工作队伍建设中，要注重党委统一领导、团委指导，明确政治性、思想性、方向性，形成管理体系；要注重加强共青团新媒体学生组织结构优化，要在校团委统一指导下开展网络思政教育，完善其组织架构，遴选校团委有关部门老师做其指导老师，切实把牢政治关、思想关，加强学生团队体系建设；要加强部门联动，注重协同学校有关部门，如统战部、宣传部、学工部共同参与团属新媒体工作队伍建设，聘请有关部门老师制定轮值办法并作为"特邀评论员"共同推进新媒体工作；要注重网络安全预警，加强网络舆论监管，形成安全预警体系；要注重家校联系，探索家长参与高校团属新媒体工作队伍的长效互动机制，形成"场外观察团"，建立家校协同体系。这样才能形成党委领导、团委指导、学生组织为主体、多部门协同、师生共建、以生为主、家校协同的全方位新媒体工作队伍新局面。

加强网络新媒体矩阵建设。随着网络新媒体的迅猛发展，学生群体普遍利用网络了解世界、获得资讯，高校共青团新媒体事业也蓬勃发展起来。在当今网络平台井喷式发展的形势下，高校共青团更要充分利用网络新媒体开展好青年团员的理想信念教育，拓宽育人渠道、发挥育人功能。一方面，要加强新媒体团队矩阵建设。团属新媒体是大学生团员自我教育、自我管理、自我服务的重要平台，要增强校级团属新媒体工作队伍与院系团属新媒体工作队伍的联系，建立校院联动的新媒体工作联盟。在着力打造校级团属新媒体账号时，要通过联盟人员轮值交流、网络作品分享转发等，与各院系强化协同育人合力，加强新媒体团队矩阵建设，形成"你中有我，我中有你，美美与共"的校院协同团属新媒体工作育人新生态。另一方面，要加强新媒体网络平台矩阵建设。要广泛调研学生常用、爱用的网络新媒体平台，如微信公众号、微博、抖音、哔哩哔哩网站等，建强用好这些新媒体平台账号，在网络空间唱响主旋律、壮大正能量，形成平台联动、百花齐放的态势。高校共青团要加强思想政治引领，全方位促进理论宣传、政策宣传、成就宣传、典型宣传走到学生中间、走进学生心里，把党的创新理论、战略部署、重大举措宣传好，把党带领人民取得的伟大成就宣传好，把广大青年建功新时代的青春风采宣传好，有效引导大学生团员在微传播中的政治参与和情感表达。

提升新媒体文化产品品质。高校共青团网络思想政治教育除了要具备完善的工作队伍、多维的矩阵平台，最直接的，是要生产出一系列政治过硬、品质过硬的新媒体文化产品。一是要结合习近平新时代中国特色社会主义思想以及党的政策、理论、方针，将新时代具有引领性、政治性、思想性的元素融入文化产品中，凸显主题，让青年团员以坚定的理想信念，燃烧火热的青春，持续推动网络新媒体为思想政治引领工作赋能，不断创作出有思想内涵、有精良品质、有广泛影响的网络文化产品。二是要结合新时代团员青年喜闻乐见的形式与内容打造精品。要通过文字、图片、音乐、视频、漫画、直播等方式，遵循传播学普遍规律，策划一系列主题鲜明、形式新颖、内容鲜活的文化产品与网络活动，不断扩大高校共青团网络思政影响力，形成强大的宣传声势、态势，在提升网络产品质量的同时，使思想政治教育入脑入心。

第三节　新时代思想引领工程中实践育人的路径探索

党的十八大以来，以习近平同志为核心的党中央高度重视青年思想政治工作。在党中央领导下，共青团聚焦为党育人主责主业，坚持"全团抓引领"，推动青年思想政治工作开创了新局面、取得了新成效。新时代共青团思想政治引领工作要聚焦为党育人的主责主业，要紧扣新的形势要求，优化创新项目载体。高校共青团在新时代思想引领工程中的实践育人路径，要突出活动的实践性，强调学生的自主性，着力培养学生的实践能力、创新意识,从而坚定学生理想信念,实现学生德智体美劳全面发展。

一、以"青年大学习"为抓手,打造思想引领品牌工程

"青年大学习"网上主题团课是新时代思想引领工程实践育人的重要载体,也是当前团员青年参与最多的团课形式,着力办好"青年大学习"网上主题团课,打造思想引领品牌工程,对于新时代共青团实践育人具有重要的作用。共青团重点可在强化思想政治引领、丰富优质内容供给、增强青年学习体验、线上线下补充结合等方面综合探索实践育人路径,形成"青年大学习"理论水平高、内容供给优、参与范围广、学习效果好的新局面。

1. 强化思想政治引领

"青年大学习"作为团员青年每周必学的网上主题团课,要紧紧围绕习近平新时代中国特色社会主义思想和党的二十大精神的学习宣传阐释,着力培养新时代团员青年的理想信念、政治认同、道德品质、组织意识,使团课主题鲜明、富有引领力。要从政治上着眼、从思想上入手、从青年特点出发,"永远站在理想信念的高地上,用党的科学理论武装青年,用党的初心使命感召青年,用党的光辉旗帜指引青年,用党的优良作风塑造青年"。

2. 丰富优质内容供给

当前的"青年大学习"主要以党的理论、方针、政策,党史、新中国史、改革开放史、社会主义发展史、中华民族发展史等为主要内容,具有鲜明的政治性、思想性、时代性。在此基础上,要不断丰富优质内容供给,在故事讲述、人物塑造、历史铺陈等方面,以当前青年喜

闻乐见的方式制作精良的图文、音频、视频、动画等，使青年人"从内心深处厚植对党的信赖、对中国特色社会主义的信心、对马克思主义的信仰"。

3. 增强青年学习体验

目前"青年大学习"为"学习视频＋答题"模式，学生在观看视频学习过程中容易出现精力不集中的情况，且互动参与较少，青年团员学习实效有待增强。同时，虽然每期"青年大学习"都有高校、学院、团支部发布的排名榜单，但是团员青年的关注度还是不够。因此，要在"青年大学习"上增强青年的学习体验，一是可增加"青年大闯关""青年对话录""青年打卡"等，增强"青年大学习"的互动性，以闯关、语音连线、视频拍照等新形式，让团员青年在学习中获得沉浸式的体验感。二是丰富答题形式，除去选择题，还可增设判断、填空、简答等常规类型题目，或者语音、视频等互动类型题目。三是增强排名榜单互动联动，各高校间、高校各学院间、学院各团支部间可建立联动机制，以榜促学，进一步深化"青年大学习"的影响力，使其成为每位团员期待参与的每周必修课。

4. 线上线下补充结合

"青年大学习"作为网络主题团课的重要载体，还要注重线上线下相结合的方式，增强课程体系化、层次化、制度化建设，从而实现"以线上学习为主转变为线上供给优质内容、线下开展组织化学习相结合的模式"。在线下组织化学习中，要注重与"青年大学习"课程内容的衔接与延展，要注重学生线下的沉浸与互动，从而将"网上听与学"融合为"线下说与做"，立体式全面综合打造新时代思想引领品牌工程。

二、以"青年讲师团"为载体,锻造青年理论武装轻骑兵

"青年讲师团"作为高校共青团新时代思想引领工程青年理论武装的轻骑兵,在政策宣讲、思想引领、榜样带动等方面具有综合影响作用。"青年讲师团"应当是团员青年中的先进榜样,应当在团员青年及广大学生群体中具有广泛的引领力与影响力,是党联系青年的桥梁纽带,是青年奋进的先锋力量。因此,高校共青团在开展"青年讲师团"工作时一方面要注重讲师选拔与队伍打造,一方面要改进宣讲形式与授课内容,真正让理论政策入脑入心。

1.注重讲师选拔与队伍打造

青年讲师要重点从学校党政机关青年干部、团干部、青年教师、辅导员队伍及优秀学生骨干、研究生支教团成员中选拔,同时可邀请青年理论工作者、青年媒体工作者、企业青年骨干、大学生村官、社区青年党员等做特邀讲师,还可以遴选一批"政策理论素养深、翻译转化能力强、现场宣讲效果好"的青年宣讲骨干,建立高质量、梯队化青年讲师库。"青年讲师团"中可设团长、副团长,成员若干名,团长可由校团委书记担任。讲师团下设办公室,办公室主任由校团委分管此项工作的副书记担任,具体负责讲师团成员联系沟通及宣讲工作的组织协调。

在遴选青年讲师时应注重以下几个方面。一要政治立场坚定。青年讲师团成员要坚决拥护中国共产党的领导和中国特色社会主义制度,增强"四个意识"、坚定"四个自信",在思想上、政治上、行动上坚决做到"两个维护",坚决贯彻执行党的基本理论、基本路线、基本方略。二要理论素养过硬。要具有扎实的理论基础,能准确把握马克思主义的基本原理和核心要义,深刻领会习近平新时代中国特色社会主义思想和党中央的决策部署、重要会议精神,自觉用中国特色社会主义理论

体系武装头脑、指导实践，了解党史国情和形势政策。三要有突出的个人事迹。青年讲师应为各类优秀青年的典型，有让青年可亲、可信、可学的感人事迹和突出业绩，能够用真人、真事和真情，讲述自身筑梦追梦圆梦、把个人理想融入党和国家建设发展事业当中的奋斗故事，引领青年树立奋发向上、崇德向善、爱党爱国爱社会主义的鲜明价值导向。四要有优秀的宣讲能力。青年讲师要具有丰富的宣讲经验或优秀的语言表达能力，在文稿撰写、演讲表达、互动交流、临场应变等方面表现优异，善于将宣讲内容转化为青年人易于接受、喜闻乐见的语言和小道理、小故事，推动党的理论在青年中入耳入脑入心入行。

2. 改进宣讲形式与授课内容

青年讲师要善于运用当前青年爱听、爱看、爱学、爱做的方式改进宣讲形式与授课内容，增加音视频互动、情境化体验、翻转式交流等方式。在设计授课内容时，要牢牢把握以下几个方面：一要讲好党的创新理论。要讲好马克思主义中国化理论成果特别是习近平新时代中国特色社会主义思想，帮助广大青年学会用马克思主义的立场、观点和方法认识问题、分析问题，引导青年学生始终同以习近平同志为核心的党中央保持高度一致。二要讲好党史国史团情。讲好中国共产党奋斗史；新中国成立以来特别是改革开放以来，中国特色社会主义事业取得的伟大成就；中国共青团成立100多年来，在党的领导下团结带领广大青年不忘初心跟党走的光荣足迹；讲好共青团充分发挥党的助手和后备军作用的时代故事；讲好新时代共青团的政治定位和职责使命，深化改革攻坚的方向举措，提升"三力一度"的方法路径等内容。三要讲好国情形势政策。讲好新时代中国的政治、经济、文化、社会、外交、国防、生态文明的发展现状和未来前景；讲好国家制度和治理体系、治理能力的显著优势；讲好百年未有之大变局背景下，国际政治经济格局的变迁、全球化的潮流趋势；讲好党的青年工作方针。四要讲好青春榜样故事。讲好青年典型在爱国奉献、创新创业、创造创优、扶贫济困、自强励志、志愿服务等方面的成长故事、奋斗故事、奉献故事；讲好在革命、建设、改革不同历史时期涌现出的青年英雄模范故事，用榜样的力量激励广大青年践行社会主义核心价值观，厘清思想、树立远大理想、弘扬奋斗精神。五要讲好校史校情校训。要深入挖掘校史文化，广泛开展校史校情宣传教育，讲好学校建设发展改革的历史、学校人才培养的基本情况、校训蕴含的深厚文化等，帮助青年学生深入了解学校的历史文化和大学精神，引导他们牢固树立爱校荣校情怀，不断增强爱校荣校兴校的责任感与使命感。

三、以"青马工程"为阵地，塑造新时代青年政治骨干

自2007年青年马克思主义者培养工程（以下简称"青马工程"）启动以来，高校共青团着眼为党育人、为国育才职责，始终用马克思列宁主义基本原理及马克思主义中国化的重要理论成果武装广大青年头脑，努力培养具有忠诚政治品格、浓厚家国情怀、扎实理论功底、突出能力素质，忠恕任事、人品服众的青年政治骨干和马克思主义者，以促进青年健康成长，增强中国共产党的执政活力。十多年来，"青马工程"在制度化、体系化等方面有一系列进展，但仍存在理论学习不深不透、培养模式不新不多、条件保障不够不足等方面的问题，因此，新时代思想引领工程融入共青团实践育人，要全面深化"青马工程"，在其原有基础上，结合时代特点、青年特征、高校特色，不断推进其理论见深度、课程见温度、实践见效度，切实培养一批新时代青年政治骨干，铸牢"青马工程"思想引领作用。

1. 加强组织领导

高校共青团要充分认识到共青团是引领青年思想进步的政治学校，而"青马工程"中的"青马学校"（青年马克思主义者培养学校）更凸显了其政治性，因此要在实施"青马工程"的过程中进一步加强组织领导，充分发挥基层团组织的作用。要将"青马工程"纳入高校党建工作，并作为衡量高校党建工作的重要指标，逐步形成高校党政共抓、党建带团建的培养模式，在组织上为实施这一工程提供保障。要建立多部门协同共建的管理监督机制，明确培养目标，完善培养方案，与思想建设、学生工作相关的主要党政部门，如宣传部、统战部、学工部、教务处等联动，形成协同育人的良好生态。

2. 创新培养模式

当前"青马工程"主要依托理论学习、交流研讨、论坛讲座、主题宣讲等形式开展各类活动，尽管其培养模式中设计了实地研学、社会调研、实践锻炼、志愿服务、结对帮扶等板块，但在具体实施过程中往往缺乏实际方案、具体计划，使得前往红色教育基地、深入基层一线流于形式。除了传统的红色教育基地研学，应在培养环节加入更多实践育人元素，如在高校内体验保洁员、宿管员、门卫等的工作，在社会上进行快递员、外卖员体验等活动，创新"青马工程"培养模式，让学生在实践中感悟党的初心使命。

3. 丰富培训内容

"青马工程"重在读原著、学原文、悟原理，包括学习马克思主义基本原理、习近平新时代中国特色社会主义思想、当代中国与青年发展情况、党史国史团史基本问题、理想信念教育等内容。除此之外，也要结合新时代要求全面深入学习党史、新中国史、改革开放史、社会主义发展史、中华民族发展史。系统学习先进理论的同时,要注重将其与中华优秀传统文化相结合,与家乡发展变化相结合,与新时代中国取得的辉煌成就相结合,不断丰富培训内容,与时俱进,与学生贴近,才能取得更好的效果。

4. 完善考评体系

"青马工程"应完善多元考核评价体系,让考评体系成为激励"青马学员"的动力,让"青马学员"感受到自豪感、荣誉感,同时要强化制度化、机制化培养,使学员理想信念和政治工作本领双提升。要制定科学评价指标,分层分级分类进行总体评价;要建立信息反馈制度,鼓励各级学员对课程设置、课程体验等进行及时反馈;要建立基层调研制度,鼓励学员深入广大同学开展调研,常态化了解青年思想动态;要完善多维考核体系,采取奖励赋分制,让优秀学员带动其他学员,营造良好氛围;要建立跟踪成长机制,形成校企联动对接,最大化帮助学生骨干继续成长成才。

5. 建立保障体系

"青马工程"要着力保障育人平台,抓好各类阵地建设,充分发挥其实践育人作用。要抓好"青马学校"自身平台建设,健全管理模式,拓宽育人渠道;要抓好机关党委、党校等多平台联动,为"青马学员"提供更多实践岗位、锻炼机会;要抓好网络思政平台建设,抢占网络育人高地,提升新媒体网络文化作品质量,利用网络平台对学员进行全程培养。此外,要保障经费投入,为购买经典著作、红色书籍等设立专项经费,为"青马学员"配发具有身份感、标志性的周边产品,根据培养规模、学员人数适当加大资金扶持力度,对表现优异的教师与学员进行适当奖励等;要保障师资队伍,可聘请、邀请高校党政领导、团干部、思政专业教师等作为宣讲嘉宾、课程教师、特邀评论员等为学院讲授相应课程,确保培养质量。

6.注重选拔骨干

"青马工程"的目的是以马克思主义中国化的最新理论成果武装青年学生,引导青年学生进一步坚定跟党走中国特色社会主义道路的理想信念,培养社会主义合格建设者和可靠接班人。因此,在培养过程中尤其要注重学生骨干人才的挖掘和培养,要完善岗位建功机制,及时发现可靠人才,进行重点培养,在考评加分、表彰激励、鼓励实践等方面,积极发挥示范引领作用,形成全过程实践育人新格局,最终为党和国家输送符合培养标准的高质量人才。

四、新时代思想引领工程中实践育人的案例分析

1.案例主要背景

长安大学青年马克思主义者培养学校坚持以习近平新时代中国特色社会主义思想为指导,深入学习宣传贯彻党的二十大精神,坚持立德树人根本任务,着眼党的事业薪火相传,着力培养具有忠诚政治品格、浓厚家国情怀、扎实理论功底、突出能力素质的青年政治骨干,引领他们更加紧密地团结在以习近平同志为核心的党中央周围,引导他们深刻领悟"两个确立"的决定性意义,增强"四个意识"、坚定"四个自信"、做到"两个维护",自觉用党的二十大精神统一思想和行动,努力成长为有理想、敢担当、能吃苦、肯奋斗的新时代青年,为学校发展和全面建设社会主义现代化国家贡献青春力量。

2.典型做法措施

(1)分级分类培养

根据工作实际,校级学生骨干培养工作共分为四个序列,即学生骨

干培训高级班、团学组织骨干培训班、学生社团骨干培训班和研究生骨干培训班，分别配备指导教师。院（系）"青马学校"可参照校级标准要求开展学生骨干培养工作，并配备指导教师，进行分类培养。

(2) 丰富培养内容

"青马学校"开设理论学习、红色教育、实践锻炼、素质拓展、榜样引领、作风养成等六大模块课程，对学员进行全方位、系统性、个性化培养。

①理论学习

引导学员读原著、学原文、悟原理，深入学习贯彻习近平新时代中国特色社会主义思想，原原本本、逐字逐句学习党的二十大报告和党章，学习习近平总书记在党的二十届一中全会上的重要讲话精神；邀请党政领导、专家学者就党的二十大精神做专题辅导报告。此外，通过举办"宣贯二十大青马学员说"活动学习宣传贯彻党的二十大精神活动，以青年化视角开展宣讲，带动青年学生深入学习、认真领会、准确把握党的二十大精神，引领青年学生进一步坚定跟党走中国特色社会主义道路的信心和决心。

②红色教育

组织学员赴革命传统教育基地、爱国主义教育基地、革命遗址等实地学习，参加祭奠革命先烈，重温入党、入团誓词等仪式。组织学员观看爱国主义教育影片和优秀典型事迹影像资料、专题展览。不断加强对党史、新中国史、改革开放史、社会主义发展史等的学习，增强学员对革命传统精神的理解，实现爱国主义精神的升华。通过红色教育，引领学员弘扬和践行以伟大建党精神为源头的中国共产党人精神谱系。

③实践锻炼

以大学生"三下乡"社会实践活动为主要抓手，组织学员到有代表性的基层地区和行业开展实地锻炼和志愿服务。深化日常实践,组织学员到政府及学校机关部门开展常态化实践训练、跟岗见习。通过实践锻炼,帮助学员深入了解我国国家制度和国家治理体系,更好地观察社会,在基层一线磨砺意志、锤炼品格、增长才干,树立群众观点,坚持群众路线。

④素质拓展

根据学员成长发展需求,通过主题活动、讲座报告、团体辅导、交流研讨等,着力提升学员在组织领导、生涯规划、心理健康、时间管理、公文写作、演讲口才、创新创业、艺术修养、网络宣传等方面的素养和能力。通过素质拓展,帮助学员提升个人综合素质,助力学员实现德智体美劳全面发展。

⑤榜样引领

积极邀请劳动模范、道德模范等各级各类先进典型走进校园、走近学生;大力选树学生身边的先进榜样,挖掘其优秀事迹。通过开展主题报告会、宣讲会、分享会等,讲好榜样故事,传递榜样力量,引导学员见贤思齐、学习先进,践行社会主义核心价值观,弘扬爱国奋斗精神、建功立业新时代。

⑥作风养成

组织学员深入学习习近平总书记对青年的希望寄语,认真研读《论党的青年工作》《习近平与大学生朋友们》,牢固树立争做青年友,不做青年"官"的意识。通过开展讲座报告、研讨交流、参观学习、警示教育等活动,加强学员作风建设,着力塑造信念坚定、热爱祖国、品学兼优、遵纪守法、朝气蓬勃、风清气正的新时代青年形象。

各培养序列须根据课程体系规定的内容,并结合自身实际,由指导教师负责制定细化的课程方案并报"青马学校"办公室备案,同时确保六大培养模块全覆盖、全体学生骨干都参与。在此基础上,"青马学校"要开设相关培训课程,并纳入学校通识选修课,学员修满课程且考核合格的,可获得相应学分。

(3) 管理机制

①完善考核评价机制

坚持过程评价与结果评价相结合,把学员的政治表现作为第一位要求,从理论测试、考勤情况、平时表现、成果总结等方面进行综合考核。具体考核指标及要求由各培养序列在总体要求的基础上,根据自身实际制定,并于培训期末提交培训工作总结和考核评优报告,"青马学校"将以此为依据进行结业和评优资格认定。

②健全日常管理机制

各培养序列指导教师要加强过程控制与管理,制定理论学习、红色教育、实践锻炼、素质拓展、榜样引领、作风养成等各环节学员管理规定,做到管理精准化、制度化。要建立日常督导检查机制,定期向学员所在党团组织了解学员日常言行,将日常表现作为学员评价的重要指标。

③严格淘汰退出机制

坚持通过日常观察、甄别,在培养过程中动态淘汰不守政治纪律和政治规矩,违反党和国家政策的;违反国家法律法规,危害党、国家和人民利益的;违背社会公序良俗,违反社会主义道德,有不当言行造成恶劣影响的;在重大事件和各种急难险重任务前表现消极、没有发挥先锋模范作用的;违反校纪校规,不遵守培训纪律,违反学员管理规定,未能完成规定培训任务的。学员这些行为一经查实,要坚决予以淘汰。

④建立跟踪培养机制

保持与学员的常态化联系,建立并实时更新学员信息数据库,随时关注学员后续成长发展情况,并为其提供继续学习和交流联系等支持帮助。要大力加强人才举荐，对于在培训过程中表现优秀的学员，在推优入党等评优推优工作中予以优先考虑。学员为入党积极分子的，培养期间参加的理论学习、实践锻炼等内容应当列入入党积极分子相关培养材料。此外，要不断强化"青马工程"为党培养青年政治骨干的品牌效应，努力为党的事业和队伍输送新鲜血液。

3. 工作成效经验

长安大学"青马学校"学生骨干培养工作坚持思想引领与政治训练相结合、理论学习与实践锻炼相结合、集中统一与分层分类相结合、组织培养与自我教育相结合、阶段培养与持续关注相结合等工作理念，形成了行之有效的工作方法。

（1）坚持党的领导

坚持党管青年原则，将党的基本理论、基本路线、基本方略贯穿"青马工程"实施的各领域和全过程。

（2）突出核心目标

把理想信念教育放在首位，坚持用马克思主义科学理论武装青年头脑，引导学员树立共产主义远大理想和中国特色社会主义共同理想。

（3）注重实践导向

组织引导青年在中国特色社会主义实践、群众工作实践中，深入了解世情国情党情，站稳立场，坚定信念，锻炼能力，敢于担当，充分发挥"点亮一盏灯、照亮一大片"的示范带头作用。

（4）遵循育人规律

聚焦培养青年政治骨干这一目标，尊重思想政治教育规律、青年成长规律等，突出青年马克思主义者培养的特殊要求。

第七章 高校共青团实践育人的组织引领路径

第一节　高校共青团组织实践育人的机制构建

习近平总书记高度重视实践育人工作,他曾强调:"学到的东西,不能停留在书本上,不能只装在脑袋里,而应该落实到行动上,做到知行合一、以知促行、以行求知。"① 高校共青团作为共青团组织的重要组成部分,是高等院校先进青年学生的群众性组织,长期以来在引领青年学生筑牢理想信念、投身实践志愿、参加校园文化建设、开展就业创业等实践育人方面做了大量的工作,发挥了重要功能。

一、高校共青团组织实践育人的协同机制构建

青年的成长成才是一项伟大的事业,同时也是一项复杂的系统工程,不仅要靠自身的学习、学校的教育,还要依靠政府、家庭乃至整个社会的通力配合、协同发力。2017年中共中央、国务院印发的《中长期青年发展规划(2016—2025年)》明确指出:"坚持全局视野,从战略高度看待青年发展事业,党委加强领导,政府、群团组织、社会等各

---

① 习近平:《在北京大学师生座谈会上的讲话》,来源:新华社,2018年5月3日,网址:https://baijiahao.baidu.com/s?id=1599373132024873600&wfr=spider&for=pc。

方面协同施策,共同营造有利于青年发展的良好环境。"①《新时代加强和改进共青团思想政治引领工作实施纲要》提出:"强化全团协同。巩固全团抓思想政治引领的格局,加强机制协同、工作协同、成果协同、阵地协同。在全团层面构建和完善全领域发展、全流程参与、全战线统筹、全形态展现的思想政治引领模式。充分调动各级团组织积极性、主动性和创造性,有效实现力量集聚和成效集聚。"

高校共青团组织实践育人的协同机制的构建,主要从资源共享、部门联动、全员参与三个方面入手。

1. 资源共享

《高校思想政治工作质量提升工程实施纲要》指出,要"整合实践资源,拓展实践平台,依托高新技术开发区、大学科技园、城市社区、农村乡镇、工矿企业、爱国主义教育场所等,建立多种形式的社会实践、创业实习基地"。

高校共青团组织实践育人资源按照实践育人形式可以分为以下几类(如表7-1所示)。

表7-1 高校共青团组织实践育人资源类型

资源类型	具体载体
教学实践类	学校专业实验室 校内专业实习实训基地 与企业共建的教学实践实训基地 企业提供的实践实习场所
军事训练类	军训场所、军训器械和军训物资等

---

①《中共中央 国务院印发〈中长期青年发展规划(2016—2025年)〉》,来源:新华社,2017年4月13日,网址:https://www.gov.cn/zhengce/2017-04/13/content_5185555.htm#。

续表

资源类型	具体载体
志愿服务类	志愿服务基地 （如福利院、孤儿院、社会矫正机构和贫困小学等） 其他接纳志愿服务的单位
社会调查实践类	乡镇农村、厂矿企业 其他接纳大学生社会实践调查活动的场所
创新创业类	各高校建立的创新创业基地和大学生创业中心
勤工助学类	校内外大学生勤工助学基地和企业提供的 勤工助学岗位

另外，学校、各部门、各院系要统筹安排好教学、科研等方面的经费，加大对实践育人工作的投入，确保实践育人工作生均经费不低于有关标准和要求。同时要积极争取社会力量支持，多渠道增加实践育人经费投入。

2. 部门联动

共青团中央《深化高校共青团"第二课堂成绩单"制度工作指引》指出："加强组织领导。鼓励以学校（党委）名义发布专门实施方案，系统规划实施'第二课堂成绩单'制度。构建党委统一领导、党政齐抓共管、教育教学、科学研究、学生工作、就业指导、后勤服务等部门共同参与实施的领导保障机制。"

以长安大学为例，学校制定《长安大学关于构建全员全过程全方位育人新格局的实施方案》《长安大学关于加强实践育人的实施办法》，在学校思想政治工作领导小组的统筹下，成立学校实践育人工作组，由分管学生工作的副书记和分管教学工作的副校长担任组长，团委、教务处、学工部、研工部、武装部、实管处负责人则为成员，具体负责实践育人的组织实施。各院系结合自身实际成立院系实践育人工作领导小组，加强工作协同统筹，科学设计并不断健全实践育人工作，确保实践育人各项任务举措落实落地。最终构建"党委统一领导，党政齐抓共管、有关部门分工负责、院系贯彻落实"的部门联动实践育人工作体制和工作格局。

3. 全员参与

共青团中央《深化高校共青团"第二课堂成绩单"制度工作指引》指出："优化运行机制。建立以团干部为主导力量，辅导员、教师、学生骨干协同参与的工作队伍。"高校团组织实践育人的全员参与，需要建强实践育人工作队伍，即要深入挖掘和充分调动全体教职员工实践育人积极性，加强其业务能力培训，支持其发表相关学术论文和出版研究专著，打造并精选一批实践育人精品项目，培育一批实践育人名师，并将实践育人成果与职称评定、职级晋升等挂钩。

《关于进一步加强和改进大学生思想政治教育的意见》指出："学校要探索建立与大学生家庭联系沟通的机制，相互配合对大学生进行思想政治教育。"全员参与不仅仅是要让团干部、辅导员、教师等参与进来，也需要家长、校友相互支持和共同努力，形成学校、家庭与社会积极互动、全员参与的局面。学校要及时通过家长群、家长信箱等向学生家长推介本校的实践育人政策，定期通报实践育人成果，并寻求家长在各方面的高效配合。校友作为对母校怀有深厚情谊的特殊群体，是学校与社会互动的重要纽带，要充分运用校友资源，将其转化为高校实践育人的资源，即"在实践育人中争取校友的支持，通过校企合作、产学研联盟等形式，发挥校友资源在实践育人中的资源保障和条件支撑作用"[①]。

[①] 赵巧玲、宗晓兰：《高校实践育人研究》，吉林人民出版社，2020年，第37页。

二、高校共青团组织实践育人的保障机制构建

高校共青团组织实践育人保障机制的构建,一是要以思想共识为先导,二是要以活动开展为载体,三是要以平台建设为依托,四是要以经费投入为保证。

1. 以思想共识为先导

要形成全社会对实践育人的思想共识,形成全社会支持实践育人工作的良好氛围,舆论宣传是必不可少的手段。一是把握正确的舆论导向,引导学生正确认识教育与社会实践相结合是成长成才的必由之路,让广大师生深刻地认识到实践育人工作的重要意义;引导大学生树立正确的实践观,积极向群众学习,增强创新精神和实践能力。二是充分运用大众化媒体工具。要在注重利用报刊、广播、电视等传统媒体的同时,积极发挥新媒体的传播优势,尤其是"两微一端"等新媒体的作用。三是选树和宣传先进典型,从选、树、奖、推、学、爱六个环节做好相关工作,善发现、善宣传,提高广大团员青年参与实践的积极性,激发广大教师参与实践育人工作的主动性。

2. 以活动开展为载体

《关于进一步加强高校实践育人工作的若干意见》中指出:"社会调查、生产劳动、志愿服务、公益活动、科技发明和勤工助学等社会实践活动是实践育人的有效载体。各高校要把组织开展社会实践活动与组织课堂教学摆在同等重要的位置,与专业学习、就业创业等结合起来,制订学生参加社会实践活动的年度计划。"①

一是要构建实践育人活动体系,形成以理论教育、专业实训、国情

---

① 教育部、中宣部、财政部等七部门:《关于进一步加强高校实践育人工作的若干意见》,来源:中华人民共和国教育部网站,2012年1月10日,网址:http://www.moe.gov.cn/srcsite/A12/moe_1407/s6870/201201/t20120110_142870.html。

调研、基层服务、创业就业等为主要内容的活动。二是要创新实践育人活动组织形式,将实践活动进行项目化管理,实现活动监管指导的全过程覆盖。三是要充分发挥团学组织和学生社团在实践活动中的组织和策划作用。

3. 以平台建设为依托

建立功能多样和类别细分的实践育人平台载体,并长期稳定运行,是高校共青团团组织实践育人工作的重要保障。以江苏大学为例,其实践育人基地主要包括三类平台:实验教学平台、双创孵化支持平台和产学研联合培养平台。实验教学平台包括完善建设江苏大学创客工场、江苏大学众创空间,建设大学生创新创业模拟实验室、沙盘实训室及知识产权创新创业体验式训练室;双创孵化支持平台包括江苏大学创新创业苗圃、江苏大学创业孵化基地、镇江国家高新区知识产权创新创业服务平台、镇江国家大学科技园江苏大学基地、江苏大学创新创业导师库、双创理论政策研究项目;产学研联合培养平台包括江苏大学研究生分院、江苏大学研究生工作站、江苏大学流体机械工程技术研究中心、镇江工程技术研究院、江苏大学—大全集团电气工程实践教育中心、汽车工程研究院、新材料研究院、现代农业装备与技术协同创新中心、江苏省农产品生物加工与分离工程技术研究中心。[①]

4. 以经费投入为保证

资金的投入是实践育人活动顺利开展的物质基础,健全国家、学校、地方政府、公益赞助多渠道经费保障机制,要支持有条件的高校建立实践育人专项资金。《关于进一步加强高校实践育人工作的若干意见》中指出:"高校作为实践育人经费投入主体,要统筹安排好教学、科研等方面的经费,新增生均拨款和教学经费要加大对实践教学、军事

[①] 李红、王谦主编:《新时代高校实践育人理论与实践》,江苏大学出版社,2021年,第135—141页。

训练、社会实践活动等实践育人工作的投入。"长安大学在《关于加强实践育人的实施办法》指出:"学校、各部门、各院系要统筹安排好教学、科研等方面的经费,加大对实践育人工作的投入,确保实践育人工作生均经费不低于有关标准和要求。积极争取社会力量支持,多渠道增加实践育人经费投入。"

第二节 高校共青团指导学生会实践育人的探索实践

高校共青团是党领导下的先进青年的群团组织,是党在青年中的助手和后备军。高校学生会是学校的重要学生组织,以加强学生政治引领为根本,以全心全意服务同学为宗旨,发挥党团联系同学的桥梁纽带作用,它需要在加强实践育人中引领青年学生深刻领悟"两个确立"的决定性意义,不断增强"四个意识"、坚定"四个自信"、做到"两个维护"。

一、高校共青团指导学生会组织实践育人的目标

1.提高站位,创新工作机制

高校工作的出发点和落脚点皆是围绕学生、为了学生。除了学校主

体的教育、管理之外,应当推动广大学生进行自我管理、自我教育。学生会作为学生自治组织,是学校联系青年的桥梁,是促进校园治理的助手,也是全面提高人才培养质量,建设社会主义一流大学、培养一流人才的重要支撑。① 高校共青团指导学生会组织实践育人机制坚持理论教育与实践养成相结合,整合实践资源,丰富实践内容,完善支持机制,系统构建高校实践育人工作机制,推动多种载体有机融合,形成实践育人统筹推进工作格局,统筹推进课内与课外的实践育人教育教学活动,引导学生在亲身参与中长见识、强能力。

新时代新征程,高校共青团要在明确职能定位、改革运行机制、明确遴选条件、严格遴选程序、坚持从严治会等方面指导学生会组织,使高校学生会组织尽快适应新形势、把握新要求、研究新问题、推出新举措、实现新变化,着力巩固高校学生会改革前期成果,推动改革最终落实落小落细,让学生会组织更好地引领和服务广大青年。

2.牢记使命,提升服务意识

《高校共青团改革实施方案》指出,要深化以青年为中心的改革,坚持服务青年学生的工作生命线,让青年学生当团学工作的主角。高校共青团应结合当前教育目标和青年学生成长成才实际需求,构建各年级段充分覆盖的青年学生思想引领平台,在思想引领中满足青年成长成才需要,在服务青年中最终赢得青年。

学生会是党领导下的主要学生组织,是学校联系广大青年学生的重要桥梁和纽带。"高校学生会组织的宗旨是全心全意服务同学,应坚持以学生为本的原则和'从同学中来、到同学中去'的工作理念,时刻想同学之所想,急同学之所急,着力打造广大同学'想得起、找得到、

---

① 孙璐:《新时代高校学生会深化改革探究——以华东理工大学学生会为例》,载《高校共青团研究》2020 年 Z1 期,第 184—188 页。

靠得住、离不开'的学生会组织，使精准型服务到青年身边，获得感在青年心中。"①

3.拓宽阵地，繁荣校园文化

校园文化建设是高校育人的重要环节，良好的校园文化反映院校科学的办学理念与育人精神，能够服务于人才培养的整体目标。建设校园文化，是持续推进高校育人工作的必然要求，高校共青团要充分认识到校园文化建设的重要性和积极意义，以人才发展为目标，致力于为学生生活和学习培育良好校园文化氛围，使学生形成科学的文化意识与文化品格。开展高校共青团实践育人工作，必须以校园文化建设为基础，重点关注和整体设计校园文化这一独特文化，将校园文化建设纳入团组织的整体工作中。②

校园文化要与中华优秀传统文化融合，成为涵养社会主义核心价值观的源泉；与红色革命文化融合，让学生深刻了解中国共产党百年浴血奋战历程；与爱国主义教育相融合，鼓励青年团员勇担重担，主动投身中华民族伟大复兴的历史伟业；与新时代美育和劳育相融合，鼓励广大青年群体争做新时代的追梦人。

二、高校共青团指导学生会组织实践育人的意义

1.完善全员、全方位、全过程育人机制，提升高校思想政治工作水平

习近平总书记在全国高校思想政治工作会议上强调："要坚持把

---

① 蔡颖蔚、陈浩、曲直：《新形势下高校学生会组织深化改革路径研究》，载《高校共青团研究》2020年第Z1期，第168页。
② 严永祥：《高校共青团实践育人功能探索》，载《中国多媒体与网络教学学报（中旬刊）》2020年第8期，第222页。

立德树人作为中心环节，把思想政治工作贯穿教育教学全过程，实现全程育人、全方位育人，努力开创我国高等教育事业发展新局面。"[1]建立健全共青团指导的学生会组织实践育人机制，可以充分地调动校团委、学生工作处、学生会组织协同参与高校思想政治工作，构建"立体化、多时态、交互式"[2]的育人格局。以学生会为媒介开展各种类型的实践教育活动有利于建立良性互动关系，学生干部作为学生有着边界上、精力上、视角上的优势，学生干部"从同学中来，到同学中去"，与同学们的距离感小，相较于老师更了解学生的所思所想。共青团指导学生会组织有利于开展青年群体喜闻乐见的实践教育，调动青年自觉主动参与到高校思想政治工作中，提升高校思想政治工作水平。

2.加强共青团的引领力、组织力、服务力，搭建专业学生服务平台

引领力与组织力、服务力都是共青团的核心竞争力。探索共青团指导学生会组织实践育人机制，体现在以下几个方面。首先是加强引领力。开展实践育人工作既是提供思想引领的有力途径、宣传先进思想的重要渠道，又能在活动中使学生提升思想认同。其次是加强组织力。丰富多样且切实有效的校园文化活动、社会实践活动考验共青团组织的组织动员能力，也能培养团干部的综合素质与能力。再次是加强服务力。参与志愿服务、创新创业活动、学生提案工作等实践育人工作是为学生做实事、帮助学生解决问题的积极举措，有利于丰富校园生活，使学生

---

[1]《习近平在全国高校思想政治工作会议上强调：把思想政治工作贯穿教育教学全过程　开创我国高等教育事业发展新局面》，载《教育文化论坛》2016年第6期，第144页。

[2] 袁寿其：《坚持立德树人　推进"三全育人"》，载《群众》2021年第14期，第52—53页。

在学思践悟中学本领、长才干，提前适应社会。"三力"提升、"三力"融合、"三力"协同，这样才能提升共青团组织的核心竞争力。通过对此种机制的探索，学生会也能够更好地落实全心全意服务同学的宗旨，树立"富有理想、关心同学、清新阳光"的组织形象，搭建专业的学生服务平台。

3. 落实高校立德树人的根本任务，培育担当时代大任的民族新人

习近平总书记要求共青团"必须时刻把为党和人民培养人的工作摆在首位、贯穿始终"，"把培养社会主义建设者和接班人作为根本任务"。建立共青团指导学生会组织实践育人机制，正是贯彻落实党赋予共青团的"育人"这一首要任务的新路径，体现出共青团始终坚定地坚持党的领导。人才是发展中最为关键的要素。"百年大计，教育为本"，为党育人、为国育才，培养担当民族复兴大任的时代新人，是党和人民赋予中国特色社会主义教育的重大战略任务。高校共青团要强化实践教育，使青年了解我国的国体、政体和政治制度，学习和传承中华优秀文化和社会主义文化，走进社会、奉献社会，自觉增强"四个意识"，坚定"四个自信"，做到"两个维护"。

三、高校共青团指导学生会组织实践育人的实施

1. 思想引领体系建设

高校共青团应加强对学生会组织实践育人过程的思想引领，使其统一到党的基本理论、基本路线和基本方略上来，坚持以习近平新时代中国特色社会主义思想为指导，理论联系实际地开展实践育人工作，贯彻落实习近平总书记关于青年工作的重要思想。共青团指导和帮助学生会组织，必须坚持"严格要求"和"关心信任"相结合的原则，鼓励学生会在实践育人工作中大胆创新，随时跟进了解其工作进展，及时给予

思想上的指引和行动上的保障。广大团干部应该勤奋学习，坚定理想信念，坚持用科学理论武装头脑，提高青年工作能力，增强自身思想素质与政治修养，切实提升团组织的思想政治引领水平。同时，要增加实践教育中的思政元素，构建立场正确、内容广泛、方法新颖、价值高尚的思想引领体系。

2.特色活动体系建设

高校共青团要结合党在现阶段的主要任务和方针政策，根据学校办学特色与优势，积极打造校级精品活动，广泛开展各类具有深刻教育意义和宣传价值的校园活动，构建多元化、差异性的多元特色活动体系。要开展"挑战杯"等创业创新类竞赛，积极探索参赛项目与市场衔接的可能性，积极助推获奖作品向实践应用转化，实现科创竞赛的可持续发展。要组织"校园文化+"活动，开展一系列富有专业特色的动手操作活动，模拟专业实践，培养学生的综合能力，为提高学生美学素养、明确理想追求、树立正确三观提供便捷的机会，搭建有效的平台。要强化志愿者实践活动，增强学生的社会责任感与社会服务意识，提升其生命价值。

3.执行队伍体系建设

高校共青团要加强对学生会组织的培训工作，重视学生会的组织建设和学生干部队伍建设。要建立健全各级学生会组织，形成权责统一、分工明确、各司其职的完整的组织架构，同时可以根据实践育人工作的需要适当调整学生会组织的组织架构与人员安排。要本着重素质、讲能力、看发展的原则做好学生干部选拔工作，加强对学生干部的培养，使其首先明确实践育人的目的、原则、方法、作用，提升学生干部的组织能力、协调能力与执行能力。要注重调动学生干部的工作热情，激发其工作的主动性与创造性。

4. 评价反馈体系建设

高校共青团要深化贯彻"第二课堂成绩单"制度并做好活动后的评价反馈工作，通过共青团中央综合素质证书记录学生日常社会实践活动情况，依据不同级别、时间、效果，给予不同分数的奖励，每学年最后计算出奖励总分。将学生参与实践活动所获得的奖励加分与各类评奖评优挂钩，以激发学生参与各种实践育人活动的积极性和主动性。要让学生在实践中感悟、在行动中成长，把社会主义核心价值观内化为自己的内在品质，外化为自己的行为习惯，实现立德树人的根本目标。

5. 专业保障体系建设

一是经费保障，按上级文件精神确保高校实践育人工作经费到位，并且给予专项活动经费支持。二是专业保障，加强各级团学组织负责人、专职辅导员、班主任等专职教师队伍建设，并提供专业的指导与支持。三是场地保障，加强校内外实习实训、调研考察、创业孵化、人文素养等实践基地建设。四是科研保障，每位专职共青团工作者需发表一篇或以上大学生主题教育或素质提升工作方面的论文。五是制度保障，明确统一的实践教育制度，规范实践教育全过程，使实践育人工作有章可循、有制可依。

四、高校共青团指导学生会组织实践育人的案例分析

1. 案例主要背景

新时代共青团思想政治引领工作要聚焦为党育人的主责主业，紧扣新的形势要求，巩固发扬传统品牌优势，优化创新项目载体，努力构建各有侧重、彼此衔接的系统化工作体系。要开展爱国主义教育，巩固深化共青团爱国主义教育系列品牌活动。

2. 典型做法措施

在此背景下，长安大学举办了"峥嵘百年，学史争先"思政文化节系列活动，内容包括党史主题书画展、经典著作线上打卡阅读活动和红色家书接力诵读活动。其中党史主题书画展向长大学子展示了党史主题的非遗麦秆画作品、书法和绘画作品，用艺术的形式再现了建党百年来波澜壮阔的历史，使学生体悟到了革命先辈们的报国情怀，重温了红色革命故事，看到了那个时代的铮铮风骨，激励着长大学子铭记历史，砥砺奋进，争做有为青年，担当民族复兴的重任。经典著作线上打卡阅读活动开展期间，200余名长大学子踊跃参与，学习热情高涨，通过摘抄经典著作、学习英模和先锋事迹、观看红色影片、传唱红色经典歌曲、诵读红色诗歌的形式，坚持每日学习打卡，在全校营造出浓厚的党史学习氛围。通过本次经典著作线上打卡阅读活动，同学们对经典著作有了更加深刻的理解，进一步巩固了自身理论知识，坚定了理想信念，为宣扬红色精神打下了坚实的基础。红色家书接力诵读活动引导学生深入学习红色文化，从历史中汲取养分，深刻理解中国特色社会主义的发展历程，切身感悟革命先烈的爱国之志，激发了学生的爱国热情，同时为在校学生坚定理想信念，增强民族凝聚力与民族自信心，培育团队精神打下了坚实基础。

3. 工作成效经验

长安大学深化实践教育，把思想政治教育融入社会实践、志愿服务、实习实训等活动中，创办形式多样的行走课堂，取得了一定的工作成效，总结出了许多工作经验。一是健全社会实践活动体系，深入开展"'小我融入大我，青春献给祖国'主题社会实践"等活动。推动构建政府、社会、学校协同联动的"实践育人共同体"，挖掘和编制"资源图谱"。同时加强劳动教育，不断扩充青少年劳动教育的内涵，扩大外延，把养成劳动习惯、强化劳动情感、掌握劳动技能结合起来，深化实践育人工作。二是把实践育人作为共青团开展思想政治引领的特色优势，紧紧围绕青少年进行社会观察、体验社会的内在需求，实施大学生社区实践计划，深化高校共青团"第二课堂成绩单"制度，引导广大青少年在奉献社会、服务人民中锤炼思想、体悟成长。三是积极开展志愿服务活动，以助力青年学生成长和解决社会公共需求为使命，以"立足校园、辐射周边、面向社会"为原则，努力营造我参与、我奉献、我快乐的志愿服务氛围。四是强化典型引领示范。坚持先进性与广泛性相结合，提升青年五四奖章获得者、"两红两优"、乡村振兴青年先锋、"向上向善好青年"、"中国青年好网民"等青少年榜样的说服力，凝练青年突击队、青年文明号、青年岗位能手、青年安全生产示范岗等传统品牌的新时代内涵，挖掘弘扬可信可学的感人事迹、奋斗历程、精神品格，推动形成见贤思齐、崇德向善的良好氛围。依规依法开展各类青年荣誉表彰工作，探索完善先进模范发挥作用长效机制，激发青少年的思想认同、情感共鸣和学习行动。为充分发挥榜样力量，加强学风建设，营造良好的学习氛围，高校共青团可以通过优秀学生表彰大会表彰在刻苦学习、团结奋进、勇于创新、服务社会、文化传承等方面表现突出的集体及个人代表，引导学生牢记党的教诲，立志民族复兴，坚定青春向党、不负人民的信念，高举团旗跟党走，激扬青春铸辉煌。

第三节　高校共青团指导学生社团实践育人的探索实践

高校学生社团是大学校园文化的重要组成部分，是培养学生成长成才的重要载体，在实践育人过程中不可或缺。学生社团具有较强的社会属性，是高校师生联系校内外的窗口，高校面向青年学生群体开展各项建设与管理工作，其经验也将为全社会范围内青年群体的思想引领和组织管理提供借鉴。2020年1月，中共教育部党组、共青团中央颁发的《高校学生社团建设管理办法》指出："高校学生社团是落实立德树人根本任务、推进素质教育的重要载体，是高校学生根据成长成才需要，结合自身兴趣特长，在高校党委的领导和团委的指导下开展活动的群众性学生团体。"

高校学生社团是高校实践育人的重要实践载体。学生积极参加社团并有效发挥作用，不仅能够丰富科学文化知识、拓宽个人视野、培养兴趣爱好，还能通过社团的各项各类实践活动全面提高自身的综合素质，实现自我价值。同时，高校大学生参与社团活动还能够使校园生活更加丰富多彩，营造良好的校园文化。

一、高校共青团指导学生社团实践育人的意义

高校学生社团是高校实现育人功能的一个重要渠道，是课堂教学与职业技能训练的延续。社团活动既能加强大学生的实践技能，也能增强其文化自信，落实素质教育对学生全面发展的要求，让学生突破专业与课堂的限制，获取新知识与新能力。相较于课程育人，社团育人更具生动性，它是学生自主与教师辅助相结合的新型教学模式。通过实践育人这一具有开放性、综合性的教学手段，切实以学生为中心开展教学活动，是提高素质教育质量的必然选择，是新形势下培养创新型人才的主要渠道，对完善教学方式、拓宽教学渠道、创新教学内容具有重要指导作用。

1. 价值导向功能

以学生为主体的学生社团在开展活动的过程中具有群体性特征，在校园文化建设和实践育人过程中具有导向作用。先进的思想融入学生喜闻乐见的社团活动，为广大学生提供了正确的价值导向。学生社团可以发挥先锋模范作用，以群体带个别，通过群体活动吸引更多学生加入社团，促进先进思想的传播。

2. 双向拓展功能

首先，社团活动具有扩展育人空间的功能。社团活动是高校实践育人的重要途径之一，将立德树人理念融入社团活动，是将实践育人空间向更广阔空间延伸的重要手段。同时，强化育人阵地管理，也应将育人从课上延伸至课外，由校内发展至校外，将"万卷书"与"万里路"结合起来。其次，社团实践活动具备提升学生综合素质的功能。依托学生社团广泛开展思政课实践活动，可以将提升学生综合素质与社团的发展建设结合起来。

3. 激励凝聚功能

社团活动具有激励性和凝聚性。社团活动能够让学生实现自我价值，还能够激励学生努力钻研专业知识。社团群体性活动能够培养学生团结协作的意识，使学生体会到团队合作的意义，增强责任感，感受到自己在团队中不可忽视的作用，同时也能培养学生的大局观念，从而使学生在社团中找到归属感，反过来增强社团组织的凝聚力，发挥其战斗堡垒作用。

4. 隐性教育功能

学生社团活动具有隐性教育功能。学生在举办各种各样的社团活动时，将专业知识与实践活动结合起来，不断创新活动方式，能够更好地完善自身专业知识架构，丰富理论知识，培养创新实践能力。为了更好地完成活动，学生也会自发学习更多的理论知识，营造良好的自主学习氛围。学生在组织活动时，能够锻炼组织协调和指挥能力，提升表达能力。[1]

二、高校共青团指导学生社团实践育人的实施

高校学生社团要构建实践育人体系，就要将理论与实践相结合，丰富实践育人的形式与内容，积极建设与打造实践育人新平台，拓宽实践育人新阵地，加强对学生社团活动的关注指导与支持保障，从而调动学生的主观能动性与积极性。通过学生社团开展实践育人工作，要走出教室、走出校园、走向公众、走向社会，在社会这个大舞台上实现课堂教学与专业建设的延伸，确保实践育人体系能演变成长效机制，将专业理

---

[1] 王紫蓉：《浅析实践育人背景下高校学生社团发展现状及育人路径——以海南师范大学为例》，载《教育观察》2022 年第 1 期，第 57 页。

论知识融入社团活动中，为学生营造优良的社会环境。①

1. 强化保障支撑，促进社团发展

目前，高校学生社团开展实践的主要阻碍有经费不足、活动场地不足、社团缺乏足够重视等因素，这使得高校学生社团实践育人功能的发挥仍与预期目标存在较大差异。

高校应当为社团实践活动提供充足的物质保障，加大活动资金投入，提供专用空间及场地，提升资源利用效率，切实解决因资源不足而影响学生社团活动开展的问题，促使学生社团实践有效发挥育人功能。

高校应切实提升社团干部队伍的战斗力，培养优秀的社团干部，发挥朋辈导师的引领作用，形成指导老师强力号召，学生社团骨干积极动员的社团活动体系。学生社团骨干作为实现学生社团实践育人功能的主要载体，直接关系到学生社团的发展和社团活动实践育人的成效。高校可选聘专业技能扎实、政治素养过硬、学生管理经验丰富的学生社团指导老师，确保对社团的专业指导及组织管理工作稳定且高质量开展。同时，严格把关社团学生骨干的综合素质，选拔综合素质高的学生担任社团负责人，确保社团管理者有能力有实力带领社团往更好的方向发展，还要定期对学生骨干进行培训，提升其理论素养和工作协调能力。②

高校应建立健全社团制度，为学生社团实践育人工作的有序开展提供坚实的制度保障。要随着社团的不断发展而不断完善学生社团治理体

---

① 牛奔：《高校学生社团"三位一体"实践育人体系的构建》，载《产业与科技论坛》2020年第19期，第269—270页。
② 王紫蓉：《浅析实践育人背景下高校学生社团发展现状及育人路径——以海南师范大学为例》，载《教育观察》2022年第1期，第58页。

系，筑牢学生社团规范管理体系。要通过建立社团管理运行相关机制，提升学生社团运行的协调性和有效性，针对社团发展中存在的各项问题及时提出整改意见，高效落实，确保各项管理制度平稳、持续、有效运行。

高校应建立学生社团实践育人实效考核评价机制，加强监管，充分发挥考核评价的作用。要明确学生社团负责人和指导教师在学生社团管理及发展环节的责任和作用，以考核促提高，促进学生社团的良性发展。高校可以整合各方资源，协同监管，实现社团活动监管的规范化，提升社团活动可控性，多部门共同参与学生社团的管理，以组织化使实践育人取得实效。[①]

2. 立足学生群体，打造多样社团

高校可根据学科特色、专业特色、地域特色等因素加强对不同类型社团的分类引导，设立不同的管理模式，在人才培养过程中切实发挥不同社团实践育人的作用。如科研型社团的专业性较强，可与科研公司合作，在专业教师的指导下结合专业及学科教育，开展各种科技类实践活动，面向大学生普及科研竞赛及相关学科知识，从而提升大学生的创新思维及科研能力，比如，可以承接"挑战杯"课外学术科技作品竞赛或"互联网+"大学生创新创业大赛等赛事服务事项。再如高校与当地博物馆、科研所等机构展开合作，以学生社团为载体，通过第二课堂引导学生参与公益服务活动，这样不仅能够培养社团成员的奉献精神，而且有助于提升社团成员各方面的实践能力。将社团实践活动延伸到地方社会中，通过实践活动提升学生的责任感与公民道德意识，学生步入社会后，也将是社会公益事业的新生力量。高校要提供更多更广阔的平

---

① 王紫蓉：《浅析实践育人背景下高校学生社团发展现状及育人路径——以海南师范大学为例》，载《教育观察》2022年第1期，第58页。

台，扩展大学生参与活动的范围，让更多的大学生走出课堂、走出宿舍，参与实践活动。

高校学生社团应密切联系教育教学活动，以教学环境为背景，搭建专业教育平台。高校要将社团作为新的育人基地，整合社会资源，探索新的实践育人思路，将社团活动作为学生实践应用理论知识的新途径，引导学生在实践活动中深化对专业理论知识的认识。一方面，要立足于学生群体，以青年学生喜闻乐见的方式开展实践育人活动。社团活动如书法大赛、歌曲接龙大赛以及厨艺争霸等活动，都聚焦于大学生的兴趣，能够促进学生个性发展，发挥个人特长，营造优良的校园文化环境，加强学风建设。另一方面，在社团实践活动中，学校应深化活动实施效果，教师应积极参与其中，为学生社团树立明确的方向，提供有效支持，确保社团能够专业高效地开展活动。

高校学生社团要精准定位，明确社团自身发展方向及目标要求，将自身特点与时代发展要求、社会生活实际结合起来，不断探索并推出新意与实效并举的特色活动。优秀的社团活动能推动学生社团实践育人功能的实现，而社团高质量发展的内在要求就是社团依据自身特色建立品牌化的发展目标，以专业知识为背景，将社团搭建成具有专业特色的实践育人平台，在丰富校园文化的同时，促进学生将理论知识与实践活动结合起来，以体验式学习让育人形式活起来，在实践中培养学生的专业技能。同时通过不断整合与优化现有资源，形成并发展精品社团，打造社团品牌活动，利用品牌特色引领社团不断发展。①

3.加强创新宣传，丰富活动内容

高校学生社团活动可与"第二课堂成绩单"相结合，学校应积极

---

① 田海斌、高朋敏：《建设优秀社团文化 探索高校实践育人新途径》，载《高校辅导员》2013年第1期，第41—44页。

鼓励学生开展社会实践活动，将课堂教学内容深入实践层次中，加强第二课堂教育的实效性与针对性。例如，通过大学生创新创业训练计划、"挑战杯"赛事等活动以赛促学，借助互联网及新媒体等媒介实现线上教育，同时为社团活动开展提供场地及资源支持，丰富第二课堂的教学形式，调动学生参与的积极性。通过志愿者服务以及社会调研等实践形式，让学生走出校园，进入基层，接触社会，增强对中国特色社会主义的道路自信。高校要对学生社团进行宏观指导，鼓励学生社团创新活动形式，引领学生社团在校园文化、创新创业、志愿服务、学生工作等多个方面作出突破和创新，同时要指导学生社团在新媒体阵地上发挥新效用，起到舆论引导作用。

三、高校共青团指导学生社团实践育人的案例分析

1.案例主要背景

为深入学习贯彻习近平新时代中国特色社会主义思想特别是习近平总书记关于高校思想政治工作和青年工作的重要论述精神，切实加强长安大学学生社团建设管理，充分发挥学生社团育人功能，支持学生社团健康有序发展，长安大学根据中共教育部党组、共青团中央《高校学生社团建设管理办法》（教党〔2020〕13号）文件精神，结合学校学生社团建设管理实际，制定了《长安大学学生社团建设管理办法》（长大党〔2020〕69号）、《长安大学学生社团指导教师选聘及考核实施细则（试行）》（长大团发〔2020〕18号）。

学生社团是学校落实立德树人根本任务、推进素质教育的重要载体，是学生根据成长成才需要，结合自身兴趣特长，在学校党委的领导和团委的指导下开展活动的群众性学生团体。长安大学的学生社团按类别分为思想政治类、学术科技类、创新创业类、文化体育类、志愿公益

类、自律互助类及其他类等；按归属分为校属学生社团和院属学生社团。

学生社团的基本任务是以习近平新时代中国特色社会主义思想为指导，团结凝聚广大青年学生，坚持思想性、知识性、艺术性、多样性相统一的原则，积极开展方向正确、健康向上、格调高雅、形式多样的社团活动，丰富课余生活，繁荣校园文化，促进青年学生德智体美劳全面发展。

2.典型做法措施

(1)强化组织领导，完善管理架构

校党委对学生社团工作进行统一领导，坚持党建带团建，把党建、团建与学生会建设、社团建设有机结合，将学生社团工作纳入学校思想政治工作和群团工作整体格局进行谋划部署，定期听取学生社团工作汇报，及时研究解决学生社团建设管理有关问题。学生社团工作由学校分管学生工作的校领导具体分管，分管人事、教学的校领导参与学生社团指导教师选聘考核、社团骨干学习指导等管理工作。

学生社团建设管理评议委员会担负社团建设发展管理责任，下设办公室（设在校团委），负责学生社团建设管理日常工作，办公室主任由校团委书记兼任。学工部（研工部）承担学生社团建设发展、统筹管理的具体职责，对全校学生社团建设发展进行研究规划，研究学生社团注册登记及年审、骨干遴选及考核等重要工作和重大事项，推进党的领导具体化。校团委负责对全校学生社团的具体指导，负责学生社团建设管理评议委员会日常工作和社团建设管理具体事务等。校团委明确1名专职副书记负责学生社团工作，校团委社团文体部具体负责学生社团的注册登记、年审评议、活动指导、考核评优等工作。成立青年素质拓展中心，协助社团文体部做好学生社团活动量化考核、第二课堂课外实践学分认证等工作。

（2）严格社团登记制度，加强校外活动把关

在校党委的领导下，成立由学工部、研工部、校团委、组织部、宣传部、人事处、教师工作部、教务处、保卫处等部门负责人及学生社团业务相关领域专家组成的学生社团建设管理评议委员会，负责对学生社团注册登记及年审进行评议审核。评议委员会负责人由校党委分管学生工作的领导担任。未经批准成立或已经注销的学生社团不得开展任何活动。已批准成立的学生社团中的成员，未经学生社团集体研究授权，不得以社团名义开展活动。学生社团确因工作需要以社团名义到校外参加活动时，业务指导单位、学工部（研工部）、校团委应对活动工作方案、经费管理、安全预案等严格把关，社团指导教师或业务指导单位指派教师须全程带队指导。

（3）严格指导教师选聘，完善教师考核机制

学生社团指导教师的选聘机制为：学生社团建设管理评议委员会按照"政治过硬、结构合理、选齐配强"的原则，注重发挥院（系）依托作用，建立齐抓共管的社团指导教师选聘长效机制。指导教师实行聘任制，每个聘期为1年。原则上每名指导教师最多指导2个学生社团。学生社团指导教师的考核激励为：由学工部（研工部）、教师工作部会同校团委，建立完善的管理考核、业务培训和评价激励机制，将指导教师纳入学校思想政治工作队伍管理体系，并将指导学生社团的情况纳入教师思想政治工作和师德师风评价考核体系。对考核合格、优秀的指导教师，分别奖励课时工作量，并在职称评聘和评奖评优中给予政策支持，其中，优秀率原则上不超过30%；对考核不合格的指导教师，要解除聘任。

3. 工作成效经验——以长安星火宣讲团为例

党的十八大以来，习近平总书记高度重视高校思想政治工作，作出了一系列重大决策、重大部署，对为什么要做、如何做、怎么做好高校思想政治工作等关键问题作出了回答，提出了具体而明确的要求。长安大学积极贯彻落实全国高校思想政治工作会议精神，聚焦当下青年学生理论学习深度不够、兴趣不高，重浏览轻思考、重形式轻实效的实际问题，主动探索思想政治工作的新路径、新方法、新对策，着力打造"青年学、青年悟、青年讲，听得懂、记得牢、用得上"的育人阵地，在长安大学党委宣传部、校团委、马克思主义学院的共同指导下，成立了长安星火宣讲团，把理论学习和青年发声有机结合，以青年视角回应青年需求，以青春语言展现青春风采。

长安星火宣讲团以"引领思想发展，铸就时代新人"为宗旨，在育人思路上，遵循理念为先、内容为王、创新为要，坚持"五特三育"，即"社团理论导师+社团运营导师+社团成长导师"特色指导模式，"专家名师+青年骨干+优秀学生"特色选拔模式，"农言农语、网言网语、青言青语"特色语言模式，"学、研、备、练、讲"特色备课模式，"分主题、分批次、分受众、分场景"特色宣讲模式，"育才·育德·育能"三项实践，形成了学生能讲、学生会讲、学生爱讲的特色品牌。具体做法如下：

（1）育才实践——青年讲，讲青年，培育高质量青年理论宣讲队伍

长安星火宣讲团选拔培养以"00后"为主的青年学生组建团队，涵盖本、硕多个年级、多个学科和多个专业，并结合现实情况建立持续性纳新机制。强化因材施教、因人宣讲，定期组织分主题、分批次、分受众的"学、研、备、练、讲"活动，锻造出"敢打硬仗、作风优良"的理论宣讲优秀团队，并尝试构建"社团业务提升+个人专业成长"的并行培养方式，打造全校领先的"长大之星"标兵团队。

（2）育德实践——悟初心，强信心，激发青年大学生爱党爱国热情

长安星火宣讲团坚持用党的创新理论武装头脑、团结群众、引导学

生,在"求真""达意""入情"上下功夫。它立足三秦大地,结合长安大学三大行业特色,研发百年党史重大事件、脱贫攻坚与乡村振兴、生态文明建设、"一带一路"中的长安大学、交通强国等宣讲课程70多个,举办党的十九大精神、党史学习教育专题宣讲报告会多场,联合陕西省内外13所高校开展支部云共建活动,得到高校思政网专题报道,特色"党支部+理论社团"模式也得到了教育部党史学习教育督导组认可。

(3) 育能实践——校园来,社会去,在学思践悟中践行初心与使命

长安星火宣讲团注重知行合一,依托重大节日、重要时间节点、重要讲话精神学习,持续开展了一系列有特色有温度的实践活动。宣讲团选拔骨干成员组建社会实践队深入对口扶贫县商南县开展实践活动16次,开展红色教育基地专题实践活动11次,开展社区与企业实践活动13次,开展劳动教育实践活动7次,并在实践中加大党史学习教育力度与深度。同时联合长安大学第十届研究生支教团团支部面向商南县鹿城中学学生开展"云"团课,联合长安大学学生会开展暑期云实践活动,通过"云学习""云宣讲""云音乐""云参观"等丰富多样的形式切实做到学史明理、学史增信、学史崇德、学史力行。其相关实践活动累计被人民网等媒体报道40余次,宣讲团实践队也获得了陕西高校暑期社会实践优秀团队,全国千校千项优秀团队、最美团队等多项荣誉,获奖层次和数量均位居全省前列。

总体而言,长安星火宣讲团始终坚持理论学习有深度、理论宣讲有温度、实践探索有力度、全面发展有广度,成为党史学习教育的先行者与排头兵,也成为长安大学推进思想政治工作的重要阵地和陕西省学生社团的先进典型,打造了在全国范围具有示范作用、在全省范围具有引领作用的宣讲品牌,形成了一套可供借鉴的建设经验:一是注重活动创

新，打好组合拳。宣讲团充分结合"00后"青年思维活跃、善于表达的特点，创新设计宣讲、分享、互动环节，不拘泥于传统宣讲方式，而是将虚拟现实、弹幕、云端实践等手段充分应用于宣讲过程，确保学习教育活动的趣味性和吸引力。二是注重活动推广，搭好全矩阵。宣讲团充分开发线上线下联动传播，主动应用网络视频会议软件、直播平台以及"两微一端"等主流新媒体展示方式，拓宽宣讲场景、收听途径，随时随地开展宣讲，真正让活动成效惠及广大学生。三是注重活动成效，画好同心圆。宣讲团充分聚焦学生理论学习的"平面化"难题，融课上课下、网上网下于一体，以社会主义核心价值观为引领，将思政小课堂同社会大课堂结合起来，积极探索理论学习教育的传统好方法、网络新方法，合力画好育人同心圆。

第八章 高校共青团实践育人的实践引领路径

第一节　高校共青团推进社会实践的路径探索

社会实践是指高等学校围绕立德树人根本任务和人才培养目标，有组织、有目的、有计划地引导大学生利用暑期，深入现实社会，参加生产劳动和社会生活的教育活动。社会实践是高校加强和改进大学生思想政治教育的重要途径和形式，是高校完成立德树人根本任务的内在要求，同时也是大学生全面健康发展的现实需求。

在校园生活中，高校大学生参与社会实践与志愿服务是指大学生利用课余时间走出课堂，有目的地参与服务社会的活动。参与社会实践对加速大学生的社会化进程、增强思想政治教育实效具有明显作用，是共青团实践育人的重要方面。

一、社会实践的发展历程

党和国家历来重视实践育人，进入新时代，党和国家把实践育人推到了新的高度。社会实践开始于20世纪80年代之后，大学生们从开展"学雷锋送温暖"活动入手，有组织地走出传统的课堂，积极参加为人民服务的活动，形成了由课堂走向课外，由校内走向校外的良好发展势头。1996年12月，农业部、中央宣传部、国家科委、文化部等十部委联合下发《关于开展文化科技卫生"三下乡"活动的通知》,将实践育人推广到更大的范围。

2002年,共青团中央、教育部、全国学联出台《关于实施大学生素质拓展计划的意见》,明确"大学生素质拓展计划"的基本内容是以开发大学生人力资源为着力点,进一步整合深化教学主渠道并开展有助于提高学生综合素质的各种活动和工作项目,在思想政治与道德素质、社会实践与志愿服务、科技学术与创新创业、文体艺术与身心发展、社团活动与社会工作、技能培训等六个方面引导和帮助学生全面成长成才,成为推动大学生社会实践活动创新发展的重要推动力。1998年起,中国青年志愿者扶贫接力计划研究生支教团、农村青年增收成才服务团、大学生"三个代表"实践服务团,以及"西部计划"志愿者等活动成为这个阶段大学生社会实践活动的代表和重要组成部分,各高校和参加实践的大学生都能积极发挥主观能动性,创造性地开展工作。

除此之外,一系列文件的颁布对社会实践的发展也起到了积极的推动作用。《关于进一步加强和改进大学生社会实践的意见》对充分认识加强和改进大学生社会实践具有重要意义,同时进一步明确了大学生社会实践的总体要求和工作原则。《关于进一步加强高校实践育人工作的若干意见》强调要系统开展社会调查、生产劳动、志愿服务、公益活动、科技发明和勤工助学等社会实践活动,进一步加强新形势下高校实践育人工作。[1]

2022年,共青团中央、中共教育部党组印发了《关于改革创新高校共青团工作 切实增强思想政治引领实效的若干措施》,明确指出要开展

---

[1] 教育部、中宣部、财政部等七部门:《关于进一步加强高校实践育人工作的若干意见》,来源:中华人民共和国教育部网站,2012年1月10日,网址:http://www.moe.gov.cn/srcsite/A12/moe_1407/s6870/201201/t20120110_142870.html。

经常性、有组织的社会实践，帮助青年团员了解国情、见识社会，接触各行各业生活百态，培养家国情怀，增长社会化能力。同年，共青团中央印发的《新时代加强和改进共青团思想政治引领工作实施纲要》将实践育人作为共青团开展思想政治引领的特色优势，紧紧围绕青少年进行社会观察、体验社会参与的内在需求，组织开展"三下乡""返家乡"等主题社会实践。在这些社会实践的推行过程中，共青团应紧密围绕青年团员提升服务力，以满足青年团员观察社会、体验社会的内在需求。

高校社会实践活动在长期的发展过程中取得了显著成效、积累了深厚经验，大学生社会实践活动在我们的思想政治教育体系中发挥着越来越重要的作用。新形势下，深入开展大学生社会实践活动，需要积极探索社会实践新的内涵。

二、高校共青团构建社会实践长效化机制路径探索

高校作为大学生社会实践的管理者、组织者、引导者，需要树立以人为本的思想理念，不断规范社会实践活动的管理，不断优化社会实践育人机制，使得各项活动能够保持持久活力，长期有序地开展。

1. 建立统筹协调的组织机制

高校党委应担负起大学生社会实践的组织领导责任，构建学校—团委—二级学院的三级组织领导体系，明晰职责分工，健全组织机制；在对育人活动进行筹划以及活动推进的阶段都需要始终坚持科学性、系统性、完备性、协同性的原则。除此之外，在具体开展实践育人活动时，要专设岗位对其过程进行严格的监督，保障实践育人活动环节的完备，使不同环节相互联系、相互作用，以此来保证实践育人活动达到最佳效果。

2. 健全全面支持的保障机制

教育者是社会实践过程的构成要素之一，高校要加强指导教师队伍

建设，践行"三全育人"理念，鼓励党政干部、专任教师指导实践，提升工作质量和成效。要加大高校实践项目资助指导力度，严格项目立项把关，做到落实项目设计和组织方式有创新、团队数量和实践成果有突破。要充分挖掘社会资源，加强实践基地建设，推进实践项目可持续发展。同时要做好社会实践成果宣传展示，扩大工作影响力和覆盖面。

3.构建行之有效的激励机制

高校要有效调动学生参与社会实践的热情和积极性，增强社会实践育人实际效果。要针对国家出台的相关政策文件，完善配套措施，健全反馈机制，规范评价过程，全面科学评估社会实践效果，通过健全完善的管理与激励机制充分体现志愿服务的实践育人作用。

三、高校共青团社会实践育人工作探索

开展社会实践是落实立德树人根本任务的重要举措，是培养德智体美劳全面发展的社会主义建设者和接班人的重要载体。通过社会实践可以引导学生了解国情、认识社会、研究问题，让青春在祖国最需要的地方绽放绚丽之花。比如清华大学学生前往小岗村，围绕"小岗精神"开展文创设计与绘制等工作，发掘红色文旅资源，完善小岗红色品牌，以红色旅游引领乡村产业振兴。首都经济贸易大学组织"百年潮涌，红韵吕梁"实践活动，同学们走进山西吕梁，与老党员对话、深入学习党史。山东科技大学英雄地质队寻访团创新采用线上＋线下混合组队的形式，随山东省地质矿产勘查开发局第六地质大队进行为期一个月的实践活动，实地感受新时代现代化地质强队的建设和发展。河海大学派出暑期社会实践团队赴石泉开展小学支教、水利基础设施调研等活动……越来越多的高校学生结合所学专业、深入基层一线，在实践中受教育、长才干、做贡献。

随着高校暑期社会实践的深入开展，如何让实践更扎实、效果更

好，成为高校关注的内容。这就需要不断推进社会实践课程化体系化，产出一系列成果。比如广东医科大学以线上线下相结合等创新形式，在校内研发制作了多门线上实践课程，并将课程配发到实践队伍中。长安大学制作详细的学生社会实践手册，围绕学生在实践前、中、后可能遇见的问题进行详细的指导。西安电子科技大学积极落实习近平总书记给第三届中国"互联网+"大学生创新创业大赛"青年红色筑梦之旅"大学生的回信精神，将"红色筑梦"主题与实践活动紧密结合，着力打造海内外联动的实践育人新模式。上海交通大学将实践育人质量提升体系建设纳入学校"双一流"建设整体规划，大力推进社会实践学分化，在通识教育实践活动课程基础上，建设新时代社会认知实践课程。

高校特别重视发挥社会实践的育人功能。北京师范大学通过强化机制和平台建设，强化内容和渠道建设，强化品牌和特色建设，并立足此"三个强化"，提升社会实践工作水平。华东理工大学将社会实践与创新创业结合、与专业知识结合、与志愿服务结合，打造品牌项目，服务社会发展，助力乡村振兴，鼓励引导学生到祖国最需要的地方建功立业，在各行业、各地区成长成才。

高校社会实践的形式内容也不断丰富创新。华中农业大学不断擦亮实践育人品牌，积极挖掘"本禹志愿服务队"等丰富的思想政治教育资源，树立学生身边的典型，着力讲好"社会实践故事""青青奉献故事"。复旦大学实施"三结合"模式，将社会实践与学习宣讲相结合，组织青年学生奔赴全国多地基层社区，向基层干部和群众宣传党的理论；将社会实践与国情教育相结合，组织师生深入长三角经济带、粤港澳大湾区、四川凉山州等地进行国情考察和田野调研，引导学生感知祖国发展变化，坚定"四个自信"；将社会实践与服务社会相结合，引导学生将社会实践向重点地区和基层一线倾斜，鼓励学生担当责任，将课堂知识转化为服务国家和区域经济社会发展的实际行动。

第二节　高校共青团推进志愿服务的路径探索

大学生志愿服务活动是助力社会主义精神文明建设、服务青年成长成才、创新社会动员机制的一项重要工作。志愿服务不仅是青年团员能力和素质提升的重要手段，也对社会发展和价值追求起到了引领作用，是引导青年团员全面发展的重要载体。

一、大学生志愿服务的发展历程

20世纪90年代初，高校共青团推动并推广了大学生志愿服务活动，自此大学生志愿服务开始走入人们的视野。1993年，共青团十三届二中全会提出了"青年志愿者"的口号，将志愿服务活动作为跨世纪青年文明工程的内容写入了《在建设社会主义市场经济进程中我国青年工作战略发展规划》。在此次会议上，团中央明确将推动志愿服务的发展作为凝聚广大青年大学生的重要手段，实现其助人与育人的双重目标。同年，共青团中央在全国范围内发起实施中国青年志愿者行动，标志着我国青年志愿服务事业正式起步。1994年，共青团中央发出《关于"志愿者学雷锋奉献日"活动的通知》，拉开了全国大学生志愿服务的帷幕。在其辐射之下，各高校纷纷组建校内志愿服务团队。2001年3月，为了促进志愿服务各项事业建设整体发展，共青团中央、中国青年志愿者协会颁布了《中国青年志愿者注册管理办法（试行）》，推动志愿服务向规范化和纵深化发展。

2008年10月，《关于深入开展志愿服务活动的意见》由中央文明委印发，这标志着青年志愿者工作由共青团的品牌工作上升为党的事业。2009年，教育部印发《教育部关于深入推进学生志愿服务活动的意见》，把志愿精神作为进一步加强和改进大学生思想政治教育和未成年人思想道德建设的重要内容，并就建立健全学生志愿服务活动长效机制、深入推进学生志愿服务活动提出意见，以充分发挥志愿服务活动的育人作用。[1]

党的十八大以来，党中央国务院高度关心重视青年志愿者工作。2015年，教育部印发《学生志愿服务管理暂行办法》，进一步推进学生志愿服务工作科学化、规范化、制度化建设，加强对各级各类学校学生志愿服务工作的指导。2018年，共青团中央印发《关于推进青年志愿服务工作改革发展的意见》，为深化共青团改革，推进青年志愿服务工作发展提出了指导。2022年，共青团中央印发的《新时代加强和改进共青团思想政治引领工作实施纲要》提出要深化青年志愿者行动，"组织青少年常态化参与青年志愿者服务'社区行动'、'留守儿童''关爱行动'、助残'阳光行动'、助老'金晖行动'、高校提升计划等志愿服务重点项目，引导青年在乡村振兴、社区治理、扶弱助残、生态保护、大型赛事、抢险救灾、疫情防控等志愿服务活动中坚定理想信念，培养

---

[1] 中华人民共和国教育部：《关于深入推进学生志愿服务活动的意见》，来源：中华人民共和国教育部网站，2009年6月23日，网址：http://www.moe.gov.cn/srcsite/A12/s7060/200906/t20090623_179030.html。

爱心善意和彰显责任担当"①。

二、高校共青团志愿服务实践育人的路径探索

党的十八大以来，以习近平同志为核心的党中央高度重视志愿服务工作，为中国特色志愿服务的发展提出了明确的指导思想。在共青团中央的指导下，高校大学生志愿服务呈现良好的态势，青年志愿者数量不断增多、志愿服务范围更广、志愿服务的框架日趋完善，但仍然面临着志愿服务品牌化理念、制度和行动相对滞后的问题。

1. 聚焦组织构建，完善管理模式

构建志愿服务长效化机制路径，首要的是建立一个完备的组织机构，配备一支强有力的工作队伍，建立一套健全完善的运行机制并贯穿志愿服务始终。要加强社团制度建设，推动志愿服务工作制度化。同时要出台相应的管理办法，从组织机构、项目实施、日常管理和考核认证等方面规范开展志愿服务活动。志愿服务组织需明确所属部门，制定工作章程，划定工作范围，理清组织架构，定义部门职能，保障资金来源，公开联络方式，引导大学生自觉开展好内部建设、基地拓展、活动举办、对外联谊、宣传报道等工作，为社团有序运行提供保障。

2. 聚焦内容供给，搭建基地平台

高校要面向社会建立实践基地，更好地发挥志愿服务在推进基层社会治理、促进社会和谐中的积极作用，推进志愿服务常态化、持续性开展。要依托校内志愿服务基地，打造校内志愿服务品牌；依托社会资源，如校友资源、慈善组织资源、政府资源等建立服务基地；依托国家志愿服务项目，如志愿服务"西部计划"、"三下乡"活动，建立志愿

---

① 共青团中央：《新时代加强和改进共青团思想政治引领工作实施纲要》，来源：搜狐网，2022年4月24日，网址：https：//www.sohu.com/a/540685170_121107000。

服务基地，为高校开展大学生志愿服务提供稳定的志愿服务地点。

3. 聚焦育人实效，弘扬志愿精神

高校要充分发挥志愿服务活动的育人功能，发掘志愿服务丰富的劳动教育内涵和价值，着力构建与劳动教育内涵意蕴契合、育人导向相符、价值引领相通的志愿服务育人渠道，营造良好的志愿服务氛围。要将志愿服务纳入"第二课堂成绩单"内，建立志愿服务的活动足迹、积分及项目记录，并将志愿服务活动的参与情况作为奖助学金评比和综合素质测评的重要参考，保证活动有记录，服务有实效，充分调动学生的积极性、主动性、创造性。要通过设置多样化的活动形式和活动内容，充分鼓励并引导学生提高社会责任感，培养担当精神，自觉践行社会主义核心价值观，做有理想有道德有爱心的新时代青年。

4. 完善组织管理，做好激励保障

在志愿服务管理中，激励是尤为重要的一项内容。以志愿服务为依托，完善组织管理，做好激励保障可以强化劳动教育的效果。高校有关部门要尽到指导职责，团组织充分做好学生志愿服务的具体组织和活动的具体实施与跟进，可以有效激发出学生在志愿活动中的热情，充分发挥劳动教育育人功能。高校要做好志愿者服务组织的管理，加强大学生志愿服务的专业性和规范性，发挥志愿服务社团在劳育中的激励作用。要做好志愿者队伍建设，培养有技能、有热情、高素质的志愿服务者。要注重设计志愿服务的长效激励机制，将志愿服务纳入学分系统，努力营造大学生全员志愿的新局面。要做到无偿奉献和有偿激励相结合；加强志愿服务评估反馈，促进志愿服务质量提升，有效落实志愿者的权益保障，切实提高青年学生参与志愿服务活动的积极性。

三、高校大学生志愿服务实践育人工作探索

为使志愿服务活动的育人作用得到充分发挥，各地各高校探索、总结出一些基本规律，即通过加强宣传教育引导工作，构建学生志愿服务平台，建立健全学生志愿服务长效机制，深入推进学生志愿服务活动。例如，重庆大学将大学生志愿服务工作作为加强和改进实践育人工作的重要载体，着力搭平台、建制度、育品牌、兴文化，不断推动志愿服务制度化规范化，引导广大学子争做社会主义核心价值观践行者，成长为担当民族复兴大任的时代新人。长安大学充分发挥学生创新性和自发性的优势，聚焦组织建设、内容供给和育人实效，打造具有学校特色的志愿服务品牌，引领学生在"行走课堂"中开展志愿服务、践行劳动教育。

志愿服务的长效机制也是众多高校共青团着力探究的重要内容。南京大学着力志愿服务长效机制建设，以"学雷锋月"为契机，以校园义工岗为平台，以大型赛会服务为抓手，努力推进志愿服务生活化、常态化、专业化发展。西安工业大学也在探索制度化强化内部管理、基地化深化实践育人、项目化推进常态发展、品牌化加强校地合作的"四化"志愿服务工作模式。

志愿服务模式的创新也成为不断提高大学生志愿服务水平和能力的重要方式。江苏师范大学改变传统"输血式"志愿服务模式，以"项目管理"模式、"赋权反哺"模式、"双向互动"积极探索"造血式"志愿服务新模式。西安电子科技大学推动青年志愿者服务制度化发展、常态化运行、科学化管理、项目化运作和社会化协同，全面提升志愿服务工作水平，取得了明显成效。

重大体育赛会中的志愿活动也成为大学生志愿服务中的重要部分，例如2022年的北京冬奥会和冬残奥会期间，清华大学、北京外国语大

学等 6 所高校肩负光荣使命，展现青年风采，全力做好了冬奥会和冬残奥会志愿服务工作。第十四届全运会和残特奥会在陕西举办，西安工程大学、西安电子科技大学多措并举，做好了十四运志愿服务工作。长安大学遴选 637 名志愿者服务第十四届全运会与残特奥会，选拔 476 名学生群众演员参与开幕式表演，为第十四届全运会与残特奥会的顺利举办贡献了力量。

部分高校重视发挥志愿服务的思想政治教育实效。北京科技大学将志愿精神作为人才培养以及加强大学生思想政治教育的重要内容，把"大学生志愿服务"作为实践环节纳入人才培养计划，积极构建"123"志愿服务工作长效机制，即"凝练一种精神，实现两个融合，搭建三大平台"，着力推动志愿服务活动蓬勃开展，取得了明显的育人成效。清华大学坚持把志愿公益活动作为加强大学生思想政治教育工作的切入点和关键点，建立了立足校园、辐射社区、面向社会的立体化志愿服务体系，努力促进大学生成长成才。

第三节 高校共青团实践育人的实践案例分析

高校共青团实践育人的内容是根据实践育人的目标和原则，结合高校特色和资源，设计和组织的各类有针对性、有层次性、有创新性的社会实践活动。以下是一些高校共青团实践育人的案例。

一、西安电子科技大学"红色筑梦"社会实践活动

1. 案例主要背景

为深入贯彻习近平总书记给第三届中国"互联网+"大学生创新创业大赛"青年红色筑梦之旅"大学生的回信精神，积极落实教育部关于开展"青年红色筑梦之旅"活动的要求，西安电子科技大学深刻把握青年成长成才规律，着力打造海内外联动的实践育人新模式，将"红色筑梦"主题与实践活动紧密结合，谱写了高校立德树人、实践育人新篇章。

2. 典型做法措施

（1）课程引领、多元结合，推进社会实践金课迭代升级

自 2020 年"红色筑梦"社会实践理论基础获批"国家级一流本科课程"以来，西安电子科技大学共青团持续深化"党建引领、建章立制、拓展群体、数据赋能"的实践特色，依托"线上与线下、课上与课下、校内与校外"实践育人资源，打造了"红色筑梦+"思想引领、文化建设、志愿公益、就业选择、科技创新"五位一体"平台，创新实施线上理论学习的"1+X"模式，与线下实践"五大核心板块"相结合，重点发挥"学校、双院、个人"三个层面的能动性，逐步实现全方位能力提升、深层次学习实践、多维度价值传播的实践育人效果，引导西电青年在社会实践中受教育、长才干、做贡献。

"红色筑梦"社会实践理论基础作为西安电子科技大学本科必修课，由"理论学习"和"实践环节"两部分组成，要求学生在大学四年内至少完成两次社会实践。目前，学校已经邀请中国青年志愿者协会、全国学校共青团研究中心等社会实践领域的专家开堂授课，形成了

一套"技能培养类"必读课程,请历届优秀项目团队、优秀指导教师分享实践经验,形成了一套"方向指导类"选读课程。学校以"课程学习+知识测试"的形式实施"红色筑梦"社会实践基础理论教学环节,并持续拓展讲师队伍、丰富慕课集群,以期形成"菜单式、模块化、学分制"选课模式,服务青年学生个性化实践需求。

(2) 多元聚势、师生协同,深化电子信息特色行业之旅

西安电子科技大学充分发挥各学院"专业特长"与"行业特色",组织党政领导、专任教师、辅导员、部门职员等,与实践学生"同学、同研、同讲、同行",夯实"师生同行、本研协同、学科交叉、双院联动"的实践特色,赴浙江、广东、湖南、江苏、山东、陕西等地,开启了"红色筑梦"电子信息特色行业之旅,累计对接14家科研院所、联系40家对口企业、拜访266名毕业校友,增设了9个"大学生社会实践基地",聘任29位"本科生成长企业导师",深化了师生爱校荣校之情和建校强校之力。

(3) 数智赋能、创新驱动,重塑实践育人新生态全链条

自学校上线"红色筑梦"社会实践智能信息平台以来,已基本实现从"项目申报""行前学习"到"过程记录""结项评价"等13个环节的全流程覆盖。实践队负责人、实践成员、指导教师、校园管理员等在系统中分类、分级配置了权限,同时,系统通过建立流程化电子表单、设置结项清单列表、丰富日报打卡功能、优化日志上传方式、增设良性激励机制等形式,让师生开展社会实践更容易、出行更安全、过程更精彩、参与更主动。

西安电子科技大学将评测拓展聚焦学生参与实践的"真实感受"与"实际提升",设计并向全体参与实践的学生发放《大学生实践能力素质综合评测表》。在测评对比和数据分析的基础上,将"客观与主观、数量与质量、终值与增值"相结合,提升社会实践评价的准确性与

可信度。同时围绕变量元素，开展差异性分析，为"学生成长画像"提供数据支持；让学生通过社会实践产生的"素养增量"可视化，并赋值转化计入"第二课堂成绩单"；优化完善大学生社会实践组织机制，进一步提升高校实践育人工作实效。

二、长安大学"生命之光计划"——造血干细胞采集捐献活动

1. 案例主要背景

为全面贯彻落实中共陕西省委宣传部、中共陕西省委高教工委共同印发的《陕西高校培育和践行社会主义核心价值观实施意见》，深入挖掘社会主义核心价值观教育特色载体，长安大学以活动传承性、时代性、针对性为评选标准，对全校涌现出的各类案例进行摸底考察、推荐遴选，发掘出了长安大学"生命之光计划"造血干细胞采集捐献活动这一典型案例。该案例以"延续生命之光，彰显青春担当"为活动主题，是长安大学志愿服务在实践育人、文化育人、管理育人等方面的有效途径和精华成果，并在深化社会主义核心价值观"进教材、进课堂、进头脑"的实践探索中，以其重大的社会意义、感人的先进事迹、生动的教育效果，为青年践行社会主义核心价值观提供了有效途径和重要支持。

长安大学"生命之光计划"造血干细胞采集捐献活动于2003年9月启动，20多年来共有10000多名师生参与了此活动，为中华骨髓库陕西分库提供血样14000多份，其中已有50位师生成功捐献，捐献造血干细胞人数位列陕西省第一。学校先后涌现出了"陕西省第一例配型成功志愿者"向东，"陕西省配型成功年龄最小志愿者"李玉鹏，"陕西省教师队伍中第一位捐献者"田运涛，造血干细胞二次捐献者林启和、吴玉龙等典型案例。

该活动以其价值独特性、覆盖面广泛、典型突出及优异表现获得了"全国高校十佳活动"、团中央"第八届中国青年志愿者优秀项目奖"、"高校校园文化建设优秀成果二等奖"等荣誉称号。中央电视台、《光明日报》、《陕西日报》、《华商报》、陕西电视台、新浪新闻中心等多家媒体都对此进行了报道，使其产生了更好的示范性。

2. 典型做法措施

该项目开展围绕"弘扬志愿精神，培育核心价值"的主旋律，在活动实施过程中，以宣传营造文化氛围为基础，培育良好的学生社团文化与志愿氛围，实现全面育人；以紧抓网络阵地为途径，选树宣传师生典型，实现全员育人；以坚持实践导向为原则，打通师生参与途径，实现全过程育人。

按照"顶层统筹、基层发动、外部宣传、内部参与"的工作思路，长安大学团委等部门以"制度化规范、项目化管理、社会化运作、品牌化推进"的工作原则指导"生命之光计划"造血干细胞采集捐献活动的推进；以"校区全覆盖、班级全覆盖"为目标，层层传达，营造志愿服务氛围，实现校园文化育人；主动联系社会与校园新媒体，通过公益晚会、欢送会、表彰会等活动开展榜样宣传，以新闻媒体、微博、网站等媒体为支撑，建立长效宣传工作机制，树立志愿学生典型，实现网络育人；对接中国造血干细胞捐献者资料库陕西分库，在校园内开展造血干细胞捐献采样工作，引导学生参与，实现实践育人。

长安大学"生命之光计划"造血干细胞采集捐献活动秉承教育不仅要培养专业技能过硬的专业人才，更要培养思想道德过硬的高素质人才的理念，以"生命之光计划"这一有效载体积极鼓励青年以实际行动践行社会主义核心价值观。20多年来，长安大学"生命之光计划"造血干细胞采集捐献活动在拯救生命、传递希望的同时，沉淀了丰富的项目内涵与实践经验。它的每一步行动，都是文化育人、网络育人与实践育人的有力见证。

（1）文化育人——完善体系建设，营造志愿服务氛围

长安大学"生命之光计划"秉承"友爱、互助、奉献、进步"的志愿精神，以"党政关心、社会需要、青年能为"为切入点，以"树理念、做品牌"为工作思路，通过制度建设、组织保障、经济支持等途径，基本实现了制度化、品牌化、常态化、社会化。

"生命之光计划"作为长安大学志愿服务工作的重要组成部分，具有良好的制度环境。以《关于推进长安大学青年志愿者服务工作的实施方案》等文件为纲领，全校逐步形成了以志愿者精神和雷锋精神为核心，以"弘扬志愿文化，培育核心价值"为宗旨，以青年志愿者服务总队为主体、公益服务类学生社团和学院特色志愿服务团队为支撑的，第二、第三课堂有效结合的志愿者文化育人体系，并得到了省委主要领导的高度评价和鼓舞勉励。

该活动以"融入社会、奉献爱心、关注公益、实现价值"为宗旨，由长安大学党委领导、团委指导、"希望阵营"学生社团组织实施，具有良好的组织保障。经过多年的发展，它逐步发展成了多组织协作、多层级推进、多点面发展的大型公益项目（多组织协作——学校长期直接参与的志愿服务组织有23个；多层级推进——学校领导重视、团学干部带头、青年教师和学生积极参与的三级联动机制；多点面发展——以各组织相关特色志愿服务项目为点，以"生命之光计划"整体实施推进为面，以中国造血干细胞捐献者资料库陕西分库、西安市中心血站等志愿服务基地为点，以学生责任意识和奉献精神教育为面的点面结合发展理念）。

（2）网络育人——搭建沟通渠道，传播核心价值观

长安大学积极把握新形势下社会传播发展的规律，围绕"生命之光

计划"，按照"建矩阵、立品牌、树典型"的工作思路，挖掘项目内涵，积淀活动文化，以创新驱动，建立宣传阵地，打造文化产品，传播社会主义核心价值观。

长安大学紧抓学生活动阵地，建立媒体矩阵，即在新媒体环境下，通过当代大学生接收信息的主要渠道，积极建立阵地，打造全方位育人宣传模式。现阶段，围绕"生命之光计划"及相关志愿活动，学校已经建立起以"爱暖长安"等为代表的微信、微博新媒体为先锋，长安大学官网与校团委"先锋家园"网站专题报道为枢纽的全媒体阵地；同时，注重活动的社会化宣传，充分调动社会资源，使"生命之光计划"走出校园，吸引了新华社、《光明日报》、《陕西日报》、新浪网、搜狐网、华商网、央视网等多家媒体的关注和报道。

活动以"身边人讲身边事，用身边事改变身边人"为核心理念进行宣传，积极组织欢送会、表彰会、分享会等活动，并将捐献事迹、个人分享、媒体报道等成果于线上集中展示，以个例带动宣传核心价值，以学校认可肯定志愿精神，在青年中弘扬向上向善的价值观。

（3）实践育人——打通参与途径，培养行动自觉性

长安大学围绕"生命之光计划"造血干细胞采集捐献活动，对队伍培育、制度建设、社会对接等实践环节予以重点关注，通过实践育人推动立德树人，检验育人成果。

活动注重规范化管理，鼓励学生全面参与。作为学校着力打造的社团文化育人品牌项目之一，"生命之光计划"由学生社团"希望阵营"首先提出，经长安大学团委等部门考察商讨后予以重点关注，实现了场地、人员、资金"三到位"。活动以"规范流程，优化管理"为基本标准，先后制定《长安大学"生命之光计划"工作实施细则》《长安大学"生命之光计划"志愿者招募办法》等4项规章制度，让"生命之光计

划"走上了制度化、常规化发展轨道。学校积极联系陕西省红十字会、陕西省血液中心等社会组织进校园开展造血干细胞资料采集、无偿献血、专题知识讲座、造血干细胞捐献者和受捐献康复者访谈等活动,为广大学生参与该项目提供便利途径。

3. 工作成效经验

经过不懈努力,"生命之光计划"实践育人效果明显。"希望阵营"学生社团以"生命之光计划"为抓手,荣获"芙蓉学子·公益行动奖""全国高校十佳社团"以及"全国高校百强社团"称号。该项目也屡获表彰,先后获得第八届中国青年志愿者优秀项目奖、全国无偿献血促进奖等。在项目推进过程中涌现出的先进个人与团体,先后获得11项市级以上表彰。在该项目的带动下,学校共有7000余名注册志愿者加入了包括"希望阵营"在内的15个公益社团,其中有235名同学被评选为校级以上"优秀(杰出)志愿者"。

长安大学各项志愿服务工作以此为契机蓬勃发展。截至2015年,学校已连续三年参与中国扶贫基金会发起的善行100爱心包裹劝募活动,累计劝募金额达23万余元,在全国排名第十三,在陕西排第二,并喜获中国扶贫基金会优秀组织奖。2012年7月以来,学校已选派3批23名研究生支教团成员赴支教地开展支教活动,其中2人获"陕西省'西部计划'优秀志愿者"荣誉称号,涌现出以荣获第十届中国青年志愿者优秀个人奖、长安大学第一届研究生支教团团长徐英为代表的一批典型。学校志愿服务勇于承担社会责任,共为西安地铁志愿服务工作提供志愿者3000人,服务站点12个,累计服务时长超过12000小时,受益人群逾300万;为西安春运志愿服务工作累计服务10240小时,得到了共青团陕西省委、西安铁路局的肯定,其2014年春运志愿服务工作受到了共青团陕西省委书记等领导的亲切慰问,得到了《中国青年报》、新华网等媒体的报道。

　　生命之光绽放在校园，带来的不仅仅是荣耀，更是所点亮的校园里的爱与友善；生命之光绽放在社会，带去的不仅仅是感动，更是它所折射的当代大学生的责任与担当。长安大学将继续推进这一有效形式，深化志愿服务内涵，提升文化育人、网络育人、实践育人的功效，发展"延续生命之光，彰显青春担当"的精神内涵，努力推进社会主义核心价值观教育。

第九章 高校共青团实践育人的创新引领路径

第一节　高校共青团深化创新创业教育的路径探索

随着经济体制改革的全面深化,传统经济已经不能满足人们的需求,当前经济开始向创新驱动型经济转型升级,其发展呈现出一种新的常态,即"大众创业,万众创新"。习近平总书记强调:"要坚持创新驱动,推动产学研结合和技术成果转化,强化对创新的激励和创新成果的应用,加大对新动力的扶持,培育良好的创新环境。"① 就业是最大的民生,就业这一难题不仅仅关乎学校和毕业生,对毕业生的家庭也有一定的影响,还是一个引人关注的重要社会问题。在此情形下,鼓励学生创新创业已经成了解决就业难题的最重要和最有效的方法之一。高校共青团作为服务大学生创新创业的责任部门之一,对此有义不容辞的使命。团的十八大对大学生就业有深入的阐述,将大学生视为实施创新驱动发展战略和推进大众创业、万众创新的主力军。高校共青团应从服务社会、服务学校、服务青年的大局出发,找准自身优势,积极探索促进大学生创新创业工作的新路径。

---

① 中共中央文献研究室编:《习近平关于科技创新论述摘编》,中央文献出版社,2016年,第10页。

一、强化顶层设计，健全创新创业教育体系

创新创业教育是指以培养学生的创新精神、创业意识和创业能力为基本价值取向的一种新的教育理念。从全局的角度，对高校创新创业教育活动的各方面、各层次、各要素进行统筹规划，以集中有效资源，高效快捷地实现目标，这就是顶层设计。对于高校共青团来说，深化创新创业教育最重要的工作就是要强化顶层设计。除此之外，由于同一所学校不同部门所拥有的资源和进行的创新创业教育活动存在不同之处，不同层次不同专业的学生对于创新创业的认识和看法也是不一样的，这些又对健全创新创业教育体系提出了更深层次的要求。作为党的助手和后备军，高校共青团一直处于培养人、塑造人的前沿阵地，在服务促进大学生科技创新方面发挥着组织优势、阵地优势、资源优势和载体优势。高校共青团组织是最贴近青年的学生组织，也是大学生创新创业教育的主要参与者。其具体做法如下：

1. 建立健全双创人才培养机制，着力培养拔尖创新人才

教育的主要目标就是培养学生的创新创业精神及意识，因此创新创业教育需要针对学校每一个学生，并同其所学的专业教育实际相结合，同时纳入人才培养体系。高校共青团应结合所在学校的办学理念、办学定位、服务面向以及创新创业教育的目标与要求，参与制定专业教学质量标准和修订人才培养方案的过程，总结归纳好的经验方法并形成可行性高的规范和制度。学校应为创新创业设置专门的学分，增加开设创业基础课、研发课以及项目课，构建创新创业课程的完整体系，把对于学生们创新创业能力的培养贯穿于人才培养的全过程。为实现这样的目标，高校应不断探索创新创业教育模式，运用灵活的教学方式方法，把培养创新创业实践能力作为重点，并把学生创新创业成果以合适的比例纳入创新创业课程考核成绩，实现成果与学分的转换。例如，长安大学

坚持以"第一课堂"为引领，修订各专业人才培养方案，在人才培养目标和学生毕业要求中突出创新创业能力，将创新创业教育与专业人才培养深度融合，开设了与专业学科前沿紧密相关的创新创业必修课和专业选修课。

2. 优化双创教育管理机制，营造统一领导、齐抓共管的环境

双创教育管理机制的建构是一项系统性较强的工程，离不开学校党政领导、双创中心、团委、教务处等部门的参与。要构建健全的领导机构，明确校、院两级分层级进行管理，校、院同时成立以党政主要领导为组长的创新创业教育领导小组，编制长期发展计划及指导建议，研究双创教育改革事项，全面统筹学校创新创业教育工作，推动各项工作做实做细。校、院、班级团组织三级联动，开展科技创新系列活动，促进创新创业深入基层一线。比如，可以开展双创团日活动，让学生结合自身优势和所学专业，通过主题团日活动，深刻体会"何为创业""为什么创业""如何创业"，并做出自己的职业规划，实现人生价值。[①] 还可以组建由党政领导干部、辅导员、专任课教师组成的创新创业教育骨干队伍，由企业家、创业者组成的创新创业导师团等开展教育。高校共青团可以每年设立相应金额的创业专项经费开展创新创业工作，并推出一系列推动大学生创新创业教育实践活动的制度文件，为学生创新创业保驾护航，为学生科创报国的青春梦想提供思想引领。例如，长安大学推行学生创新创业能力培养"全员工程"，建立"教育—服务—指导—管理"四位一体的工作机制，构建教学主管部门牵头，各相关单位联动配合、协调发展的创新创业教育工作格局，促进创新创业教育制度、教学体系、教育管理、教育实践实训等的有效衔接。

---

① 罗滢、杨国华、张蕾：《发挥共青团实践育人功能 促进大学生创新创业教育——以昆明医科大学团委开展大学生创新创业教育为例》，载《教育教学论坛》2020年第31期，第125页。

3. 构建双创教育课程体系，打造理论教育与实践教育相结合的平台

高校共青团要想构建行之有效的双创教育课程体系，必须要实现专业教育与创新创业教育的有机融合，注重第一课堂教学与第二课堂实践的有机融合，调整专业课程设置，挖掘和充实各类专业课程的创新创业教育资源。① 要将双创教育融入专业课程及通识课程中，让创新创业精神渗透进日常教学活动的各个方面，大力培养学生的创新思维、洞察能力、自我信心以及开拓精神等。要开发出研究方法、创业基础、学科前沿、就业创业指导等方面的必修课和选修课，并纳入学生日常的学分管理活动。在当今信息化的时代，更要推进创新创业教育优秀课程信息化系统化的建设，推出一批资源可共享、规模可扩大、线上可开展的开放式优秀课程（例如慕课）。要建立在线公开课程的学习认证机制与学分认定制度。不同专业、年级要设置相应的教学目标和教学内容，对于大一学生，可以通过营造氛围，让其体会到创新创业精神培养之重要，促使其主动提升创新创业能力，对自己的职业生涯、日后生活进行规划，并树立崇高的理想信念；对于大二学生，可以通过课上传授创新创业知识以及开展第二课堂创新创业活动等方式，帮助其储备创新创业所需要的科学文化素养；对于高年级的学生则更应注重实践活动，通过实地考察的方式，提升其创新创业能力，加深其对有关行业的理解，为以后进入社会创业夯实基础。此外应配合做好第二课堂建设，将学生参与创业实践和课题研究、发表学术论文和专利等的情况折算成相应分数，把创新创业实践作为一门实践课程纳入学生成绩单之中，实现第二课堂与第一课堂的互促共进。

---

① 毕文慧、陈宇航、王君：《基于双创教育的高校第一课堂与第二课堂融合体系——以食品微生物课程群为例》，载《中国轻工教育》2022年第1期，第56—61页。

二、提供专业指导，搭建创新创业赛事平台

高校共青团创新创业教育需要坚持知行合一，持续打造优质创新创业实践平台；坚持品牌引领，打造创新创业竞赛育人体系；坚持以"互联网+""挑战杯"等大赛为导向，开展模拟创业训练、大学生创新创业训练计划等创新创业实践活动，在实践过程中提升其创新创业技能。同时也需要学校充分发挥在组织动员、资源整合、载体搭建、氛围营造等方面的工作优势，实施"双百"工程，通过团队搭建、导师配备、项目申报、资金扶持等举措，搭建学生团队、专业教师、社会机构之间充分互通的平台，切实培养大学生的创新创业意识，提升其创新创业能力。

1. 加强双创导师选聘，搭建双创帮扶平台

高校要选取具有先进双创教育方式及理念的教师，聘请校外具有一定知名度的企业家、创新创业的成功人士、熟悉经济发展形势和创新创业政策的人员担任学生的创新创业导师，创建专业老师与兼职人员有机结合的创新创业教学团队，构建创新创业教育指导与教研的专门部门，并把讲解创新创业的基础理论作为立足点。要聘请在创业领域有所成就的成功校友担任创新创业导师，并且深入课堂，承担一定的教学任务，做创业实务指导以及讲座等。① 要面向全校，通过考核选出多名对创新创业教育满含激情、具有丰富创新创业经验的专业老师担任学生们的创新创业项目导师，为学生创新创业活动提供最及时、最直接、最便捷的创业技术、创业指导、政策咨询，并且跟踪后续创业情况。要实施创业项目"双导师"制，组建"校内专业导师+校外企业导师"的优秀创

---

① 吴欣遥、陈晓辉：《高校共青团促进大学生创新创业的新思考》，载《中国成人教育》2017年第17期，第80—82页。

业导师团队，给对创业感兴趣的学生有针对性的、直接及时的、便捷详细的创业指导与创业服务。

2. 完善赛事组织机制，搭建赛事参与平台

高校要全力打造以"挑战杯""互联网＋"等赛事为龙头和学校优秀学科、特色专业相关赛事为引领的科技创新实践平台，进一步完善各类赛事作品选拔培育机制和"院—校—省—国"四级竞赛组织和参赛机制，有效推动学校各类学科竞赛蓬勃发展。要鼓励学生结合自己所学专业，跳出专业的边界，多与其他学科交叉，在学有余力的情况下根据自己的兴趣爱好去涉猎其他方面的知识并开发自身潜能，不断拓宽视野、加深认识，提升综合素质。

3. 善用校友网络资源，搭建赛事实践平台

高校要围绕服务学校和服务社会的重要使命，通过建立产业技术创新联盟，利用庞大的校友网络吸引校友人才在园区开展创新创业活动等形式，加强校地、校企、校友资源的开放共享。要通过链接校友，邀请企业人士担任创业导师、开展创业讲座等，建立良好的创新创业教育培训模式。学校可以与相应科技园区共同发起组建产业技术创新联盟，构建产学研协同创新平台，开展产业关键共性技术攻关、产业标准制定、产业创新应用示范等工作，促进产业的技术创新、应用创新和服务模式创新。

三、整合育人资源，建设创新创业实践基地

在高校中，高校共青团创新创业教育实践活动是大学生创新创业教育的主要延伸，高校共青团整合育人资源，合理规划与大力引导学生参与课外双创实践活动，积极与政府、企业、创业园等开展合作，推进创业成果转化。持续加大国家级、部省级重点实验室和工程中心、协同中

心等的开放力度,为学生建设多渠道双创实践基地是提升学生双创能力的有效手段。

1. 建设实习实训基地,用活校内课堂教育资源

高校可以将创新创业教育与学生实习实训相结合,建立具有优势学科特色的基地,比如,学校可以结合学科专业特点,利用校内实习实训基地开展相应的创新创业教育实践,同时通过整合优势资源开展校校协同、校企合作、校地联动,引导学生在实习实训中提升创新创业的能力。

2. 建设学校众创空间,激发学生创新创业活力

大学生众创空间是众多创业活动在特定的地理空间集聚所形成的复杂创业生态系统,一般由高校自行投资建设管理,也可以由高校和企业、行业组织等社会力量共同投资建设、运营管理,还可以委托专业机构进行运营管理。① 要鼓励有条件的高校众创空间成立独立法人的运营主体,并设专门机构或团队对其进行管理,配备1—2名专职工作人员。管理人员需定期参加各类培训交流,提升业务技能和服务能力,以满足众创空间管理运营需求。众创空间要为入驻学生创业公司免费提供水电、网络等服务,服务本校学生创新创业团队,重点面向各类双创竞赛立项团队,鼓励指导教师入驻场地,辅导学生团队积极开展研讨、演练等创新创业活动,以激发学生对创新创业的兴趣为着力点,促使学生参与创新创业的思想自觉以及行动自觉不断增强。除此之外,还要举办创新创业讲座、创新创业沙龙、创意展示、创新创业训练营、创新创业大赛等系列活动,以这样的活动来激发大学生创

---

① 黄晓颖:《高校众创空间实效性研究——以东北大学"东创空间"为例》,载《创新创业理论研究与实践》2022年第10期,第194页。

新创业热情，从而营造出浓厚的创新创业学习氛围。要大力宣传众创空间建设成效和经验，以及涌现出的师生创新创业典型，弘扬创新创业精神，营造崇尚创新创业、投身创新创业、鼓励创新创业、支持创新创业的良好文化氛围。例如，长安大学设立了大学生科技项目孵化中心，建设了大学生众创空间，还建设了网上移动众创空间，进行项目线上展示与资源对接。

3.搭建校企合作平台，构建资源良性循环体系

高校共青团要主动联系本地高新科技园以及在行业内成绩优秀的企业，寻求长期合作，把科技园、优秀企业等作为创新创业基地，组织大学生进行实地考察、实践锻炼，促进理论、教育活动和生产实践活动的有机结合，为具有市场流通价值的大学生创新创业成果流向市场构建桥梁，同时以校企合作为契机，建立创业基地，在就业实习、产教融合和技术服务等方面与其进行深度合作，强化供需精准对接，搭建优质的就业创业对接平台，建立长期良好互利的合作关系，力促科研成果落地转化。要进一步深化在科技攻关、成果转化、人才供需等方面的协同联动，实现优势互补、合作共赢，促进创新创业优秀人才的成长与发展。在为大学生实现个人创新创业目标提供孵化平台的同时，要逐步构建大学生、学校、企业三方共创、三方共赢的友好局面。校企合作平台不仅可以提供创业实训岗位，而且解决了学生实训实习、实战经验欠缺的问题，能帮助学生掌握创新创业程序，发现潜能，从合作企业中获取大量创业资源，实现了生产经营与项目孵化的融合并使其以一体化形式出现，实现了课程教学、实地训练与创新创业的良性循环与友好互动，能强有力地助推大学生实现创业梦想。

第二节　高校共青团创新美育实践的路径探索

建国初期，我国便确立了德智体美等全面发展的教育方针，美育具有自己独立的而不是附属于其他教育类型的地位。1988 年，国家教委在全国高等教育工作会议上颁布了《在普通高等学校中普及艺术教育的意见》，提出高校必须重视美育教育。1996 年，国家教育委员会发布了《关于加强全国普通高等学校艺术教育的意见》，提出了高校要培养大学生的马克思主义审美观和艺术观，规范高校艺术教育管理，改善教学条件等要求。1999 年，中共中央、国务院印发《关于深化教育改革全面推进素质教育的决定》，指出美育教育在培养人的全面发展中具有不可代替的作用，要将美育渗透在教育的每一个环节之中。① 党的十八大以来，以习近平同志为核心的党中央高度重视共青团工作，关心美育的发展。2018 年 8 月 30 日，习近平在给中央美院 8 位老教授的回信中指出："做好美育工作……遵循美育特点，弘扬中华美育精神，让祖国青

---

① 《中共中央国务院关于深化教育改革全面推进素质教育的决定》，来源：中国教育新闻网，2016 年 11 月 9 日，网址：http://m.jyb.cn/zyk/jyzcfg/200602/t20060219_55334_wap.html。

年一代身心都健康发展。"①

一、合理布局规划，构建美育实践体系

2015年，国务院办公厅印发《关于全面加强和改进学校美育工作的意见》②，提出了加强和改进学校美育工作的指导思想、基本原则、总体目标和政策措施，这是加强和改进学校美育工作的第一个纲领性文件。2019年，教育部针对高校美育工作印发《关于切实加强新时代高等学校美育工作的意见》，明确了高等学校美育工作的总体要求和重点任务，并对高校美育教育的实施举措和保障提出了建设性的意见，提出要建设专门的美育教师队伍和高校美育课程、美育教材体系。2020年，中共中央办公厅、国务院面向各级各类学校印发了《关于全面加强和改进新时代学校美育工作的意见》，并要求各地区各部门结合实际认真贯彻落实。可以看出，美育已经成为高等教育人才培养的基本任务之一，高校美育也已经发展成为专门化、有特色的理论研究和育人领域。

在新时代高等教育改革进程中，坚持中国特色社会主义教育发展道路，就是要把培养德智体美劳全面发展的社会主义建设者和接班人作为着力点。美育是高校实践育人的重要抓手之一，要在基层团组织的第二课堂这一平台上，不断提升以美育人、以文化人的重要能力建设，结合当前协同育人的新媒体传播方式方法，推进优化美育结构，补齐美育短板，并充分发挥高校基层团委的管理作用、引导作用以及组织作用。高校共青团开展美育实践有利于团员青年牢固树立正确的人生理想信念，自觉践行社会主义核心价值观，将青年团员培养成为堪当民族复兴大任

---

① 习近平：《做好美育工作弘扬中华美育精神　让祖国青年一代身心都健康成长》，载《人民日报》2018年8月31日，第1版。
② 国务院办公厅：《关于全面加强和改进学校美育工作的意见》，来源：中华人民共和国教育部网站，2015年9月15日，网址：http://www.moe.gov.cn/jyb_xxgk/moe_1777/moe_1778/201509/t20150928_211095.html。

的时代新人。然而在实践过程中，基层团组织思想阵地发挥不够充分、主动性弱化的问题时有出现，基层团属媒体不够贴近学生、运用不充分，网络美育培养针对性不强的问题也有体现。①

二、丰富实践内容，拓展美育实践资源

美育课程是学校课程系统的重要组成部分，是培养学生审美能力的基本要求。② 高校要修订本科生和研究生的人才培养方案，加强"公共艺术类"课程建设，为学生提供符合课程标准的优质艺术学习资源，丰富教育资源的服务供给，满足学生艺术学习和实践的需求。

聚焦艺术供给，挖掘美育元素。要建立第一课堂和第二课堂有机融合的艺术教育模式，不断提高大学生艺术团队的建设水平，打造高水平艺术节目，培养艺术人才和文艺骨干。要持续推进"四节三进"活动，以国家大学生文化素质教育基地为依托，持续开展大学生文化节、艺术节、科技节、体育节活动，以及高雅艺术进校园、名家讲座进校园、优秀电影进校园活动，引领带动校园文化活动蓬勃开展。要加快构建"艺术基础知识基本技能＋艺术审美体验＋艺术专项特长"的第一课堂与第二课堂有机融合的美育教学模式，培养一批艺术人才和文艺骨干，培育一批高水平艺术原创精品，展示学校美育教育成果。

营造美育文化氛围。《教育部关于切实加强新时代高等学校美育工作的意见》指出，要持续深入开展高雅艺术进校园、戏曲进校园、全国大学生艺术展演、中华优秀传统文化传承基地建设，以及"传承的力量""五月的鲜花"等品牌活动，组织原创校园歌曲、舞台剧、舞蹈、影视、校园景观设计等作品的展示与推广，营造格调高雅、富有美感、

---

① 臧亚平、冉昆玉、李红星：《高校基层团组织美育实践研究》，载《黔南民族师范学院学报》2018年第5期，第104—107页。
② 冉祥华：《美育的当代发展》，新华出版社，2008年，第243页。

充满朝气的校园文化。环境是养成美的有利因素,优美的环境与良好的文化氛围对大学生审美能力与审美素养的提升有极大的帮助,高校要重视营造校园之美,发挥环境美育的作用。

三、深挖美育内涵,打造美育实践品牌

1. 美育工作典型案例

我国高校美育工作近年来取得的阶段性成果显著,美育的育人导向更加凸显,结构布局不断优化,课程建设稳步推进,美育活动丰富多彩,资源保障持续向好。自《教育部关于切实加强新时代高等学校美育工作的意见》颁布以来,高校遵循美育特点,弘扬中华美育精神,以美育人、以美化人、以美培元,培养德智体美劳全面发展的社会主义建设者和接班人。

东南大学通过强化美育课程建设、丰富艺术审美体验、创新美育活动实践,不断健全面向人人的学校美育育人机制,扎实推进美育工作,引领学生陶冶高尚情操、塑造美好心灵、增强文化自信。武汉大学通过四个着力——着力统筹规划,夯实美育基础;着力课程建设,加强美育融入;着力品牌塑造,培育美育文化;着力环境营造,共建美育生态——推进新时代美育工作。东北林业大学注重系统推进,深化美育综合改革;注重教学改革,加强美育课程建设;注重氛围营造,丰富美育校园文化;遵循美育特点和规律,凸显以"林"育人的特色文化;着力提高学生审美和人文素养,培养德智体美劳全面发展的社会主义建设者和接班人。长安大学落实立德树人根本任务,遵循美育规律,坚持以美育人、以美化人、以美养德,聚焦制度建设、队伍建设、课程建设、平台建设,多措并举加强美育工作,努力培养德智体美劳全面发展的社会主义建设者和接班人。这些都是高校共青团美育发展并取得优异成绩的典型案例。

2. 打造美育实践品牌路径研究

校内校外，拓展美育资源。高校要根据自身学科建设特点与办学理念开展丰富多彩的艺术实践活动，积极探索符合时代特征、融入校园特色、结合学生特点、凸显教育特质的艺术实践活动形式。例如，东南大学在美育探索过程中，依托艺术学理论专业，深化美育通识课程与学科交叉课程建设，打造主干艺术精品课程 20 门、专题性人文与美育课程 30 门。此外，还利用专业优势和学科平台，通过出台激励政策、加大资金支持等方式鼓励教师参与编写公共艺术课程教材，支持艺术专业教育教材出版。武汉大学着力课程建设，加强美育融入，坚持将美育教育融入教育教学全过程，加强第一、第二课堂的融合渗透，推动美育教育和专业教育、实践活动等的有机结合。

把握核心，做好文化传承。高校美育是大学教育中不可替代的重要组成部分，是民族历史与优秀文化传统的表现形式。新时代的美育需要高校融入中华文化传统，透过传统文化寻找美育的真正内涵与意义。要把中华优秀传统文化教育作为学校美育培根铸魂的基础，积极引入各项美育活动，建设高雅、有朝气、大学生们都喜闻乐见的校园文化。

深挖外延，积极服务社会，增强服务社会的能力水平。高校美育活动不能只局限于校内，要主动地融入国家和地区的发展战略，以服务经济社会的发展。要引导参与高校美育教学活动的教师和学生树立服务社会的意识，提升服务社会的能力。要支持高校在一定程度上参与基础教育的美育教学改革、课程教材改进等具体工作。要实施高校美育浸润行动计划，积极开展美育志愿服务和社会实践的活动，如对口定点帮扶、支教扶贫、社区服务等。要以更开放的姿态，充分发挥出高校艺术场馆的社会服务功能，推进解决公共文化服务不足的现状，推动高校艺术场馆纳入国家公共文化服务机构免费开放政策实施范围，鼓励有能力有精力的高校将本校的博物馆、美术馆等文化艺术馆向社会有序开放，推进我国社会艺术文化服务体系建设。要深化国际人文交流合作，运用多渠道、多方式、多平台在国际和国内、政府和民间进行交流，把专业艺术院校和高水平学生艺术社团放在重要位置，使其参与共建"一带一路"教育行动和中外人文交流的各个项目，积极发展其服务社会功能。

第三节　高校共青团实践育人的创新案例分析

高校共青团积极探索实践育人新模式，构建实践育人长效机制，使青年学生在实践中受教育、长才干、做贡献，形成了许多可示范、可推广的成功经验。下面，本书将通过案例分析实践育人的典型经验做法。

一、长安大学坚持"五链"融合全面推进创新创业教育

1. 案例主要背景

长安大学直属教育部，是教育部和交通运输部、自然资源部、住房和城乡建设部、陕西省人民政府共建的国家"211工程"重点建设大学，国家"985工程优势学科创新平台"建设高校，国家世界一流学科建设高校，也是西部地区最早开展创新创业教育的高校之一。近年来，学校围绕立德树人根本任务，深入学习贯彻习近平新时代中国特色社会主义思想和习近平总书记关于教育工作的重要论述，贯彻落实《国务院

办公厅关于进一步支持大学生创新创业的指导意见》等文件精神，不断深化创新创业教育改革，把创新创业教育融入人才培养全过程，着力探索出一条具有长大特色的"制度链、协同链、创新链、保障链、成果链"深度融合的发展路径，切实提升了大学生创新创业能力，为学校培养具有卓越追求和卓越能力的卓越人才奠定了坚实基础。

2. 典型做法措施

（1）健全制度链，"两项举措"助力创新创业教育换挡升级

实施创新创业教育"一把手工程"。学校成立以校党委书记、校长为组长的就业创业工作领导小组和以校长为主任的学生创新创业教育委员会，下设办公室，牵头协调教学、招生、就业、团委等各部门，统筹开展创新创业教育工作，完善校院目标责任制，定期召开创新创业教育推进会，专题研究部署创新创业教育有关工作。

构建创新创业教育"全员工程"。学校推行学生创新创业能力培养的"全员工程"，建立"教育—服务—指导—管理"四位一体的工作机制，形成"部门协作、校院互动、学生参与"齐抓共管的工作格局，保证创新创业教育制度、教学体系、教育管理、教育实践实训等有效衔接。

（2）拓展协同链，"三个课堂"着力打造高质量创新创业教育体系

学校坚持三个课堂联动，推进实现专创融合、产教结合、科教融合，将创新创业教育贯穿人才培养全过程。

坚持第一课堂引领。学校充分发挥课堂教学的主渠道作用，以"专业提升、回归工程"为目标，在人才培养方案中将创新创业教育纳入全校通识教育课和各专业必选课，设立"3+1"学分的创新创业必修课，建立了学生在线学习认证和学分认定制度，上线《创业基础2.0》等10余门创新创业教育视频公开课，开发18门专业类创新创业课程，自主建设以省级社会实践一流课程"企业管理与精益创业"为代表的20余门双创精品课程，目前，相关选修课已覆盖全体本科生。

坚持第二课堂提质。学校坚持以"互联网+""挑战杯"竞赛为龙头、以学科竞赛为抓手、以院系特色学科竞赛活动为重点、以创新创业社团活动和班级"五小创"活动为基础，搭建创新创业实践教育分类培养体系，不断激发学生创新创业主动性、创造性，提升其创新创业能力和水平。学校大学生科技节每年有活动 50 余项立项；开展"五小创"活动，实现了全校低年级学生活动全覆盖；举办"专利月"培训，提升了高年级学生创新创业项目转化的能力；选树大学生创新创业典型，强化榜样引领；培育了 32 个大学生创新创业社团和 400 余个班级创新创业小组，营造了浓厚的创新创业氛围。

坚持第三课堂强能。学校把学生实习实训与创新创业教育相结合，通过校校、校企、校地、校所协同，建立创新创业项目实训实习基地、学生众创空间，引导学生在实践训练中提升创新创业能力。同时充分发挥学校在交通运输、资源与环境、城乡建设等学科领域的优势特色，利用全国高校唯一的汽车综合实验基地、太白山实习基地、梁山实习基地、现代工程训练中心等实践场所，开展专业实习实训，不断提升学生专业水平，为其创新创业提供坚强的支撑。

（3）激活创新链，"三项计划"齐头并进优化创新创业教育生态

学校将课堂教学、实践培养、指导帮扶有机结合，真正建好用好创新创业服务平台，面向不同的学生群体提供形式多样、层次递进、内容衔接的创新创业教育资源，优化了"创意、创造、创新、创业"相融合的教育生态。

实施学生专利资助与奖励计划，持续提升学生创新创造能力。学校多年来一直支持学生的发明创造，通过实施学生专利资助与奖励计划，开展"五小创"和"专利月"精品活动，着力普及知识产权和专利文书撰写，鼓励学生申请实用新型专利和发明专利，大大提升学生创新创造能力和作为工科类学生的知识产权意识，提升了其就业质量。学校每年产生"五小创"作品 1000 余项，学生获得专利数超过 300 项，其中

发明专利20余项，稳居陕西高校第一。学生获得专利也大大支撑了各类学科竞赛与创业实践。

实施"创新创业优秀骨干培养计划"，激发学生创新创业梦想。学校通过大创训练项目、社会实践项目、专利资助项目、"青马"培养项目以及校企合作项目等，分类分层培养创新型、复合型、实践型双创人才。同时将双创知识传授、讲座辅导、项目路演展示和创业实践有机结合，形成以实践能力为重点的培养体系。从2012年开始，学校通过"创业达人训练营"开展"SYB创业骨干培训"和"青马创业精英培训"，每年培训创业骨干120余人，培育了大批校内创新创业精英。

实施创新创业项目与竞赛专项资助计划，为双创训练和大赛提供经费支持。学校每年投入700余万元开展大创训练和学科竞赛，其中大创专项资金350万元，"互联网+"大赛和"挑战杯"竞赛专项资金100万元，其他70余项各类专业学科竞赛专项资金约250万元，强力支持学生开展各种创新创业训练和比赛。仅2018年到2022年，学校就开展了创新创业训练计划项目2205项，其中国家级项目841项，获得"互联网+"大赛国家级奖励11项，省级奖励116项，获得"挑战杯"大赛国家级奖励28项，省级奖励60项。

（4）建强保障链，增强创新创业教育高质量发展动能

学校一方面不断提升创新创业活动的软实力，积极配备导师队伍；另一方面，着力筑实创新创业活动的硬条件，不断设立相关专项资金、积极汇聚各方支持，切实加强大学生创新创业活动的各项保障。

建强创新创业教育师资队伍。创新创业教育的发展，必须要有一支高素质的师资队伍。学校通过多种渠道打造有实力的师资队伍，充分利用现有的教师资源，特别是经济管理类和思想政治教育等相关专业的教师、辅导员、管理干部等，拥有了一支稳定的、由辅导员和专业教师组成的60余人的创业基础课师资。同时坚持每年邀请全国知名创业导师开展创业课程骨干师资能力培训，引进企业专家建立了一支100余人的

专兼结合的创业训练导师队伍,为学生创业实践和参加各类创新创业大赛奠定了基础。目前,学校培养了国家高级职业指导师 2 人,国家中级职业指导师 6 人,教育部创业导师人才库入库导师 27 人,有人社部二级创业咨询师 12 人,70 余人获得 KAB、SYB 创业培训证书。

打造高水平学生创新创业训练平台。学校坚持以大平台建设支撑大团队、申报大项目、产出大成果。学校在长安大学科技园设立了 1000 余平方米的大学生科技项目孵化中心,在南北校区分别建设了总面积 3000 余平方米的"明远湖畔众创空间""渭梦空间"和"恺英众创空间"等大学生众创空间,每年入驻孵化的学生创业项目达到了 60 余项;同时建设"智慧云创"网上移动众创空间,使线上线下相结合,进行项目展示与资源对接。学校设立了校园内大学生创业服务中心,强力支持师生共创;建设了 7000 余平方米的现代工程训练中心,内设无人机、3D 打印、机器人等实训工作室 10 余个;同时自主建设了 15 个专业类学生创新实验室,12 个校外创新创业实践基地,每年有 300 余支学生团队以此为依托开展高水平创新创业训练和实践。

汇聚各方支持合力。学校积极争取政府、社会的支持,在政策、资金、技术等方面给予大学生创业和创新创业教育更多的支持和指导。充分发挥校友力量,成立长安大学校友企业家联盟,创设校友创业实践基金,围绕学生创新项目培育与成果保护,以项目科学化、规范化运作为原则,按照小资金培育、梯次资助、典型团队奖励的机制支持学生创新创业;举办校友产业博览会等活动,积极为学生创新创业搭建平台。

(5) 做强成果链,筑牢创新创业教育持续发展坚实基础

成绩来源于奋斗,学校不断完善成果转化机制,强化成果转化服务,在形成创新创业教育研究成果、孵化创新创业项目、提升创新创业能力等方面取得了显著成效。

学校先后获得"全国创新创业实践育人基地""全国深化创新创业教育改革特色典型经验高校""陕西省双创示范高校""陕西省双创教

育研究与培训基地"等称号,打造了拔尖创新人才培养的双创新高地。共建立260余个校外专业技术实习基地,获批2个省级重点建设双创基地、3个省级创新创业试点学院,建设了15个学生创新实验室以及3个众创空间和1个大学科技园孵化中心,被认定为省级众创空间和省级中小企业孵化基地,孵化创业项目80余项。其培育的"西安微米防灾科技有限公司"于2018年成功预警国道G108周至段大型边坡崩塌,减少直接经济损失500余万元,避免了人员伤亡。公司每年创造上亿元的经济效益,社会效益也巨大。2020年至2022年,学校学生在"互联网+""挑战杯""中国研究生创新实践系列大赛"等赛事中获得国际、国家级奖项500余项,省级奖项900余项;获批国家专利1300余项,其中发明专利120余项。2020年,长安大学在全国学科竞赛综合排名中排第52名。学校瞄准世界科技前沿和新型科技产业,聚焦国家重大科技专项,培育了一大批勇于创新、敢于冒险的创新创业人才。长期以来,长安大学学生创新实践能力和综合素质受到了用人单位的赞誉。毕业生在交通运输、国土资源、城乡建设等学校特色行业领域就业保持优势,就业率稳定在65%以上。近年来,创业毕业生带动就业人数累计千余人,涌现出了钱俊冬、罗建林、马兆鑫、蔡永甫等一批受到国务院、各地政府表彰的创新创业典型人物,其中钱俊冬创办的"西安三人行传媒集团股份有限公司"成功在沪市A股主板上市。

二、长安大学"四个聚焦"加强美育工作

1. 案例主要背景

长安大学落实立德树人根本任务,遵循美育规律,坚持以美育人、以美化人、以美养德,聚焦制度建设、队伍建设、课程建设、平台建设,多措并举加强美育工作,努力培养德智体美劳全面发展的社会主义建设者和接班人。

2.典型做法措施

(1) 聚焦制度建设，夯实美育保障

学校加强美育工作组织领导，成立美育工作领导小组并下设办公室，定期召开专题会议，切实抓好工作统筹、决策咨询和评估督导等工作。统筹协调校内公共资源，在资金、政策、资源等方面予以支持，指导和督促各部门将美育工作目标、任务、政策、举措落到实处。制定美育工作发展规划，并将其纳入学校人才培养专题规划和整体发展规划。设立美育工作专项经费，纳入学校财务预算，保障美育工作顺利开展。加大美育工作宣传力度，鼓励教师充分挖掘每门课程蕴含的美育功能，增强教师美育意识。建立健全美育工作评价与激励机制，把美育工作及效果纳入学校人才培养目标责任管理与绩效考核指标体系，制定美育工作评价标准，对各学院（系）美育活动的开展情况、竞赛等活动成绩、学生美育课程成绩等进行分析评价。把美育工作和公共艺术课程教学纳入学校教育督导范畴，进一步强化督导检查结果应用，对获得突出成绩的组织和个人予以表彰。

(2) 聚焦队伍建设，凝聚美育合力

学校把提高美育教师思想政治素质和职业道德水平摆在首要位置，不断提高美育教师的教育教学能力。按照在校学生总数合理配置公共艺术教育教师，加大师资培养和引进力度，聘请行业专家担任兼职教授，逐步提高专任教师比例，不断优化教师队伍结构。探索建立与校外艺术类企事业单位人才互聘和双向交流的长效机制，鼓励和支持艺术类教师到校外参加实践锻炼，并在绩效工资、教学工作量等方面提供保障，着力打造一支具有现代教育理念、教学经验丰富、实践能力强的高水平"双师型"美育师资队伍。建设美育名师工作室，加强美育教学的交流和研讨，鼓励教师不断提升教育教学能力，在艺术类专业人才培养、美育课程建设、推进文化传承创新、增强服务社会能力等方面发挥积极作用。

(3) 聚焦课程建设，丰富美育内涵

学校修订本科生和研究生人才培养方案，加强公共艺术类课程建设，构建以审美和人文素养培养为核心，以创新能力培育为重点，以中华优秀传统文化传承发展和艺术经典教育为主要内容的公共艺术课程体系，开齐开足开好音乐、美术、影视、书法和艺术欣赏等课程。建设一批以陕西特色非物质文化传承创新为主题的特色精品课程，并将其纳入公共艺术教育课程体系。运用现代化信息技术，构建线上线下相结合的课程教学模式，引进和建设一批优质美育特色课程。打造具有学校文化特色的美育实践活动，将必修公共艺术的素养教育和选修小班艺术技能培养结合起来，建设专业琴房、画室等，面向全体学生开展艺术技能训练，着力提高大学生艺术水平。设立美育类研究课题，鼓励教师开展美育教材体系、教学规律和模式、考核评价标准、教师队伍建设等方面的研究。加强长安大学国家大学生文化素质教育基地建设，在弘扬长安文化的同时，凸显学校文化内涵。围绕公路交通、国土资源、城乡建设等特色专业，建立交通文化研究基地，深化行业文化研究与宣传教育，确保行业文化传承与实际应用衔接。

(4) 聚焦平台建设，营造美育氛围

建立"课程学习—项目实施—舞台检验—展演交流"的第一课堂和第二课堂有机融合的艺术教育模式，不断提高管乐、民乐、手风琴、舞蹈、合唱、话剧、主持、礼仪等大学生艺术团队建设水平，打造高水平艺术节目，培养艺术人才和文艺骨干。持续推进"四节三进"活动，以国家大学生文化素质教育基地为依托，引领带动校园文化活动蓬勃开展。健全学生美育社团组织，按照一部章程、一个挂靠单位、一名指导教师、一项特色活动、一个团支部"五个一"建设模式，推动学生美育社团和兴趣小组繁荣发展。扩大校内艺术场馆开放服务范围，积极拓展校外美育实践教育基地，与有关文艺单位签订合作协议，加强合作交流，定期开展大学生文化艺术教育活动，拓展资源，提升美育工作水平。

第十章 高校共青团实践育人的评价构建

第一节　高校共青团实践育人工作评价的情况概述

高校共青团实践育人工作作为高校思想政治工作的重要组成部分，是培养大学生社会化能力、增强大学生理想信念、引导大学生践行社会主义核心价值观的有效途径。然而，目前高校共青团实践育人工作还存在一些问题，如实践活动的内涵不够深刻，实践形式的创新不够多样，实践效果的评价不够科学等。为了提高高校共青团实践育人工作的质量和水平，有必要构建一个科学合理、操作可行、指导有效的实践育人工作评价体系。

高校共青团实践育人工作实施过程效率如何，育人成效和效果怎么样，需要适时地评估检验，但是高校共青团实践育人工作的复杂性需要多视角、动态化评价，很难用一套固定的指标一次性地加以测试，评价需要定性与定量、结果与过程等各方面相统一。

一、我国高校共青团实践育人工作评价总体情况

实践育人是高校思想政治教育的有效途径，是高校人才培养中的重要环节，党和国家对高校实践育人高度重视，倡导高校建设"三全育人"理念下的"大实践"格局，制定大量政策文件对实践育人工作进

行指导和规范。自"十大"育人体系概念提出以来,我国高校实践育人工作取得了积极成效。共青团作为新时代青年的引领者,承担着实践育人的主要工作,在党和国家重大战略和方针政策的有力指导下,高校共青团实践育人工作在内容和质量上都实现了巨大提升和飞跃。学者对我国高校实践育人抽样调查的数据显示,90%以上的大学生都有过志愿服务的经历,91.5%的大学生都有参与社会实践的强烈意愿,学校、社会、学生对实践育人工作的了解程度大幅提高,对共青团实践育人工作的满意度也有所提升。①

作为"十大"育人体系中的重要环节,实践育人是高校"大思政"格局的重要组成部分。各高校共青团始终坚持立德树人的根本任务,把实践育人纳入人才培养体系,坚持把第一、第二课堂相结合,实践育人目标也从注重个人成长逐渐上升到使人的全面发展与党和国家的命运相联系、与社会主义核心价值观相契合。随着全球化竞争的日益激烈与高等教育综合改革的全面深化,人才培养目标趋向多元化,我国实践育人目标体系的构建从教育的一个环节扩展为完整的教育协同体系,以不断培育学生爱国主义精神、社会责任感、价值观等理想信念。

近年来,各高校开展了一系列优秀的实践活动,实践育人成效显著,学生综合素质整体提高。各高校共青团在贯彻落实"三全育人"的过程中,使实践活动覆盖了大学生成长的时间维度和空间维度,同时从横向的能力提升和纵向的素质提升两方面着力,使得大学生综合素质不断提高,高校共青团人才培养能力逐步提升。

但是,随着我国社会的高速发展和高校教育教学改革的深入,实践育人体系化建设面临种种问题与挑战,在制度设计、体系建设和具体实施环节都存在不足。调查发现,学生对高校共青团实践育人工作认知度

---

① 陈步云:《高校实践育人机制研究》,东北师范大学博士学位论文,2017年。

不高，对高校实践育人工作的了解程度不够；实践育人活动尚有较大的提升空间，学生参与度不高，参与实践活动的获得感不强；从成效评价来看，学生认可度整体偏低，实践育人活动与大学生的期待有所出入。① 并且，高校共青团的实践相对于国家层面对实践育人的战略思考而言有较大的延迟，实践育人工作暴露出实践课程整合不够、实践内容参差不齐的问题，高校普遍缺乏对实践育人的顶层设计、目标制定、具体规划、激励考核，缺乏与其他育人体系的整合协同。因此，高校共青团仍需要进一步将形式丰富、内容多元的实践活动内容纳入学分体系，或通过"第二课堂成绩单"等方式尝试探索实践课程的开展，从而完善实践内容，统筹协调好实践育人机制体系。

二、高校共青团实践育人评价机制的发展历程

在高校人才培养体系中，实践育人起着承上启下的作用，其中评价机制是中心环节，起着桥梁纽带作用。随着时代的不断发展，高校实践育人评价机制也发生了变化，梳理实践育人评价机制发展历程能让人们更好地了解每个阶段的时代需要，有利于构建符合当前国情、社情和校情的评价机制，为实践育人的各类方式方法得到落实提供参考，帮助高校构建高效、公平的教育模式。

新中国成立以来，我国逐步确立并完善了高校思想政治教育实践育人的理论体系，并逐步形成了高校思想政治教育重视实践的优良传统，高校思想政治教育实践育人为高等教育的发展以及人才培养做出了重要贡献，逐渐成为中国特色社会主义高等教育的重要组成部分。

改革开放以来，党和国家高度重视高校思想政治教育实践育人工

---

① 苌宇慧：《新时代高校思想政治教育实践育人问题研究》，兰州大学硕士学位论文，2021年。

作，高校中逐渐形成实践育人的价值理念，实践育人机制逐步建立健全，实践育人评价机制也初步建立，育人效果进一步凸显。

2005年颁发的《关于进一步加强和改进大学生社会实践的意见》进一步明确了对高校社会实践活动的要求，首次提出"实践育人"的概念，标志着党和国家对高校实践育人工作的认识进入了较深的层次。2012年，教育部等七个部门共同出台《关于进一步加强高校实践育人工作的若干意见》，明确实践育人的组织领导体系和保障机制，其中提到了考核评价机制的建立，标志着实践育人评价机制基本成型。

十多年以来，经过一系列发展变革，我国高校实践育人评价机制已经越来越成熟。在实践探索过程中，评价机制越来越受到我国学界和教育行政管理部门的重视，在实践育人方面发挥了重要作用。首先，评价机制的客观性、公正性、有效性和可操作性有巨大改善，和之前的最大区别是更多地通过科学客观的评价标准和评价路径做出研判。其次，形成了多维度的评价机制功能。评价机制的功能不只是简单地评价判断，而是呈现出一种多维度、多视角的评估分析，其功能主要体现为引领功能、导向功能、强化功能以及激励功能等。此外，建立了相对完整的评价体系。目前，实践育人评价机制正在向交互性和网络化方向发展，不再仅仅局限于学校内部，而是以学校为主体，将家庭和社会等外部因素也纳入评价范畴。同时，充分利用大数据、人工智能技术展开广泛的民意调查，有效增强实践育人评价工作的精准性和实效性。[1]

三、高校实践育人评价机制建设的困境

目前，教育部门和各高校已在不同层面对实践育人评价机制的建设展开了大量有益的探索，也收获了一定的成就和经验。通过因地制宜的

---

[1] 陈步云：《高校实践育人机制研究》，东北师范大学博士学位论文，2017年。

科学探索，高校实践育人评价机制日益受到全社会的重视，其多维度的功能与作用也得到了大家一定程度上的认可，评价机制正朝着全面化、多元化、动态化、交互性、开放性的方向发展。在充分肯定实践育人取得成效的同时，我们也应该非常清醒地看到高校实践育人评价机制建设存在的薄弱环节或现实短板，这些不足制约了高校实践育人工作的进一步提升，主要体现在以下几个方面。

1.目标体系缺失，实践目标含糊不清

共青团将培养学生的相关技能、习惯、态度和辩证分析能力作为实践育人的目标。然而，目前我国高校大多只是直接使用了国家层面对实践育人的宏观意义表述与价值倡导，缺乏对实践育人目标的系统梳理和重构。一些高校脱离了自己的现实情况，导致目标缺乏明确的标准、定义和解释，无法对实践育人过程进行有效管理，学生在实践活动中取得的成果也很少。因此，如何建立高校实践育人目标体系，已成为推进高质量实践育人体系建设的关键。

2.评价内容单一，对象存在群体差异

评价内容是评价机制建设初期就要思考的重点，评价内容的全面与否决定评价机制的运行情况，评价内容单一、千篇一律是现在评价机制存在问题的症结。在各级团组织的牵头推动下，高校实践育人工作总体发展较好，但近年来也出现了活动模式单一、青年特色不足、共青团色彩淡化、实践育人功能弱化等现象，亟待摸清问题根源，然后对症下药。我国实践育人工作中，关于高校实践育人工作的认知状况与评价反馈、参加实习实践的情况、反映的情况问题和提出的意见建议，在不同性别、不同民族、不同学历层次、不同学科背景、不同高校类别的大学生中，呈现的差异较为明显，有的差异十分显著。建立高校实践育人工作评价体系，不是对高校进行排名，而是提供一套具有共青团特色的高校实践育人工作标准和评价办法,通过对高校实践育人工作进行中长期监测,找准高校共青团的发力方向,更好地为高校共青团"三力一度"建设做出贡献。

3. 考核标准科学性不足,育人成效难以评价

当前,部分高校正积极探索将学分制管理纳入实践育人环节,从"量"上把握学生参与实践的结果,但很多学校还不能从"质"的维度考核学生参与实践课程的成效,无法有效衡量学生的个人收获与成长增值。究其原因是当前高校尚未在应然层面清晰界定实践对学生发展的正向促进作用。正因如此,高校也难以出台可操作性和推广性强的实践参与成效考核标准。[①]

4. 评价机制尚不完善,实践质量难以评估

评价机制是检验实践育人成效的关键。但是,当前许多高校尚未明确评价的理念与具体方法,还未构建起可操作性强的实践考核评价体系,对实践内容缺乏质量把控,也未在学生、教师和学校之间建立良好的沟通渠道和反馈机制,难以发现和解决实践活动实施过程中存在的内容设计、师资水平等方面的问题。调查发现,只有少部分高校共青团发布了关于实践育人评价体系具体实施细则的通知,将实践育人评价体系纳入学生综合评价和教师绩效考核的高校更是少之又少。

四、高校共青团实践育人工作评价目标

1. 加快高校共青团实践育人机制的持续发展

高校共青团实践育人工作评价要通过优化评价机制、加强动态管理机制、完善考核督导机制,加快实现高校共青团实践育人机制的持续发

[①] 田苏宏、杨璐柳婷、王梦霓:《基于"泰勒原理"构建高校实践育人体系研究》,载《化工高等教育》2021年第5期,第145页。

展的目标。

(1) 优化高校共青团实践育人工作评价机制

高校要建立内容全面、指标合理、方法科学的思想政治引领工作评价体系，综合运用党政评价、青年评议、第三方测评等方式开展评价工作，努力实现实践育人工作的可预期、可描述、可度量。坚持以学生为本，从实践育人活动对大学生的思想政治素质、专业技能、创新能力等是否起到积极作用来考察，根据大学生参与实践育人活动的情况考核评估，坚持结果收获与过程体验相结合，既考虑到大学生实践报告等成果，也要注意大学生在实践活动中的表现。实践育人地点不只在学校，因此实践育人工作评价机制要坚持学校评价与实践基地评价相结合，不仅要考虑学校指导教师的考评结论，而且要充分考虑实践基地的意见，构建两位一体的评价系统，综合鉴定大学生的实践育人成果，真实准确地反映实践育人工作成效，为实践育人机制的发展方向和改进力度提供有效依据。

(2) 健全高校共青团实践育人动态管理机制

实践育人的活动形式丰富多样，共青团实践育人工作不断变化，高校共青团实践育人工作评价关注点与面的结合、质与量的兼顾、供与需的平衡和长与短的统筹，不断探索协同育人机制，及时适应工作的变化，及时调整工作方向，形成动态管理机制。从学校组织结构来看，学校共青团负责决策和顶层设计，各学院团委负责具体实施，高校共青团实践育人工作评价系统对院校进行分层评价，上层决策的变化能快速反应到基层，深化校院两级联动机制，发现问题所在和可能存在的风险点，对症下药，共同助力社会实践、创新创业等实践育人项目进行规范化精细化管理。高校共青团将产学研用深度融合，采取定向实践等方式，在此过程中科学统筹，合理配置资源，协调学校共青团、党政部门和社会组织等多方资源，做到按需设项、据项组团、双向受益，建立实践育人项目体系动态调整机制，定期整改、停办或淘汰不达标的实践育人项目，保障实践育人项目体系实施质量。

（3）完善考核督导机制，构建科学激励体系

共青团实践育人评价把评价结果作为各种先进评比的重要依据，充分发挥考核评价的激励作用，建立多元多层、科学有效的高校实践育人工作评价指标体系，保证育人工作持续健康发展。此外，还要将高校党建和实践育人等思想政治工作"作为'双一流'建设成效评估、学科专业质量评价、人才项目评审、教学科研成果评比的重要指标，并纳入政治巡视、地方和高校领导班子考核、领导干部述职评议的重要内容"①，建立健全实践育人工作奖惩实施办法和绩效考核评价办法，层层压实工作责任。各部门、各院系要将实践育人工作纳入整体发展规划，确定"路线图"，绘好"时间表"，制定"任务书"，落实"责任人"。总之，要发挥自上而下的督导激励作用，不断提高实践育人评价质量，实现共青团实践育人工作的持续快速发展。

2. 保障高校共青团实践育人工作的有效实施

高校共青团实践育人评价是保障实践育人工作有效实施的重要途径。高校要通过运用科学评价体系研究实践育人机制的有效性，发现实践育人实施过程中存在的问题，了解学生在实践中的真实体验，制定更符合时代要求和学生成长成才需求的人才培养计划，真正实现理论与实践的有机结合，实现高校人才培养"理论"与"实践"教育的双轮驱动，保障高校共青团实践育人工作顺利开展。②

---

① 《教育部等八部门关于加快构建高校思想政治工作体系的意见》，来源：中华人民共和国教育部网站，2020年4月28日，网址：http://www.moe.gov.cn/srcsite/A12/moe_1407/s253/202005/t20200511_452697.html。

② 陈步云：《高校实践育人机制研究》，东北师范大学博士学位论文，2017年，第5页。

(1) 聚焦青年成长的根本需求，丰富拓展实践育人载体

高校要切实转变重理论轻实践、重知识传授轻能力培养的观念，加强总体规划，勇于改革创新，推动学校实践育人工作开创新局面、取得新成效、实现新发展。① 要通过大量的调研充分了解青年需求，借助学校和社会资源，为学生搭建逐步实现社会化的实践载体，丰富实践内容，创新实践形式，挖掘更多有意义且操作可行的活动，通过评价体系识别学生乐于参与、实践育人效果显著的活动项目。对于不能因地制宜、不符合学生发展规律的活动项目，可以摒弃或者加以完善，保证实践育人工作的有效实施。要开展形式多样、内容丰富的实践活动，组织学生积极参加社会调查、生产劳动、社会公益、志愿服务、科技发明、勤工助学等实践活动，坚持学校和社会相衔接，引导学生在实践中形成正确的社会观和价值追求，帮助广大同学提高社会化能力。要"组织广大同学围绕'十四五'规划，关注经济发展、社会治理、民生保障、文化事业、生态文明、青年发展等领域，广泛开展国情调研、实践考察活动，举办模拟政协提案征集活动，了解并有序参与国家政治生活，体会中国特色社会主义制度优势，增强制度自信"②。

(2) 积极整合多方资源，搭建实践育人平台

高校要坚持理论教育与实践养成相结合，整合各类实践资源，强化项目管理，拓展实践平台，依托高新技术开发区、大学科技园、城市社区、农村乡镇、工矿企业、爱国主义教育场所等，重点建设一批实践育人平台。要加强创新创业教育，支持学生成立创新创业类社团，开展创新创业实践活动，拓展学生创客空间，推进学生创新创业项目孵化推

---

① 出自《长安大学关于加强实践育人的实施办法》。
② 共青团中央办公厅、全国学联秘书处：《加强和改进新时代学联学生会工作实施方案》，来源：共青团四川外国语大学成都学院委员会网站，2021年1月12日，网址：https://cyl.cisisu.edu.cn/announcement/item-5332/。

广。① 要运用大数据等技术统计实践开展地、志愿服务地的特点及实践成果，综合评价后筛选出适合开展活动的地点作为实践基地，探索开展师生志愿服务评价认证，教育引导师生在亲身参与中增强实践能力。②

（3）构建协同育人体系，扎实推进实践育人

加强总体规划和顶层设计，团委应加强工作协同统筹，与党委、教务处、学工部、研工部、武装部等部门分工合作，科学设计并不断健全实践育人工作，确保实践育人各项任务举措落实落地。要把实践育人工作摆在人才培养的重要位置，制定详细工作规划，扎实推进实践育人，"完善支持机制，推动专业课实践教学、社会实践活动、创新创业教育、志愿服务、军事训练等载体有机融合，形成实践育人统筹推进工作格局，构建'党委统筹部署、政府扎实推动、社会广泛参与、高校着力实施'的实践育人协同体系"③。要推动专业课实践教学、社会实践活动、创新创业教育、志愿服务、军事训练等载体有机融合，形成实践育人统筹推进工作格局，教育引导师生在亲身参与中增强实践能力、树立家国情怀。④

3.促进高校共青团落实立德树人根本任务

实践育人评价工作聚焦立德树人根本任务，坚持把立德树人作为中心环节，牢牢抓住全面提高人才培养质量的任务，围绕培养什么样的人设立实践育人过程评价指标，围绕如何培养人探索提升实践育人成效的

---

① 出自《长安大学关于构建全员全过程全方位育人新格局的实施方案》。
②《中共教育部党组关于印发〈高校思想政治工作质量提升工程实施纲要〉的通知》，来源：中华人民共和国教育部网站，2017年12月5日，网址：http：//www.moe.gov.cn/srcsite/A12/s7060/201712/t20171206_320698.html。
③《中共教育部党组关于印发〈高校思想政治工作质量提升工程实施纲要〉的通知》，来源：中华人民共和国教育部网站，2017年12月5日，网址：http：//www.moe.gov.cn/srcsite/A12/s7060/201712/t20171206_320698.html。
④ 出自《长安大学关于构建全员全过程全方位育人新格局的实施方案》。

路径,始终明确为谁培养人这个根本问题。"突出共青团为党育人的根本任务和实践育人的基本方式,兼顾拓展技能素质,重点促进学生团员提升政治素养和思想境界,引导广大团员增强'四个意识'、坚定'四个自信'、做到'两个维护',成长为德智体美劳全面发展的社会主义建设者和接班人。"①

(1) 完善全员、全过程、全方位育人体制机制

要以习近平新时代中国特色社会主义思想为指导,全面贯彻党的教育方针,坚持和加强党的全面领导,坚持社会主义办学方向,始终以立德树人为根本,以理想信念教育为核心,以培育和践行社会主义核心价值观为主线,以建立完善全员、全程、全方位育人体制机制为关键,对实践育人进行全面细致的评价,全面提升高校实践育人工作质量。实践育人评价工作从实践育人的策划者、组织者和参与者等不同主体考察实践育人工作质量,健全立德树人体制机制,把立德树人融入思想道德、文化知识、社会实践教育各环节,贯通学科体系、教学体系、教材体系、管理体系,加快构建目标明确、内容完善、标准健全、运行科学、保障有力、成效显著的高校思想政治工作体系,全程跟踪调查实践育人工作的各个环节,注重全方位的育人成效,促进学生德智体美劳全面发展。

(2) 加强社会主义核心价值观引领作用

青年是社会主义建设的生力军,是社会主义事业的接班人,青年的价值取向影响着未来整个社会的价值取向。在新的历史条件下,引领青年成长成才必须突出价值观的重要作用,用社会主义核心价值观引领青年成长,积极培育和践行社会主义核心价值观,帮助青年"扣好人生第

---

① 《关于〈深化高校共青团"第二课堂成绩单"制度工作指引〉的通知》,来源:安徽审计职业学院团委网站,2021年7月1日,网址:http://gqt.ahsjxy.cn/_upload/article/files/ce/a4/c27984a44f868e186adb3bb8e446/44d5338c-2f38-4008-aee0-72582e79c760.pdf。

一粒扣子"。共青团作为和青年学生联系紧密的社会团体,承担着引领广大青年践行社会主义核心价值观的重要任务,并且可以通过不断完善评价体系来完成这个任务,评价的结果必须引起师生的高度重视。共青团可以依据实践育人评价体系将社会主义核心价值观融入评价指标中,潜移默化地帮助学生建立正确的价值观,通过科学评价影响学生思想,最终体现在学生的具体行动和育人成果上。加强社会主义核心价值体系教育,能够完善中华优秀传统文化教育,形成"爱学习、爱劳动、爱祖国"主题活动的有效形式和长效机制,增强学生社会责任感、创新精神、实践能力,落实立德树人根本任务。①

(3)突出实践成果显性化,做到知行合一

实践育人工作是高校落实立德树人根本任务、拓展研究生学术实践能力、提升大学生综合素质的重要平台。社会主义建设者和接班人需要具备多方面的素质和能力,大学的课堂教育远远无法满足培养大学生各方面素质和能力的要求,有些能力还需要通过实践过程感悟和习得。党和国家对高校实践育人工作的战略思考,凸显了实践环节在高校人才培养过程中的地位与作用。共青团实践育人评价工作实现了大学生思想政治教育从知识本位回归到行动本位,从空泛化回归到现实化的目标。实践育人的有效评价机制将实践育人工作落在实处,提升了"第二课堂成绩单"价值应用功能,强化了评价导向,紧紧围绕青少年进行社会观察、体验社会参与的内在需求,"将理想信念、政治素养、道德品质、能力素质等育人成效显性化,为青年人才政治举荐、表彰激励、求职升学和高校人才培养质量评价、学科评估等提供重要依据"②。同时,引

---

① 陈步云:《高校实践育人机制研究》,东北师范大学博士学位论文,2017年。
② 《关于〈深化高校共青团"第二课堂成绩单"制度工作指引〉的通知》,来源:安徽审计职业学院团委网站,2021年7月1日,网址:http://gqt.ahsjxy.cn/_upload/article/files/ce/a4/c27984a44f868e186adb3bb8e446/44d5338c-2f38-4008-aee0-72582e79c760.pdf。

导广大青少年在奉献社会、服务人民中锤炼思想、体悟成长；注重开展青少年政治体验活动，使其在实践中增强中国特色社会主义制度自信。总而言之，实践育人要不断实现成果的数据化、显性化，使主客体清晰定位，切实唤醒主体的内在需要，用理论思想引领行动，使其真正参与实践，从而形成主体自我教育、自我完善的良性过程。①

4. 助推高校共青团提升"三力一度"

"三力一度"是新时代共青团工作的重要理论和实践创新，其中的"三力"——引领力、组织力和服务力是体现于大局贡献度的不可分割的方面。没有组织力和服务力，引领力就没有生命活力和发展保障，而没有引领力，组织力和服务力就失去了政治属性和先进特质。"三力一度"工作格局是相互联系、互为因果的有机整体。高校共青团实践育人工作评价充分认识到"三力一度"工作格局是一个系统，其中每一个方面都是相辅相成、相互支撑、内在统一的整体，各个力之间具有内在的不可分割的联系。实践育人评价体系将协同其他环节形成有序结构，统筹协调好共青团引领凝聚青年、组织动员青年、联系服务青年的三项基本职责，提升引领力、组织力、服务力，配合共青团内部各领域、各层次、各阶段的工作，系统把握共青团工作全局，协同联动共青团三项职责使命，持续强化共青团主责主业，提升大局贡献度。②

（1）提升共青团引领力，开展"铸魂育人行动"

实践育人评价如同"指挥棒"，具有特定的目的和鲜明的导向性。一是为上级主管部门和管理者提供比较系统的、科学的、全面的、真实的第一手资料，为上级主管部门及高校共青团做出正确的决策和部署安

---

① 陈步云：《高校实践育人机制研究》，东北师范大学博士学位论文，2017年。
② 董旭冉：《新时代运用系统思维提升共青团"三力一度"的探索》，载《淮阴师范学院学报（自然科学版）》2021年第4期，第347—349页。

排提供依据和帮助。要扎实开展主题教育，通过专题学习教育次数、团支部覆盖率、青年学习参与率等指标，衡量实践育人主题教育落实情况，评价鼓励团支部开展习近平总书记重要讲话精神、党的二十大精神等的宣讲，激励校院两级举办主题鲜明、形式多样的学习实践活动，为上级部门考核共青团"铸魂育人行动"开展成效提供有力参考。二是通过评价发现问题，为实践育人工作者进一步做好工作提供指导性意见与建设性建议，矫正其工作中存在的问题和不足，为其提供前进的动力，并指明今后努力的方向，确保工作有序运行、有效运转，使个体价值和社会价值得以实现。实践育人工作质量评价本身就蕴含着价值判断和价值取向的导向功能，它是按照一定的评价标准进行的，势必要发挥评价的导向性，可以有效引领广大青年树立共产主义远大理想和中国特色社会主义共同理想，充分提升高校共青团的引领力。

（2）提升共青团组织力，开展"固本强基行动"

实践育人质量评价归根到底是对人的评价，人的思想是不断变化的，行动会随着思想发生变化，具有很强的时效性和主观性，因此实践育人质量评价始终处于动态变化的过程。要按照质量评价标准、评价原则、指标体系、评价方法、评价程序，对实践育人对象进行定量评价与定性评价，根据指标体系运用测量、统计等方法进行准确的数量化评价，通过评价反馈，对工作目标进行及时调整，更好地增强共青团组织凝聚青年的能力，始终保持共青团的先进性，发挥其引领广大青年思想的作用，帮助青年树立正确理想信念，坚定不移跟党走，发扬"党有号召、团有行动"的光荣传统，加强政治建设，恪守政治本色，坚持党的全面领导，坚持党旗所指就是团旗所向。要教育引导学校各级团组织和广大团干部、团员提高政治站位、强化政治能力，深刻认识"两个确立"的决定性意义，增强"四个意识"、坚定"四个自信"、做到"两个维护",提高组织的吸引力和凝聚力,加强组织的向心力。评价结果不仅反映共青团实践育人工作成效,也有助于团组织发现自身问题,增强团组织自身的组织建设,使之成为青年愿意依靠的组织,同时使其积极发挥党联系青年的桥梁和纽带作用,扩大共青团工作的有效覆盖面,更好地凝聚青年,增强青年对党的政治认同和情感认同。

(3) 提升共青团服务力,开展"强能建功行动"

评价工作以提高学生满意度为目标,突出服务的政治性、普遍性、针对性,推动共青团提升服务力,助力青年身心成长,将《中长期青年发展规划(2016—2025年)》的方方面面落到实处。因此,要科学设计实践育人教育教学体系,分类制定实践育人教学标准,提高实践育人教学比重。建立健全志愿服务制度,完善志愿服务工作评价和保障体系,为制定相关管理办法提供建议,突出实践育人实效,组织团员青年在接触社会、服务人民中更好地提升能力。加强对创新创业教育的量化考核,系统构建学校实践育人工作机制,助力创新创业创优,深入实施创新创业与就业能力提升计划。以提高学校实践育人能力为关键,以助力学校"双一流"建设为目标,以服务学生实践能力提升为宗旨,切实增强学校实践育人的针对性、实效性。从专业课实践教学、创新创业教育、志愿服务、社会实践活动等多环节进行评价,把握青年学生工作上的特点和规律,着力服务广大学生的普遍性需求,着力提升服务大局水平,提升共青团的服务力。

(4) 提升共青团大局贡献度,开展"提质增效行动"

高校要紧跟时代步伐,着力深化改革创新,不断提升育人质量和效果,实现同学满意、社会认可、为党和国家事业发展做出新贡献的目标。要建立健全以中心大局贡献度和团员青年满意度为导向的工作考核机制,对学生组织在服务中心工作和校园治理方面做出的贡献进行评价，落实责任到人，这有利于对共青团干部进行考核评优。要引导学生将专业所学应用到解决社会实际问题中，积极投身科技高水平自立自强、乡村全面振兴、建设美丽中国等一系列重大战略。要围绕学校党政工作要点和上级团组织工作部署，找准学校共青团工作的结合点、切入点、着力点。要基于育人目标达成度、学生满意度等关键指标，构建实践育人活动质量监测和评估指标体系，综合运用座谈调研、问卷调查、网络监测、抽查检查等手段，制度化、专业化开展质量监测和评估工作。要从实施时代新人培育工程、深化思想政治工作质量提升工程、"三全育人"综合改革和人才培养模式改革等方面提高共青团的贡献度。

第二节 高校共青团实践育人工作评价的体系构建

实践育人评价的体系构建，需要从评价主体、评价对象、评价过程、评价内容等方面进行设计。一个完整的高校实践育人质量评价机制由评价、反馈、优化三个环节构成，形成一个"评价—反馈—改进提高—再评价"的循环过程。有效的评价机制可以促进高校共青团实践育人工作的规范化和系统化，提高高校共青团实践育人工作的质量和效果，为高校培养社会所需的优秀人才提供有力保障。

一、高校共青团实践育人工作评价的影响因素

1. 高校共青团实践育人工作评价的基本要素

为了构建高校共青团实践育人工作评价体系,必须理清影响这一评价体系构建的基本因素,分析这些影响因素的作用机理,为构建评价体系把好脉。高校实践育人评价机制的基本要素包括评价主体、评价客体、评价过程和评价内容四个部分,基本要素之间相互影响制约,共同作用于高校共青团实践育人的评价机制。

（1）评价主体

评价主体是评级机制的核心要素。"谁来评价"这个核心问题,关乎评价机制的标准和价值取向。以往实践育人评价机制的评价主体较为单一,评价主体只有学校和教师,对学生的评价重视程度不够。但实践育人的评价主体应包括学校、政府、社会和学生,其中学生的自我评价对实践活动、实践育人实效的反馈是重要的直接评价。应当坚持立德树人根本任务,科学建立高校共青团实践育人的评价机制,注重评价的人性化、民主化和多元化,在动员教师和学生参与评价的过程中建立平等、合作、互利的评价关系。

（2）评价客体

评价客体是评价工作中的评价对象,主要包括高校共青团、教师和学生。其中,共青团作为高校实践育人活动的设计者、组织者和实施者,学生作为高校思想政治教育实践育人的对象,其参与实践活动的主动性、参与性以及实践育人活动的实效都是重要的评价客体。教师作为实践育人的引导者、参与者,是学校和学生之间传递信息的桥梁,对学生产生直接的教育效果。学校共青团、教师、学生这三个基本的评价客体间既相互联系又有所区别,因此评价客体间的评价可以深层次地揭露问题所在,这也是高校共青团实践育人评价机制的发展方向。

(3) 评价过程

根据实践育人工作评价原则，高校要关注结果评价，对实践活动的内容、形式等进行鉴定、筛选、比较，也应该注重对学生成长性发展的过程和进程进行评估反馈。为准确评价学生能力及思想变化情况，应当对实践项目的过程进行细致的较完整的记录，坚持树立过程性、发展性的评价理念和评价标准，真正将立德树人落实在实践育人评价机制建立的全过程。

(4) 评价内容

评价内容是决定评价工作质量的关键，解释了"评价什么"这个核心问题。以往的高校思想政治教育实践育人评价内容主要是对实践育人的社会适用程度和影响性方面进行定性评价，在学生综合素质提升等方面缺少相应的评价内容指标。因此，高校共青团实践育人的评价内容里应适当增设对学生思想观念、行为认知、实践技能等方面的评价，对学生在实践过程中表现出来的素质和能力进行综合评价，多维度、多层次地评价实践育人活动的精神价值。实际上，影响实践育人评价工作的因素有很多，明晰各影响因素之间的关系，是深层次评价高校共青团实践育人工作质量的有效途径。①

2. 基于解释结构模型（ISM）的高校共青团实践育人工作质量评价影响因素

(1) 解释结构模型

解释结构模型法（Interpretative Structural Modeling Method，简称ISM方法）是美国J.华费尔特教授于1973年为分析复杂的社会经济系统有关问题开发的一种方法。"它在揭示系统结构，尤其是分析教学资

---

① 苌宇慧：《新时代高校思想政治教育实践育人问题研究》，兰州大学硕士学位论文，2021年。

源内容结构和进行学习资源设计与开发研究、教学过程模式的探索等方面具有十分重要作用。它也是教育技术学研究中的一种专用研究方法。"① 因此,本章选取解释结构模型对高校共青团实践育人评价影响因素进行分析。

(2) 高校共青团实践育人评价影响因素的解释结构模型构建

①系统要素分析

根据 ISM 小组成员的经验和民主讨论结果,经过大访谈、整理研讨相关文献资料以及实践育人工作实际,提出构成系统要素的方案,包括以下影响因素,具体如表 10-1 所示。

表 10-1 高校共青团实践育人评价相关影响因素

编号	影响因素
1	评价主体
2	评价制度
3	评价目标
4	评价标准
5	评价方法
6	评价过程
7	评价结果
8	评价对象

②建立邻接矩阵

根据 ISM 模型建构基本流程,根据上表的相关影响因素建立邻接矩

---

① 梁樱:《基于任务的信息技术课在线实验模式构建及应用研究》,西南大学硕士学位论文,2010 年,第 13 页。

阵。首先，建立高校共青团实践育人影响因素二元关系图。（如图 10-1 所示）

	1	2	3	4	5	6	7	8
1	∧	—	—	—	—	—	—	—
2		∨	∨	∨	∨	+	∧	
3			+	∨	∨	+	∧	
4				∧	∨	∨	+	∧
5					∧	∨	+	∧
6						∧	+	∧
7							∧	∧
8								∧

图 10-1 高校共青团实践育人影响因素二元关系图

图中 1—8 表示 8 个影响因素；∧代表下位对上位有影响；∨代表上位对下位有影响；+代表上下位因素相互影响；—表示上下位因素无直接影响。

其次，根据二元关系图得到各影响因素之间相互直接影响关系，建立 8 个影响因素的邻接矩阵 A，如图 10-2 所示，邻接矩阵中数字 1 代表影响因素之间有直接影响，数字 0 代表影响因素之间没有直接影响。

$$A = \begin{vmatrix} 0 & 0 & 0 & 0 & 0 & 0 & 0 & 0 \\ 1 & 0 & 1 & 1 & 1 & 1 & 1 & 0 \\ 0 & 0 & 0 & 0 & 1 & 1 & 1 & 0 \\ 0 & 0 & 1 & 0 & 1 & 1 & 1 & 0 \\ 0 & 0 & 0 & 0 & 0 & 1 & 1 & 0 \\ 0 & 0 & 0 & 0 & 0 & 0 & 1 & 0 \\ 1 & 1 & 1 & 1 & 1 & 1 & 0 & 0 \\ 0 & 1 & 1 & 1 & 1 & 1 & 1 & 0 \end{vmatrix}$$

图 10-2 高校共青团实践育人影响因素邻接矩阵

③生成可达矩阵

可达矩阵是指描述元素之间通过几次影响可以到达,一般通过推移率进行计算,比如利用布尔代数法则进行乘方运算,直到两个相邻幂次方的矩阵相等为止。利用 SPSSAU 软件计算,最终能得到可达矩阵 R。(如图 10-3 所示)

$$R = \begin{vmatrix} 1 & 0 & 0 & 0 & 0 & 0 & 0 & 0 \\ 1 & 1 & 1 & 1 & 1 & 1 & 1 & 0 \\ 1 & 1 & 1 & 1 & 1 & 1 & 1 & 0 \\ 1 & 1 & 1 & 1 & 1 & 1 & 1 & 0 \\ 1 & 1 & 1 & 1 & 1 & 1 & 1 & 0 \\ 1 & 1 & 1 & 1 & 1 & 1 & 1 & 0 \\ 1 & 1 & 1 & 1 & 1 & 1 & 1 & 0 \\ 0 & 1 & 1 & 1 & 1 & 1 & 1 & 1 \end{vmatrix}$$

图 10-3 高校共青团实践育人工作影响因素排序后可达矩阵

根据可达矩阵 R,很容易求得可达集合、先行集合和两者的交集即共同集合。(如表 10-2 所示)可达集合反映以元素 N_i 为起点可以到达所有的影响因素,先行集合是指所有到达 N_i 的要素的集合。同理,可以得到内部影响因素邻接矩阵。

表 10-2 高校共青团实践育人工作影响因素级别分配表

层级序号	可达集合	先行集合	共同集合
一	1	1	1
二	2, 3, 4, 5, 6, 7	2, 3, 4, 5, 6, 7	2, 3, 4, 5, 6, 7
三	8	8	8

3. 建构 ISM 模型

根据级别分配结果，将三级因素以及因素之间的关系按级别顺序构建解释结构模型图，直观形象地反映各级要素是否有联系和影响的先后顺序，由上到下分别为第一层级、第二层级、第三层级（如图 10-4 所示）。高校共青团实践育人工作影响因素可以分为三个层级，第一个层级有评价主体，它是唯一直接指向高校共青团实践育人工作质量的影响因素，第二、三层级的所有因素对其都有影响作用；第二层级所包含的影响因素有评价制度、评价目标、评价标准、评价结果、评价方法、评价过程，这些影响因素相互之间有直接关系，且通过影响评价主体对高校实践育人工作质量产生间接影响；第三层级有评价对象，它影响第一层级和第二层级各元素，同时，评价对象不受其他任何因素影响，因此是深层次、根源性的影响因素。

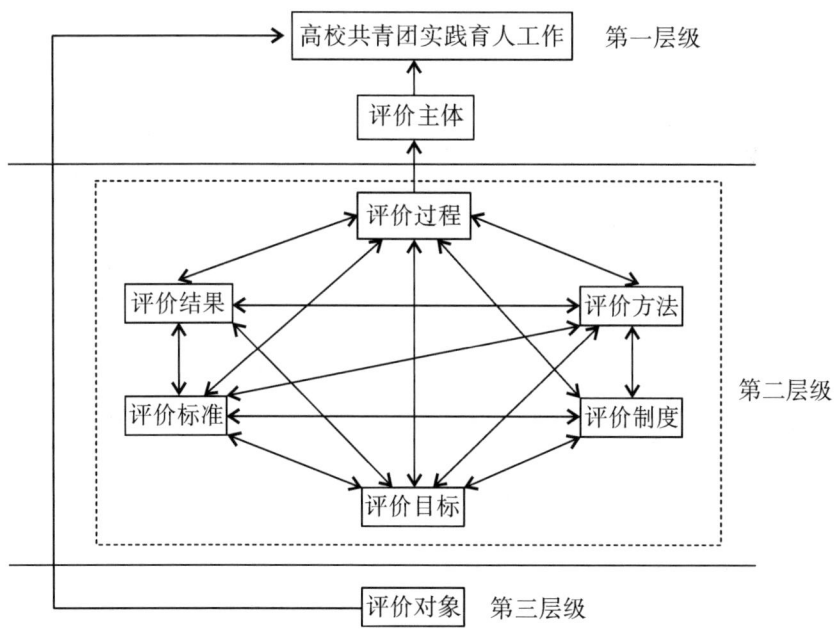

图 10-4　高校共青团实践育人工作解释结构模型图

二、高校共青团实践育人工作评价的指标

1. 高校共青团实践育人评价指标内容

本研究邀请了10位高校实践育人领域的专家,他们有的是陕西省重点高校共青团主要负责人,有的是教育部门的工作人员。参照李宝玲等人的做法,根据专家内部协商的量化值表,本研究得到了10位共青团实践育人领域专家专业程度的数据分布情形(如表10-3所示)。[①]其中,所选取的专家权威系数均大于0.70,平均系数为0.80,可看出被选专家权威程度很高,对本次研究的实践育人相关内容较为熟悉,对指标的构建有较大的参考及利用价值。

表10-3 共青团实践育人领域专家专业程度

专家编号	学术水平	判断依据	熟悉程度	专家权威系数
1	0.7	1	0.8	0.83
2	1	0.8	0.7	0.83
3	0.9	0.9	0.9	0.90
4	0.7	0.9	0.8	0.80
5	0.8	0.8	0.9	0.83
6	0.7	0.9	0.8	0.80
7	0.5	0.8	0.9	0.73
8	0.7	0.9	0.7	0.77
9	0.7	0.7	0.9	0.77
10	0.9	0.8	0.5	0.73

[①] 李宝玲:《基于CIPP评价理论的大学生"三下乡"社会实践育人成效评价指标体系研究》,载《高校后勤研究》2021年第5期,第76—79页。

最后,通过问卷的形式梳理出评价体系的 3 个维度和 10 个影响因子。分别从根源层、中间层、表象层三个方面选取一级指标,根源层主要包括背景评价这一维度,其影响因子之一是政策,这是影响高校共青团实践育人最宏观、最深层次的要素,具体包括政策文件、社会环境、校园平台以及自我认知;依据过程和结果评价相统一的原则,设置中间层,用于加强过程评价,其影响因子包括经费投入、实践项目建设、运行情况;表象层是最直接、最易把握的层级,主要围绕结果评价展开因素分析,包括获奖情况、个人收益、社会效益等。

2. 基于层次分析法的评价指标权重确定

层次分析法(Analytic Hierarchy Process)又称比较确定法,它把同级指标进行两两比较,将逐一比较的结果组成一个矩阵,运用矩阵原理确定权重,多用来处理多标准的决策问题,能够有效地将构成复杂问题的影响因素进行层次划分。

(1)构造成对比较矩阵

此处选用专家咨询法,设计指标权重咨询表和填表说明,发放给选定的 10 位相关领域专家,由他们对不同指标进行比较和打分。根据相对重要性等级量表的要求,将列指标和对应的行指标进行两两对比,根据萨蒂的标度方法对不一样的影响因素相互的对比结果评分,按照相对重要程度的等级赋值,不一样的重要性给予不一样的数值(如表 10 - 4 所示)。

表 10 - 4 评价指标重要程度等级表

重要程度 等级赋值	重要程度等级	含义
1	同等重要	两个指标对评价目标同等重要
3	稍微重要	一个指标比另一个指标稍微重要
5	较强重要	一个指标比另一个指标较强重要

续表

重要程度等级赋值	重要程度等级	含义
7	强烈重要	一个指标比另一个指标强烈重要
9	绝对重要	一个指标比另一个指标绝对重要
2,4,6,8	上述两个相邻等级中间值	一个指标比另一个指标在上述两个相邻等级之间

坚持定性评价与定量评价相统一的原则，专家的评价属于定性分析，通过对上述分析结果的整理，填写定量比较指标权重咨询表，即按照上述操作步骤和方法，计算每一位专家的指标权重配置，再计算出10位专家指标权重的平均值（如表10-5所示）。结果表明，指标2与指标1相比介于同等重要和稍微重要之间，指标3比指标1稍微重要，指标3与指标2相比介于同等重要和稍微重要之间。

表10-5 定量比较指标权重咨询表

	背景评价（指标1）	过程评价（指标2）	结果评价（指标3）
背景评价（指标1）	1	1/2	1/3
过程评价（指标2）	2	1	1/2
结果评价（指标3）	3	2	1

根据定量比较指标权重咨询表，组成矩阵A，

$$A = \begin{bmatrix} 1 & \frac{1}{2} & \frac{1}{3} \\ 2 & 1 & \frac{1}{2} \\ 3 & 2 & 1 \end{bmatrix}$$

对矩阵 A 的每一列进行归一化处理。根据上述结果,组成矩阵 B,

$$B = \begin{bmatrix} 0.17 & 0.14 & 0.18 \\ 0.33 & 0.29 & 0.27 \\ 0.5 & 0.57 & 0.55 \end{bmatrix}$$

将 B 中的每一行数字相加,得到矩阵 C,

$$C = \begin{bmatrix} 0.49 \\ 0.89 \\ 1.62 \end{bmatrix}$$

矩阵 C 显示的数字代表每个指标对指标体系整体的重要程度。将矩阵 C 进行归一化处理,得到各项指标权重,指标 1 的权重为 0.16,指标 2 的权重为 0.3,指标 3 的权重为 0.54。

为了避免在指标两两比较中出现判断矩阵严重不一致的情况,就要对专家的打分进行一致性检验,否则以此方法确定的权重将不能用于解决实际问题。判断矩阵的一致性检验采取以下步骤:

①初始权重系数

$W_i = (\prod_{j=1}^{n} c_{ij})^{\frac{1}{n}}$,$i = 1, 2, \cdots n$,其中 c_{ij} 指矩阵 A 中第 i 行第 j 列的元素。

$W_{背景评价} = W_1 = (1\ \frac{1}{2}\ \frac{1}{3})^{\frac{1}{3}} = 0.55$

同理可得,$W_{过程评价} = 1$,$W_{结果评价} = 1.82$

②归一化权重系数分别为:0.16,0.3,0.54

利用 SPSS 软件计算求得,$\lambda \max = 3.006$,查表可知,当 $n = 3$ 时,RI = 0.52。

$CI = (\lambda_{max} - n) / (n - 1) = 0.003$,$CR = CI/RI = 0.003/0.52 = 0.0058 < 0.01$,通过一致性检验,各指标权重分配合理。

(2)影响因子对一级指标的成对比较矩阵

与一级指标权重确定方法一致,对二级指标的权重配比做相同步骤的操作，如背景评价指标下的政策文件、社会环境、校园平台、自我认知四个二级指标构造比较矩阵（如表10-6所示）。

表10-6 二级指标构造比较矩阵

二级指标	政策文件	社会环境	校园平台	自我认知
政策文件	1	1	1/2	2
社会环境	1	1	2	2
校园平台	2	1/2	1	1
自我认知	1/2	1/2	1	1

最终得到的权重分别为0.243，0.342，0.243，0.172，并通过一致性检验。其他指标同理（如表10-7所示）。

表10-7 指标权重表

一级指标	权重	评价方式	二级指标	权重
背景评价	0.16	材料审核	政策文件	0.243
		实地调研	社会环境	0.342
		材料审核	校园平台	0.243
		问卷调查、走访座谈	自我认知	0.172
过程评价	0.3	工作汇报	经费投入	0.209
			实践项目建设	0.480
			运行情况	0.311
结果评价	0.54	工作汇报	获奖情况	0.279
		问卷调查、走访座谈	个人收益	0.328
			社会效益	0.393

三、高校共青团实践育人工作评价原则

1. 坚持定性评价与定量评价相统一

高校共青团实践育人工作评价是一项系统性的工作，也是一项复杂性工作，这决定了单一的评价方式无法实现评价目标，为了更好地反映实践育人工作质量的基本状况，应该坚持定性评价与定量评价相统一的原则。定性评价和定量评价相结合是评价领域具有代表性也是最常见的评价原则。只有充分认识到定性评价和定量评价的科学内涵，了解两者分别解决了评价工作中的何种问题及其局限性，才能把握定性评价与定量评价相统一的原则，客观准确地判断高校共青团实践育人工作的质量。

定量评价，一般是指用数值形式以及数学、统计方法反映被评价对象特征的信息分析、处理方法，其目的是把被评价对象重要的可测特征用数据等形式客观准确地呈现出来。可见，定量评价侧重运用数据的形式对评价对象表现出来的一些量的关系的整理和分析，可以从数量上相对精确地反映、评价高校共青团实践育人工作的局部或整体面貌，对评价对象作出定量结果的价值判断。定量评价做到了精确量化、相对客观，简单可行，易于操作，便于进行横向和纵向比较。在对高校共青团实践育人工作质量进行评价时，一般情况下能够进行定量评价的就采取定量的形式予以评价。通过数据分析比对可以确保实践育人质量评价结果更加客观、公正。

定性评价，一般是指用语言描述形式以及哲学思辨、逻辑分析揭示被评价对象特征的信息分析、处理方法。它是分析和处理评价信息最常用的方法之一，有利于形成对被评价对象完整的看法，侧重从高校实践育人工作的性质方面对被评价高校进行综合分析与评判。定性评价通常采取归纳和演绎、分析与综合以及抽象与概括、经验判断与观察的方

法，通过对评价对象平时的表现、现实和状态或文献资料的观察和分析，直接形成对高校实践育人工作效果与价值的科学判断与评价。定性评价可以解决评价一个比较复杂、处于变化中的对象时难以用数据衡量或量化的问题，比如共青团实践育人工作是一项有着鲜明方向性和价值导向性的工作，评价过程中应该充分把握评价对象是否坚持或符合高校实践育人工作的方向性和价值导向性，而价值导向等信息不易量化和观察，因此就需采取定性评价的方法作出全面的、动态的分析和判断，进而得出定性的评价结论。

总而言之，坚持定性评价与定量评价相统一的原则对更准确地反映高校实践育人工作质量状况具有突出的必要性。定性分析和定量分析这两种方法各有所长，两者相互依存，优势互补，但又各有侧重，缺一不可，应避免在处理两者之间关系上存在偏向。只有坚持定性评价与定量评价的统一，根据具体情况选取适当的评价方法，才能应对新时代高校实践育人质量评价的复杂性，充分、客观地测评高校共青团实践育人工作的质量状况。

2. 坚持结果评价和过程评价相统一

实践育人是一个不断发展和完善的过程，实施实践育人工作评价也是一个动态性、系统性工程，既要关注实践育人工作的发展过程又要关注其最终效果，这就要求我们坚持结果评价和过程评价相统一的原则。

结果评价是指通过听取汇报、发放问卷、深度访谈等形式了解掌握实践育人活动开展情况、教育效果、教育目标的完成情况等整体情况的评价工作。① 实践育人结果评价可以充分发挥其鲜明的价值导向性，引导高校实践育人适应国家和社会的发展需要，注重结果的导向作用，确

---

① 赵静：《高校思想政治教育工作质量评价的基本原则》，载《思想教育研究》2018 年第 2 期，第 71 页。

保高校共青团育人工作高效有序地运行。通过对实践育人活动的最终效果进行评价，可以直观地反映出学生的提升和成长，及时反馈学生的接受程度、满意度以及工作人员的绩效，为实现学生能力培养计划和育人目标提供直接依据，为进一步工作指明方向和路径，保证高校实践育人工作的开展正确有效。

过程评价是指借助长期的追踪、观察反馈，及时了解掌握高校实践育人工作的发展变化过程及趋势，重点关注高校实践育人工作的动态变化以及长远效果，对实践育人对象接受情况、实践育人内容、育人方法、育人形式和手段等进行的评价。实践活动具有过程性，实践活动追求的目标及结果，都是在实践育人过程中实现的，都是实践育人工作的动态展开过程。因此，高校实践育人工作质量要通过实践育人过程来实现，实践育人过程运行状况体现着实践育人质量的状况。同时，高校实践育人的效果通常存在滞后性，其结果往往要在实践育人工作实施一段时间后才能体现出来。为了解高校实践育人工作的发展变化历程和真实水平，实现自身的纵向比较，对实践育人过程的关注至关重要，因此，高校应重视日常信息的收集和积累。在这种意义上，实践育人工作质量评价应该坚持过程评价的原则。

坚持结果评价和过程评价的统一，是推动全面客观评价实践育人工作质量的根本保证。实践育人结果评价侧重实践育人静态效果的评价，过程评价侧重评价实践育人的动态变化和趋势，两者相辅相成，互为补充。在实践育人中，既要注重结果的导向作用，也要重视过程的教育功能，使实践的组织者和参与者充分认识到实践是一个动态过程。①

---

① 徐源：《新时代背景下高校实践育人评价指标体系研究》，载《牡丹江教育学院学报》2019 年第 4 期，第 27—29 页。

3. 坚持评价内容的普遍性和特殊性相统一

实践育人评价内容要尽可能多地包含实践育人的各个方面，从横向和纵向等多维度考察。但同时，评价内容无法做到也不应该面面俱到，应根据实际情况有所侧重，这样既能减少评价工作的时间成本、人力物力的消耗，又能避免数据冗繁导致工作效率低下，才能实现以点带面，点面结合，形成有机整体，确保实践育人有效推进。因此，需要坚持评价内容的普遍性和特殊性相统一的原则。

所谓普遍性原则是指每个高校在实践育人过程中都应该达到的标准和基本要求。要依据国务院、教育部等下发的相关文件中对实践育人的具体工作要求，确定评价内容，广泛运用到不同高校中，其中包括指导思想。比如在构建高校实践育人质量评价指标体系时，要始终围绕立德树人这一根本任务，除此之外，培养目标、育人理念与顶层设计、组织领导与工作机构、实践平台与条件保障以及专兼职导师队伍建设等构成高校实践育人最基本的组织和保障机制，在实践育人评价工作中都普遍适用，对全国高校的实践育人等育人评价都具有参考借鉴价值。

所谓特殊性原则是指我国高校存在着较大的差异性，在层次、类型、办学理念等方面都有不可忽视的差异。这既反映经济社会发展对不同层次人才的需要，也体现学校办学层次和办学水平的现实状况。高校实践育人质量评价内容在设计和要求上，应承认和明确差异，对不同的高校进行特殊性和个性化安排。对于综合型大学和专业特色突出的大学中不同学院、专业间，评价内容都应该有差异，地域环境、学科结构、学校文化以及学生整体素质等也不能一概而论。评价内容的设计安排要尊重差异的客观存在，并高度肯定各校在实践育人工作中的特色和亮点，绝对不能搞"一刀切"，要根据高校的实际情况，在坚持基本要求的前提下，分层分类进行特殊性评价，把握重点环节重点问题，对主要观测点进行筛选，要将重点的、有代表性、实用性和针对性的观测点纳入指标体系，赋予其不同的权重系数。

高校实践育人质量评价在高校实践育人工作中十分重要，起着引领性、导向性的作用。坚持普遍性和特殊性原则相统一，将两者紧密结合，从多维度开展对高校实践育人工作的整体评价，也要紧紧抓住几个重点环节、重点项目或重点指标进行评价，如人才培养计划实现、学生就业等应作为重点内容进行评价，并且要注意将整体评价与重点评价、特色评价相结合。①

4. 坚持评价方法的科学性和可行性相统一

实践育人评价是一项逻辑严谨且具有可操作性的工作，无论是指标体系的设定，还是具体的评价过程，都要注意合理性和可操作性，要经得起实践的检验。评价方法是检验实践育人成效的关键，这就要求在评价中选择正确的原则和评价方法，坚持评价方法的科学性和可行性相统一，这是实现评价目标、达到预期效果的重要原则之一。

评价方法的科学性是指在建立评价体系的过程要符合规律、目标清晰、逻辑严密。评价方法的科学性主要体现在三个方面：一是在评价过程中尊重和遵循高等教育发展的基本规律、实践育人的基本规律、学生能力培养的基本规律和社会实践活动的运行规律，通过树立先进的评价理念，科学选取衡量指标，通过模型和指标体系的构建和应用，科学优化评价全过程，对不同内容、不同形式的实践内容进行严格的质量把控；二是在评价过程中要善于发现实践育人的工作规律，保证评价的客观性、准确性，使建立的评价体系能全面完整地反映实践育人所达到的育人水平，并能从评价内容和指标体系的数据分析中寻找事物的规律性；三是重视信度和效度，通过科学合理的指标体系和评价内容客观准

---

① 陈步云：《高校实践育人质量评价机制的构建》，载《思想教育研究》2018年第5期，第76—80页。

确地评价实践育人工作及其成效，使得评价的结果具有较高的认可度，能反映评价对象的实际状况。

评价方法的可行性指在现有时代背景和育人条件下，能客观真实地反映实践育人情况，其结果能被学校、社会、教师、学生接受，且其本身简单易于操作。评价方法的可行性体现在以下几个方面：注重实践育人过程、综合素质、精神价值等层面的评价，将学生参与高校思想政治教育实践活动的获得感与满足感纳入评价机制；体现对实践活动的动态性和发展性考量，在制定评价指标时根据实践的具体条件、环境、内容和过程的发展变化来作出调整，对实践的效果进行动态评价，这有利于及时发现问题并自我调整，将"以学生为本"贯穿实践育人的全过程，使学生的内在体验与外部评价产生良性互动，促进学生的全面发展。[1] 实践育人是在马克思主义实践观指导下的实践科学，这就要求高校共青团实践育人的评价机制坚持可行性原则。

坚持科学性和可行性相统一的原则，既要通过评价来总结实践育人工作中的成功经验，提炼可供借鉴和推广的经验做法，甚至将经验上升为理论，同时也要找到育人结果与预期目标之间的差距，查找实践教育过程中还存在哪些短板或问题，根据评价结果实施一系列富有针对性的举措，不断优化和完善学校实践育人的体制机制，促进实践育人工作的良性循环和螺旋式提升。因此，在构建高校实践育人质量评价机制时，既要考虑方式方法的科学性和创新性，更要将各种科学先进的方式方法综合应用、取长补短，以确保评价工作正常运作，能够有效解决现实问题。[2]

---

[1] 苌宇慧：《新时代高校思想政治教育实践育人问题研究》，兰州大学硕士学位论文，2021年。
[2] 陈步云：《高校实践育人质量评价机制的构建》，载《思想教育研究》2018年第5期，第76—80页。

四、高校共青团实践育人工作评价体系的构建

1. 高校共青团实践育人工作评价体系的主要观测点

为了科学地评价高校共青团实践育人的水平和效果，本节构建了一套高校共青团实践育人评价体系，主要用于评价高校新时代加强、改进与创新实践育人工作的进展和成效。本研究对实践育人工作质量的评价主要采用政策评估和实地考察等方法，具体为运用层次分析法对各指标权重赋值，除了评价实践育人的最终培养效果之外，还着眼于实践育人的背景和过程评估，包括组织领导、条件建设等多方面的要素，因此除了基本指标外，高校在应用时应根据评价主体和客体的差异调整具体的衡量方法。政策评估以质量评价年度前 n（n≤5）年的材料为主，各类数据取质量评价年度前 n 年的平均值，或者以质量评价当年的材料和数据为准；实地考察采取工作走访、座谈、问卷调查、查阅资料等方式；测评结果采用"状态描述法"，即以 A、B、C、D 描述测评结果，分别对应为优秀、良好、合格、不合格。

（1）组织领导

①定位与思路

一是要围绕"培养什么人、怎样培养人、为谁培养人"的根本问题，一体化构建内容完善、标准健全、运行科学、保障有力、成效显著的实践育人工作质量体系，把高校实践育人工作纳入学校事业发展规划之中。二是要坚持和加强党的全面领导，充分发挥中国特色社会主义教育的育人优势，以立德树人为根本任务，并把这些要素在学校人才培养方案中明确、具体地体现出来。三是要遵循思想政治工作规律、教书育人规律和学生成长规律，形成全员、全过程、全方位育人格局，切实构建"十大"育人体系。总体而言，就是要推动全体教职员工把工作的重点和目

标落在育人成效上，形成可转化、可推广的一体化育人制度和模式。

②领导体制与工作机制

A.学校各级党组织自觉担负起管党治党、办学治校、育人育才的主体责任。

B.结合业务分工抓好思想政治工作和党的建设工作，定期围绕实践育人工作具体情况召开会议，会议纪要和会议记录要完整翔实。

C.学校要贯彻落实中共中央、国务院印发的《深化新时代教育评价改革总体方案》及共青团中央印发的《新时代加强和改进共青团思想政治引领工作实施纲要》等相关文件精神。

D.校团委及各学院分团委有明确的实践育人工作职责及相应的工作任务，并在学期末或者学年末将其工作情况纳入学校考核之中。

（2）队伍建设

①党政干部及群团组织干部队伍建设

要对学校党政干部及群团干部组织、协调、实施实践育人工作有明确要求，明确高校各管理岗位的实践育人元素，编制岗位说明书，明确管理育人的内容和路径，并在每学期或每学年将上述人员履行实践育人工作的情况纳入考核。

②专职指导教师队伍建设

A.根据全体教师职务岗位数量，按一定结构比例合理设置实践指导教师，可以从专职指导教师数量，指导教师团队的规模、结构的合理性、指导实践活动的情况，教师队伍的综合能力、思想建设、培训提升，对实践活动的组织策划等方面进行观测。

B.将实践育人指导教师业务培训纳入学校师资队伍和干部队伍培训整体规划，确保实践指导教师达到要求的培训时长。

C.学校要根据实践育人评价结果对照标准，制定指导教师工作考核的具体办法，健全师资队伍的考核评价体系。

（3）项目建设

①组织实施

将实践育人工作纳入学校第二课堂制度，制定具体的管理办法，合理利用"第二课堂成绩单"引导广大学生参与实践项目。加强总体规划和顶层设计，把实践育人工作摆在人才培养的重要位置，系统设计全员、全过程、全方位实践育人工作体系。各部门区分不同实践育人形式，制定详细工作规划，加强工作考核监督，建立健全实践育人工作奖惩实施办法和绩效考核评价办法。

②实践内容

A.扎实组织国防教育和军事训练。坚持将军事训练和军事理论课作为必修课，列入教学计划，使学生养成良好的学习生活习惯。

B.制定学期社会实践活动计划。广泛开展社会调查、生产劳动、社会公益、志愿服务、创新创业、科技发明、勤工助学等社会实践活动，做到活动过程有记录，活动结束有总结。

C.积极开展志愿服务活动。以助力青年学生成长和解决社会公共需求为使命，准确记录学生参与志愿活动的服务时长。

D.不断开拓创新创业教育实践。把创新创业教育融入人才培养全过程，构建并不断优化创新创业教育课程体系，加快创新创业教育优质课程信息化建设。

E.着力构建实践育人协同体系。表彰宣传实践育人先进榜样，培育建设一批实践育人与创业示范基地。

（4）条件建设

A.依托高新技术产业开发区、大学科技园、大学资产经营公司、城市社区、乡村乡镇、工矿企业、爱国主义教育场所、国防教育基地、博物馆、社会服务机构等，重点建设一批思想政治理论课实习基地、创新创业实践基地、社会实践基地等实践育人平台。

B.确保每个专业至少有 2 个相对固定的教学实习基地,每个院系在社会实践、志愿服务、创新创业、就业实习等方面有相对固定的实践基地。制定科学考核标准,加强对基地使用情况的考核检查,确保其充分发挥育人作用。

C.加强经费使用管理,科学编制经费预算,确保经费投入的育人导向,设立专门预算科目,经费做到专款专用。

(5) 环境建设

①学校环境建设

A.制定维护安全稳定的综合防控机制和突发事件紧急处置预案,制定校园舆论阵地建设与管理办法,确保线上线下校园安全。

B.确保校园内实验室等实践场所无安全隐患,近三年里无重大安全稳定责任事故。

C.制定学校与当地党委政府及有关部门的安全稳定信息沟通制度并严格执行,构建平安实践基地。

D.经常性开展学生安全教育,提高学生对突发事件、灾害事故的应急、应变能力,提高遭受不法侵害时的自我保护和防范、防卫能力,提高辨别是非、分析利害的能力。

②家庭及社会环境建设

A.发挥学校、家庭整体育人功能,学校与学生家长保持紧密联系和有效信息传递。

B.定期召开家长交流会,增进学校与学生家长的沟通联系,共谋学生成人成才。

C.加强校所合作、校企合作力度,建立学校与社区合作育人工作机制,每年组织开展合作育人活动,发挥学校与社会共同育人功能。

2.高校共青团实践育人工作评价体系构建路径

第一,建立基于层次分析法的评价体系。构建能全面、客观地反映实践育人质量的评价指标体系,需要充分理解和分析实践育人工作质量的内涵、影响因素。在分析整理影响因素后,需要通过科学的方法建立衡量实践育人工作质量的指标并做好指标内容及权重的确定。在此基础上,充分考虑到评价指标体系中各个评价指标对总目标的作用不同,具体意义和表现形式也不同,因此为得出更加客观良好的高校社会实践育人成效评价结果,要进一步对具体的问卷数据进行无量纲化处理。在做好权重分析后,参考主要观测点,通过问卷调查、走访调查等方式收集各项指标的数据,对具体的实证调查结果进行分析,运用状态描述法进行情况等级的划分并分别赋予不同的数值后,乘以相应的权重,就可以比较好地获得科学、客观的评价结果,再根据结果所显示出的教育现状,对高校社会实践育人的具体模式进行改良。①

第二,完善评价过程的保障。首先,制定与高校实践育人评价相匹配的制度,为高校实践育人工作质量提升提供保障。其次,采用校院两级评价,从校院两级教师中选取一定数量的老师,并从不同学院随机抽取一定数量的学生,共同组成考核评价组织机构,严格遵照考核评价实施步骤执行考核评价。② 最后,加强系统综合过程管理,注重对评价数据的收集与处理,充分利用网络平台和大数据技术掌握高校实践育人的客观情况,确保评价的时效性和准确性,对评价结果进行反馈,将评价结果全面、准确、及时地反馈给评价对象。同时,为相应评价内容赋分,撰写、汇总相关材料。

第三,推进评价结果的反馈与优化。完整的评价环节包括评价、反馈、优化三部分,整个过程以"评价—反馈—优化—再评价"的形式循序渐进地进行。在这个循环过程中,评价是反馈和优化的基础,反馈

---

① 刘维婷:《高校社会实践育人成效评价研究》,载《淮南职业技术学院学报》2021年第5期,第56—57页。
② 呼和:《大学生社会实践育人机理及运行机制研究》,北京科技大学博士学位论文,2018年。

是连接前后两者的桥梁，起到关键性作用，而优化是整个过程的重点。学校要从当前实际情况出发，实现评价结果及时准确的反馈，及时分析实践育人评价数据，并及时将评价结果反馈给评价对象。要通过沟通交流科学合理地调整评价机制的内容和权重，通过实践前后师生的评价反馈数据来衡量共青团实践育人的工作效果，及时改进、完善高校思想政治教育实践育人的顶层设计和理念，结合反馈结果和人才培养目标，有针对性地优化高校思想政治教育实践育人工作。① 要注重发挥评价结果的刺激、警示作用，激发评价结果的激励作用，对先进、优秀进行奖励表彰，树立榜样，进一步优化实践育人工作质量。

第三节　高校共青团实践育人工作评价的案例分析

本节以特定高校创新创业教育实践育人工作质量评价为例，分析高校共青团实践育人的现状。共青团实践育人工作评价要构建以人才培养为中心的目标体系，实现考核评价精准化，构建协同育人机制，从源头提高实践育人质量。

---

① 刘维婷：《高校社会实践育人成效评价研究》，载《淮南职业技术学院学报》2021年第5期，第56—57页。

一、个案分析——以长安大学创新创业教育实践育人工作质量评价为例

1. 长安大学创新创业教育实践工作总体情况

长安大学是陕西省一所"211 工程"重点建设大学,国家"985 工程优势学科创新平台"建设高校,国家世界一流学科建设高校,长期坚持提高教学科研水平和人才培养质量,持续提升学校的核心竞争力和综合实力,为全面推进特色鲜明、国际知名的高水平研究型大学建设而不懈努力。学校现已将本科生创新创业类通识课程纳入人才培养方案中,注重创新创业教育课程建设,搭建了创新创业教育课程平台,将学生创业基础教育的学时、学分与教师工作量结合起来。通过鼓励学生在线学习创新创业课程知识、线下参加"互联网+"等各类创新创业大赛、积极承担创新创业训练计划项目等渠道,学校实现了创新创业教育 100% 覆盖,还有 40% 的学生参与了创新创业训练,10% 的学生参与了大学生创业实践。创新创业办公室着力打造"专业融合、课堂联动、校院互动、师生参与、学用结合、校企合作"的创新创业教育特色,着力提升广大学生的创新能力和创业意识,允许学生休学创业,以创业带动就业,促进广大学生高质量就业,打造课堂、活动、平台、指导、帮扶、资助等多方联动的创新创业教育生态环境。

2. 创新创业教育实践育人工作质量评价实证研究

基于上一节的高校共青团实践育人工作评价体系,本节选取了长安大学的 a、b、c、d 四个学院的创新创业教育实践为例进行实证研究。研究数据主要来源于文本资料、调查问卷、专家评分。其中文本资料有政策文件、工作报告、会议记录、培训手册、合作协议等;调查问卷为针对长安大学的学生、教师以及社会人士分别设计的三套问卷,共发放了 2775 份,回收有效问卷 2695 份,有效回收率为 97.12%,问卷的信度和效度通过了检验;专家评分依据的是高校共青团实践育人工作评价

体系10个二级指标以及上节提到的组织领导、队伍建设、项目建设、条件建设、环境建设五大观测点的数据。测评结果采用"状态描述法",即以A、B、C、D描述结果,分别对应"优秀""良好""合格""不合格"[①]。所有数据统计口径以2021年度为准,采用SPSS24软件进行统计分析。

a学院:在组织领导方面,制定创新创业实践相关文件2份;在队伍建设方面,创新创业指导教师占学院教师的1.98%,指导教师团队的数量为1个,全年指导教师业务培训频率为1次;在项目建设方面,创新创业实践活动数量为3个,创业项目孵化0个,实践项目落地1项,经费投入34.4万元,实践活动参与人数551人;在条件建设方面,学院平台拥有创新创业实践基地1个、教学实习基地3个;在环境建设方面,采用德菲尔法得出社会环境良好。在实践育人成果方面,"互联网+""挑战杯"等创新创业竞赛的省级及以上获奖团队数为2个,获得发明实用新型专利2个;自我认知和个人收益以问卷统计数据为准,在社会效益方面,学院实践项目收入为0元。

b学院:在组织领导方面,制定创新创业实践相关文件1份;在队伍建设方面,创新创业指导教师占学院教师的26.09%,指导教师团队的数量为2个,全年指导教师业务培训频率为1次;在项目建设方面,创新创业实践活动数量为6个,创业项目孵化1个,实践项目落地0项,经费投入2万元,实践活动参与人数809人;在条件建设方面,学院平台拥有创新创业实践基地16个、教学实习基地1个;在环境建设方面,采用德菲尔法得出社会环境良好。在实践育人成果方面,"互联网+""挑战杯"等创新创业竞赛的省级及以上获奖团队数为44个,获得发明专利6个,实用新型专利99个,软件著作权133个;自我认

---

① 徐艳国:《关于思想政治教育政策执行的特点分析》,载《学校党建与思想教育》2014年第15期,第5页。

知和个人收益以问卷统计数据为准,在社会效益方面,学院实践项目收入为 2 万元。

c 学院:在组织领导方面,制定创新创业实践相关文件 1 份;在队伍建设方面,创新创业指导教师占学院教师的 37.8%,指导教师团队的数量为 0 个,全年指导教师业务培训频率为 2 次;在项目建设方面,创新创业实践活动数量为 32 个,创业项目孵化 1 个,实践项目落地 1 项,经费投入 2 万元,实践活动参与人数 477 人;在条件建设方面,学院平台拥有创新创业实践基地 1 个、教学实习基地 1 个;在环境建设方面,采用德菲尔法得出社会环境良好。在实践育人成果方面,"互联网+""挑战杯"等创新创业竞赛的省级及以上获奖团队数为 39 个,获得发明专利 11 个,实用新型专利 1 个,软件著作权 73 个;自我认知和个人收益以问卷统计数据为准,在社会效益方面,学院实践项目收入为 0 元。

d 学院:在组织领导方面,制定创新创业实践相关文件 2 份;在队伍建设方面,创新创业指导教师占学院教师的 43.88%,指导教师团队的数量为 21 个,全年指导教师业务培训频率为 6 次;在项目建设方面,创新创业实践活动数量为 22 个,创业项目孵化 13 个,实践项目落地 0 项,经费投入 6 万元,实践活动参与人数 722 人;在条件建设方面,学院平台拥有创新创业实践基地 6 个、教学实习基地 2 个;在环境建设方面,采用德菲尔法得出社会环境优秀。在实践育人成果方面,"互联网+""挑战杯"等创新创业竞赛的省级及以上获奖团队数为 14 个,获得发明专利 12 个,实用新型专利 3 个,软件著作权 9 个;自我认知和个人收益以问卷统计数据为准,在社会效益方面,学院实践项目收入为 13 万元。

根据对 a、b、c、d4 个学院创新创业教育实践的研究,可得出其测评结果(如表 10-8 所示)。

表 10-8　创新创业教育实践育人工作测评结果

一级指标	二级指标	三级指标	a 学院	b 学院	c 学院	d 学院
背景评价	政策文件	略	A	B	B	A
	社会环境		B	B	B	B
	校园平台		A	B	C	A
	自我认知		A	A	A	B
过程评价	经费投入		A	B	B	B
	实践项目建设		D	C	A	A
	运行情况		B	A	A	A
结果评价	获奖情况		D	A	B	B
	个人收益		B	A	A	A
	社会效益		D	A	D	A

根据测评结果将数据进行无量纲化处理，参考上节建立的高校共青团实践育人评价体系，分别乘以对应的权重，求和后可得到每个学院创新创业教育实践育人工作质量评价的总得分。（如表 10-9 所示）

表 10-9　创新创业教育实践育人工作质量评价的得分

一级指标	二级指标	权重	a 学院	b 学院	c 学院	d 学院
背景评价（0.16）	政策文件	0.243	26.13	22.39	20.53	26.13
	社会环境	0.342				
	校园平台	0.243				
	自我认知	0.172				
过程评价（0.3）	经费投入	0.209	19.60	22.39	26.13	26.13
	实践项目建设	0.480				
	运行情况	0.311				
结果评价（0.54）	获奖情况	0.279	19.59	27.99	19.60	26.13
	个人收益	0.328				
	社会效益	0.393				
总分	（无量纲化）		65.32	72.77	66.26	78.39

根据上表可以看出，长安大学的四个学院实践育人工作的成效有显著差异，说明在实践育人工作中存在不平衡不充分的现象，不同学院在执行政策时有较大偏差。高校在实践育人顶层设计中，指导思想、基本原则和机制构建往往都能立足自身优势进行深入的研究和改革，整合资源、协同推进，并力求彰显学校特色。但在实际运行中，影响实践育人成效的外在因素还有政策倾斜、理工科学院和人文社科学院在创新创业实践中的分工不同等，这会导致社会效益表现形式有很大差异，人文社科学院的社会效益可能会有一定的间接性，成果量化困难，因此在建立评价体系时应根据实际情况确定衡量指标的方法，做到定性分析和定量分析相结合。同时，通过四个学院的横向对比可以看出 d 学院实践育人工作质量最高。由此可见，评价体系的建立可使各学院清楚差距和不足，进而起到激励引领的作用。

二、高校共青团实践育人工作评价结果的启示

1. 聚焦立德树人，构建以人才培养为中心的目标体系

实践育人是一项系统性教育工程，不仅贯穿高等教育的全过程，还体现在促进学生成长的多个方面，高校共青团要全面落实立德树人根本任务，不断强化人才培养的中心地位，深入推进教育教学改革，建立全员、全过程、全方位的协同育人机制，促进人才培养质量稳步提升。实践育人评价工作要求对各环节精准掌控，要覆盖学生的学习、工作、生活、课外活动。要推进实践育人评价工作，高校必须紧紧围绕高等教育培养目标和培养规格，着力完成从分散到整体的转变，切实提高实践育人的系统性。高校应着眼于不同学生群体各个发展阶段的特征与需求，遵循教育规律，设计各有侧重的实践育人目标体系。

推进实践育人评价工作，高校必须紧密围绕高等教育培养目标和人才培养计划展开，构建以人才培养为中心的目标体系，将课外育人工作

全面纳入学校人才培养方案。一是各大高校结合自身情况、所在区域的差异形成不同模式的第二课堂评价标准，推动第二课堂向科学化、制度化转变，同时制定"第二课堂成绩单"，对学生综合素质进行评价，并与第一课堂一样针对不同专业学生制定不同的第二课堂人才培养计划。通过开展丰富多彩的课外活动，将学生能力培养状况全面纳入学分制管理和学生评价体系。学生的学分获取情况与学位证、毕业证发放挂钩，与奖学金评定制度对接，与学生入党推优相联系。二是在学生中全面实施实践活动学分化。高校所设计的素质拓展学分体系内容一方面要与团中央素质拓展计划的工作要求相融合，另一方面要与学校第一课堂教学计划要求相融合。要注重课内教学与课外实践内容的相互衔接，注重学生创新意识、创业精神和实践能力的分层次培养。学校制定颁布实践育人导师管理办法，明确教师参与课外育人活动的相关要求，每名具有高级职称或具有博士学位的专业教师，每年指导实践育人项目、比赛或者其他类型活动需达到一定的要求，同时要特别鼓励党办工作的教师积极加入共青团实践育人教师队伍中，牢固树立党建在共青团实践育人工作中的领导地位；学校共青团、教学、科研、人事等多部门要出台激励政策，给指导学生课外创新实践活动的教师计算工作量，特别是对指导学生参加创新创业活动获奖的教师，要在教学奖励评定中给量化加分。[①]

2. 坚持因地制宜，凸显考核评价的科学性和精准化

高校共青团实践育人工作质量评价的关键在于建立科学的评价体系，通过对实践全过程的及时跟踪、深度挖掘与客观评估，实现对学生实践行为的精准画像。一是坚持普遍性和特殊性相统一的原则，积极建构多元化评价标准，因地制宜，一校一策，甚至不同学院分别制定不同的评价细则，同时注重对学生独立分析问题与解决问题的能力、实践能

---

① 王耕：《高校共青团改革创新的实践探索——以L大学为例》，载《广西青年干部学院学报》2017年第2期，第21—24页。

力、创新能力以及综合素质进行多元化评价。考核评价既要从多维度开展整体评价，也要紧抓重点环节、重点项目或重点指标进行评价，确保以评促建、以评促改不流于形式。二是借助大数据、人工智能、区块链等前沿技术，将潜在的影响因素挖掘出来，坚持定性评价与定量评价相结合、过程评价与结果评价相结合，确保实践育人质量评价更加客观、精准。要建立数据共享平台，与其他育人体系的评价机制相结合，通过海量实践数据的存储、分析与共享，拓展数据的价值时限，实现对过程的动态管理与实时调整。① 要依托网络平台设计管理评价体系，设计开发实践育人活动网络管理系统，设置课外活动的项目审核、信息发布、项目监督、过程记录、学分认证、学分预警、效果评价、成绩单和证书打印等功能。系统要与校内教务系统实现数据共享和功能对接，每学期实践活动学分认证后系统自动将数据导回教务系统，用以丰富学生的个人数据库。学校定期开展学生思想动态调研，再结合调研数据和学生学业进程中的相关数据，进行学生发展性素质评价，使评价、建议在学生学业目标修正和发展目标确立中发挥作用。学校可实现第一课堂、第二课堂两个成绩单的融合，使学生在毕业前拿到全面记载自己课外活动效果的第二成绩单和个人档案，同时把第二课堂的核心内容在第一课堂成绩单上体现出来，即包括创新创业教育、社会实践活动等在内的部分内容会以学分的形式融入第一课堂成绩单。② 三是精准制定学生体验型评价机制和教师指导型评价机制。学生是高校共青团实践育人的对象，高校应自觉树立"以人为本""以生为本"的教育理念，注重学生的评价与体验，从而获得更直接的反馈。高校教师特别是实践育人指导教师在

---

① 周远、牧士钦：《新时代高校实践育人精准化理念与模式探析》，载《江苏高教》2021年第10期，第104—108页。
② 王耕：《高校共青团改革创新的实践探索——以L大学为例》，载《广西青年干部学院学报》2017第2期，第21—24页。

实践育人工作中应发挥重要的引导作用,因此,实践育人评价的构建也要纳入教师评价。

3.推进协同联动,激活实践育人评价导向的多元活力

构建协同育人机制,促进全员参与实践活动,实现实践育人全覆盖,高校共青团应充分挖掘校内外实践育人元素和力量,深化育人主体对实践的认识,提高实践育人主体的能力,并引入社会力量,构建全员参与的实践育人态势。就校内而言,高校应进一步明确实践课专职和兼职教师、辅导员、团干部等教职工的实践育人主体地位,着力加强实践育人师资队伍建设,制定并完善开展教职工实践育人工作的政策,不断提高教师实践育人的积极性与质量。就校外而言,实践项目的具体落实离不开政府、高校、学生的主体性参与。政府作为教育政策导向性制度的供给方,应主动回应高校实践育人需要,为其提供制度保障与政策支持,形成"保障高校自主权"与"为高校指明方向"的合理张力。政府、高校、家庭、有关企业作为教育资源的供给方,应以实践育人的具体情境为导向,调整教师、学生等实践育人组织者及参与者的优势资源供给,进行实践育人资源的重新组合与再配置。高校共青团要积极联系主题教育基地、城市社区、社会服务等机构,建设一支校外实践育人导师队伍和校外实践育人第三方评价队伍,通过校地合作、校企合作等有效方式,邀请校外实践基地共建单位广泛参与到实践育人体系化建设中来,将校内育人队伍的理论优势和校外育人队伍的实践优势有机结合。总而言之,要切实提升实践育人评价体系的系统性、科学性,为全方位取得实践育人成效奠定基础,构建高校实践育人科学评价体系,切实增强实践育人的实效性。①

---

① 田苏宏、杨璐柳婷、王梦霓:《基于"泰勒原理"构建高校实践育人体系研究》,载《化工高等教育》2021年第5期,第143—149页。

参考文献

[1] 毛泽东.毛泽东选集：第1卷［M］.北京：人民出版社，1991.

[2] 中共中央文献研究室，共青团中央.青年工作文献选编：上［M］.北京：中央文献出版社，2012.

[3] 中共中央文献研究室.十八大以来重要文献选编：上［M］.北京：中央文献出版社，2014.

[4] 中共中央文献研究室.习近平关于科技创新论述摘编［M］.北京：中央文献出版社，2016.

[5] 中共中央、国务院.中长期青年发展规划：2016—2025年［M］.北京：人民出版社，2017.

[6] 中共中央党史和文献研究院.十九大以来重要文献选编：上［M］.北京：中央文献出版社，2019.

[7] 习近平.在中央党校建校80周年庆祝大会暨2013年春季学期开学典礼上的讲话［M］.北京：人民出版社，2013.

[8] 高清海.哲学体系改革［M］.长春：吉林人民出版社，2002.

[9] 冯艾，范冰.大学生社会实践导读［M］.北京：社会科学文献出版社，2005.

[10] 冉祥华.美育的当代发展［M］.北京：新华出版社，2008.

[11] 赵巧玲,宗晓兰.高校实践育人研究[M].长春:吉林人民出版社,2020.

[12] 李红,王谦.新时代高校实践育人理论与实践[M].镇江:江苏大学出版社,2021.

[13] 权麟春.新时代高校思想政治教育工作质量评价研究[M].北京:中国社会科学出版社,2021.

[14] 刘建军.社会思潮评析[M].北京:高等教育出版社,2022.

[15] 吴大惠.高校思想政治教育实践育人路径研究[D].重庆:重庆理工大学,2021.

[16] 孙树彪.高等教育内涵式发展的"立德树人"研究[D].长春:吉林大学,2019.

[17] 陈步云.高校实践育人机制研究[D].长春:东北师范大学,2017.

[18] 梁樱.基于任务的信息技术课在线实验模式构建及应用研究[D].重庆:西南大学,2010.

[19] 呼和.大学生社会实践育人机理及运行机制研究[D].北京:北京科技大学,2018.

[20] 苌宇慧.新时代高校思想政治教育实践育人问题研究[D].兰州:兰州大学,2021.

[21] 高颖.新时代高校文化育人体系构建研究[D].吉首:吉首大学,2020.

[22] 习近平.思政课是落实立德树人根本任务的关键课程[J].求是,2020(17):4-16.

[23] 共青团中央书记处.新的历史起点上共青团事业发展的基本遵循[J].中国共青团,2017(6):4-6.

[24] 岳鹏,景耀强.思想政治教育阵地体系廓建研究论纲[J].学

校党建与思想教育，2017（3）：47-49.

[25] 熊卓.深刻把握共青团"围绕中心　服务大局"的内在逻辑　广泛动员青年建功新时代［J］.中国共青团，2018（10）：4-7.

[26] 邓希泉.习近平关于青年工作的重要思想的基本要义［J］.科学社会主义，2019（2）：99-105.

[27] 邓希泉.共青团任务：从单一化到体系化：学习习近平总书记关于共青团任务的新论断［J］.广东青年研究，2021（3）：52-62.

[28] 邓希泉.习近平关于青年工作重要论述探析［J］.党的文献，2019（3）：16-22.

[29] 翁楚歆.新形势下高校共青团在"大思政"格局中的职能定位及现状探析［J］.开封教育学院学报，2017（10）：189.

[30] 李妍雪，苏醒.论当前高校共青团思想政治教育的独特优势［J］.齐齐哈尔大学学报（哲学社会科学版），2021（10）：169-172.

[31] 孙璐.新时代高校学生会深化改革探究：以华东理工大学学生会为例［J］.高校共青团研究，2020（Z1）：184-188.

[32] 邢菁，刘成斌.新时代高校共青团实践育人路径探析［J］.三晋基层治理，2022（2）：71-74.

[33] 蔡颖蔚，陈浩，曲直.新形势下高校学生会组织深化改革路径研究［J］.高校共青团研究，2020（Z1）：166-170.

[34] 严永祥.高校共青团实践育人功能探索［J］.中国多媒体与网络教学学报（中旬刊），2020（8）：221-222.

[35] 王紫蓉.浅析实践育人背景下高校学生社团发展现状及育人路径：以海南师范大学为例［J］.教育观察，2022（1）：56-59.

[36] 牛奔.高校学生社团"三位一体"实践育人体系的构建［J］.产业与科技论坛，2020（19）：269-270.

[37] 田海斌，高朋敏.建设优秀社团文化　探索高校实践育人新

途径［J］.高校辅导员，2013（1）：41-44.

［38］罗滢，杨国华，张蕾.发挥共青团实践育人功能 促进大学生创新创业教育：以昆明医科大学团委开展大学生创新创业教育为例［J］.教育教学论坛，2020（31）：124-125.

［39］哈尔滨工程大学团委.全员协同 平台融合 文化浸润：高校共青团创新创业实践育人体系探索［J］.中国共青团，2022（8）：50.

［40］毕文慧，陈宇航，王君.基于双创教育的高校第一课堂与第二课堂融合体系：以食品微生物课程群为例［J］.中国轻工教育，2022（1）：56-61.

［41］吴欣遥，陈晓辉.高校共青团促进大学生创新创业的新思考［J］.中国成人教育，2017（17）：80-82.

［42］黄晓颖.高校众创空间实效性研究：以东北大学"东创空间"为例［J］.创新创业理论研究与实践，2022（10）：194-198.

［43］臧亚平，冉昆玉，李红星.高校基层团组织美育实践研究［J］.黔南民族师范学院学报，2018（5）：104-107.

［44］郑文谦.高校校园文化建设刍议［J］.求实，2004（6）：212-213.

［45］蔡桂全.高校共青团组织推进校园文化建设的路径探讨［J］.产业与科技论坛，2012（17）：242-243.

［46］赵静.高校思想政治教育工作质量评价的基本原则［J］.思想教育研究，2018（2）：69-72.

［47］徐源.新时代背景下高校实践育人评价指标体系研究［J］.牡丹江教育学院学报，2019（4）：27-29.

［48］陈步云.高校实践育人质量评价机制的构建［J］.思想教育研究，2018（5）：76-80.

[49] 李宝玲.基于CIPP评价理论的大学生"三下乡"社会实践育人成效评价指标体系研究[J].高校后勤研究,2021(5):76-79.

[50] 刘维婷.高校社会实践育人成效评价研究[J].淮南职业技术学院学报,2021(5):56-57.

[51] 田苏宏,杨璐柳婷,王梦霓.基于"泰勒原理"构建高校实践育人体系研究[J].化工高等教育,2021(5):143-149.

[52] 徐艳国.关于思想政治教育政策执行的特点分析[J].学校党建与思想教育,2014(15):4-5,19.

[53] 王耕.高校共青团改革创新的实践探索:以L大学为例[J].广西青年干部学院学报,2017(2):21-24.

[54] 周远,牧士钦.新时代高校实践育人精准化理念与模式探析[J].江苏高教,2021(10):104-108.

[55] 董旭冉.新时代运用系统思维提升共青团"三力一度"的探索[J].淮阴师范学院学报(自然科学版),2021(4):347-349.

[56] 袁寿其.坚持立德树人,推进"三全育人"[J].群众,2021(14):52-53.

[57] 习近平.做好美育工作弘扬中华美育精神 让祖国青年一代身心都健康成长[N].人民日报,2018-08-31(1).

[58] 在推动高质量发展上闯出新路子 谱写新时代中国特色社会主义湖南新篇章[N].人民日报,2020-09-19(1).

[59] 代表广大青年赢得广大青年依靠广大青年 让广大青年敢于有梦勇于追梦勤于圆梦[N].人民日报,2018-07-03(1).

[60] 习近平在安徽调研时强调全面落实"十三五"规划纲要 加强改革创新开创发展新局面[N].人民日报,2016-04-28(1).

[61] 把思想政治工作贯穿教育教学全过程 开创我国高等教育事业发展新局面[N].人民日报,2016-12-09(1).

[62] 共青团十八届三中全会在京召开［N］.中国青年报，2019-09-16（1）.

[63] 陈洁，胡晴.高校毕业生2022年人数破千万：一年增长167万"推后就业"效应叠加［N］.21世纪经济报道，2022-01-07（6）.

[64] 习近平.在中央外事工作会议上的讲话［EB/OL］.（2018-06-23）［2022-07-24］.http：//www.gov.cn/xinwen/2018-06/23/content_5300807.htm.

[65] 习近平.在哲学社会科学工作座谈会上的重要讲话［EB/OL］.（2016-05-17）［2022-04-28］.http：//www.gov.cn/xinwen/2016-05/17/content_5074162.htm.

[66] 习近平.在庆祝中国共产主义青年团成立100周年大会上的讲话［EB/OL］.（2022-05-11）［2022-10-13］.http：//www.moe.gov.cn/jyb_xwfb/moe_176/202205/t20220511_626507.html.

[67] 中共中央国务院关于深化教育改革全面推进素质教育的决定［EB/OL］.（2016-11-09）［2022-10-12］.http：//m.jyb.cn/zyk/jyzcfg/200602/t20060219_55334_wap.html.

[68] 国务院办公厅.关于全面加强和改进学校美育工作的意见［EB/OL］.（2015-09-15）［2022-11-02］.http：//www.moe.gov.cn/jyb_xxgk/moe_1777/moe_1778/201509/t20150928_211095.html.

[69] 教育部等八部门关于加快构建高校思想政治工作体系的意见［EB/OL］.（2020-04-28）［2022-12-01］.http：//www.moe.gov.cn/srcsite/A12/moe_1407/s253/202005/t20200511_452697.html.

[70] 教育部、中宣部、财政部等七部门.关于进一步加强高校实践育人工作的若干意见［EB/OL］.（2012-01-10）［2022-11-15］.http：//www.moe.gov.cn/srcsite/A12/moe_1407/s6870/201201/t20120110_142870.html.

［71］中共教育部党组关于印发《高校思想政治工作质量提升工程实施纲要》的通知［EB/OL］．（2017－12－05）［2022－12－10］．http：//www.moe.gov.cn/srcsite/A12/s7060/201712/t20171206_320698.html．

［72］中华人民共和国教育部．关于深入推进学生志愿服务活动的意见［EB/OL］．（2009－06－23）［2022－11－14］．http：//www.moe.gov.cn/srcsite/A12/s7060/200906/t20090623_179030.html．

［73］共青团中央．新时代加强和改进共青团思想政治引领工作实施纲要［EB/OL］．（2022－04－24）［2022－12－23］．https：//www.sohu.com/a/540685170_121107000．

［74］关于《深化高校共青团"第二课堂成绩单"制度工作指引》的通知［EB/OL］．（2021－07－01）［2022－11－13］．http：//gqt.ahsjxy.cn/_upload/article/files/ce/a4/c27984a44f868e186adb3bb8e446/44d5338c-2f38-4008-aee0-72582e79c760.pdf．

［75］共青团中央，中共教育部党组．关于改革创新高校共青团工作 切实增强思想政治引领实效的若干措施［EB/OL］．（2022－06－24）［2022－12－18］．https：//baijiahao.baidu.com/s?id=1736518267844022347&wfr=spider&for=pc．

后　记

高校共青团实践育人是学校、社会、家庭等多元主体协同联动的教育过程，是构建德智体美劳全面培养的教育体系的重要环节，更是新时代高校共青团融入"大思政"格局，扎实做好新时代青年人才培养工作的重要抓手。

本书是从历史和现实的双重发展逻辑中，通过理论与实践的双重维度展开研究的：既对共青团通过实践工作来培育社会主义建设者和接班人的历史经验进行总结，又深刻把握共青团实践育人的时代要求和鲜明特征；既深入挖掘马克思等经典作家关于实践的深刻阐述，总结党关于实践育人的创新理论和实践经验，又分析实践育人现存的挑战和问题，总结、明确高校共青团实践育人的内容，探析为党育人、为国育才的路径。

党的二十大已经吹响了新征程的号角。站在新的历史起点上，共青团工作更需要聚焦主责主业、深化思想引领、突出育人功能。这就需要我们在潜移默化、循序渐进的实践中，在日复一日、日积月累的工作中，通过实践育人让广大青年学子在社会课堂中受教育、长才干、做贡献，引导他们做到理想远大、信念坚定，刻苦学习、锐意创新，敢于斗争、善于斗争，艰苦奋斗、无私奉献，崇德向善、严守纪律，使他们真正成长为"有理想、敢担当、能吃苦、肯奋斗的新时代好青年"。这应该是我们所有共青团工作者始终铭记的初心和不懈追求的目标。

青春孕育无限希望，青年创造美好明天。我们所从事的高校共青团事业不仅是组织人、凝聚人的事业，更是教育人、引导人的事业。今年是全面贯彻落实党的二十大精神的开局之年，也是共青团紧跟党迈上新的百年青春征程的起步之年。谨以此书，与各位在高校共青团战线奋斗的同人们交流分享，让我们一起奋斗新时代、奋进新征程！

项目研究、书稿写作和出版得到了共青团中央青年发展部、共青团陕西省委的关怀和支持，参阅借鉴和引用了部分经典著作和专家学者的研究成果，获得了长安大学中央高校基本科研业务费资助项目等相关基金的支持，也离不开陕西师范大学出版总社郑萍编辑的精心细致工作。在此，一并表示衷心的感谢！

由于作者能力有限、精力有限，本书难免存在不足之处，敬请各位专家、广大读者批评指正。

张永

2023 年 4 月